sapientia
サピエンティア 54

差別はいつ悪質になるのか

When Is Discrimination Wrong?

デボラ・ヘルマン［著］
池田喬・堀田義太郎［訳］

法政大学出版局

目次

凡例

一、本書は Deborah Hellman, *When Is Discrimination Wrong?*, Harvard University Press, 2008 の全訳である。
二、原文でイタリックとなっている箇所は傍点などで強調する。書名の場合は『　』とする。
三、原文の" "は「　」とする。原文の（　）、［　］は本訳書でも（　）、［　］とする。また、適宜〈　〉などを付加する場合もある。
四、〔　〕は訳者が読者の便宜を考慮して新たに挿入したものであるが、原語を補う場合は（　）とする。
五、日本語訳があるものはそれを参考にしつつも、訳者があらためて訳し直した場合もある。
六、索引は項目自体は変更せず、本訳書では人名と事項で分けた。

差別はいつ悪質になるのか

どんな時も私を励ましてそれぞれの論点について議論に付き合ってくれた、
私の両親、ラスティー・ヘルマンとサム・ヘルマンへ。
とても融通を利かせてくれて支えになってくれていること、そしてそれ以外の全てに対して、
私の夫、デレック・ブラウンへ。

序論　差別の難問

法律が、黒人の乗客にはバスの後ろに座るように、白人には前に座るように要求する。

校長が、名字がAからMで始まる学生には講堂の左に、NからZで始まる学生には講堂の右に座るように指示する。

カジノの雇用者が、女性従業員には化粧をするように要求し、男性従業員には化粧をすることを禁止する。

利用者の大部分を女性が占める老人ホームが、入浴やトイレのニーズのある入居者の介助が必要な仕事のために、男性の介助者を雇うことを拒否する。

地方紙に掲載された「女性を探している男性がいます」と題した個人広告に次のようにある。「未婚の女性を求む。年齢は三〇〜四〇歳、長期のお付き合いか結婚を前提に。女性的であることをいとわず、化粧をしていて、ファッショナブルな服を好む、スリムな人を望む。」

女装して女性として生活しているが生物学的には男性の労働者が、雇用者にトイレのいくつかをユニセックス用に指定するか、女性用トイレを使うことを認めるように求めた。雇用者はそれを拒否し、男性用トイレを使うように指導する。労働者はそれを拒否し、その結果、解雇される。

米国食品医薬品局が、アフリカ系アメリカ人の心不全患者の使用に特化した薬を認可する。

公立幼稚園の「英才教育プログラム」や選抜制の私立幼稚園が、入園の受け入れに際して、園児をＩＱテストの得点に従って篩い分ける。

イランの大学が、政治的な所属先を学生と教員を選別する規準に用いる。

企業が、地元コミュニティからの求職者を雇うことを優先する。

航空会社が、六三歳以上のパイロットを雇い続けることを拒否する。

州が、一六歳未満の人に運転免許を与えることを拒否する。

会社が、二〇歳から四〇歳の女性を雇うことを避ける。

ここにあげた各々の例は、ある特徴――人種、個人の名字の頭文字、性別、容姿、能力、年齢その他の特性――に基づいて人々の間に区別を付けている。私たちの直観は、これらの法律、方針、慣行のなかには道徳的に悪質なものもあれば、害のないものもあり、その本性が不明瞭なものもあることを示唆している。本書の目的は、このように人々の間に区別を付けることが、時には許容可能で、時には許容不可能であるのはなぜなのか、その理由を吟味することにある。言い換えれば、差別の一般理論を提供することが本書の目的である。

差別（*discrimination*）という用語は否定的な含みをもつようになった。何かを「差別」だと呼ぶことはそれを批判することであり、それは不当（*wrong*）だと主張することである。とはいえ、もちろんこの用語には肯定的に連想される事柄もある。人は、（たとえば、芸術、ワイン、文学などにおいて）違いの分かる（discriminating）趣味ゆえに称賛されることがありうる。ある問題に関して明敏であり、微細な部分にまで精通している人は、しばしば、「鑑識眼がある（discriminating）」と称されている。たとえば、「ある投資信託会社の経営者は、投資に関して非常に鑑識眼がある」、などと言われる。しかし、この用語の肯定的な用法はやはりわずかであり、悪質な（wrongful）差別を否定的に連想させるもののほうが圧倒的に多い。こうしたことをわざわざ述べることで、私は悪質な差別の害を軽視しようとしているわけではない。むしろ、差別という用語の否定的な側面だけでなく肯定的な側面も強調したいのは、差別のどのような事例が不当であるのかという点について、特に、それらの差別がなぜ不当なのかを私たちは知っているのかどうかという点について、私たちが抱いている確信を揺さぶるためである。

差別――否定的な含みと肯定的な含みのいずれも捉える言葉としての差別――は遍在しており、必要でもある。私たちは日常的に人々の間に区別を付けている。公共政策においても法においても、ビジネスでも学校の環境でも私的生活でもそうである。法律は、ドライバーは特定の年齢（一般的には一六歳以上）でなければならないことを要求しているし、どの州でも運転免許試験に合格するべきだとされている。これらの法律は、年齢や試験に合格する能力に基づいて人々を区別している（すなわち差別している）。つまり、これらの法律は、一六歳以上で運転免許試験に合格した人々のほうを、一六歳未満の人々や試験に落ちた人々の集団よりも優遇している（すなわち、前者の人々には運転が認められる）。雇用者や入学選考担当者は、応募者を成績や試験の得点、その他無数の――時に極めて論争的な――特徴によって区別している。まさに差別によるビジネスを営んでいる会社もある。保険会社は、保険期間中に保険金を請求する見込みを反映した被保険者の特徴に基づいて、人々の間に区別を付ける。たとえば、健康保険や生命保険は、健康状態に基づいて人々を区別している。高血圧で過体重の喫煙者は、そうでない人々に比べて（たとえ保険金を得ることがないとしても）健康保険や生命保険に多くの保険料を支払うことになる。私的生活や家族生活も差別を必要としている。二歳の娘を胸元で昼寝させる母親は、四歳である彼女のきょうだいは遊ばせておくが、この母親は子どもたちの年齢で区別を付けている。また、四歳の子どもの場合にはしないようなやり方で二歳の子どもの自由を制限している。

　このように区別を付けることの多くは重要であり、避けられないことさえある。前述の事例のいくつかにおいては、万人を同じように扱うことができるかもしれない。しかし、そうすることには莫大なコストがかかるだろう。たとえば最後の、おそらくは最もありふれた例を最初に取り上げてみよう。この母親が子どもたちを同じように扱うとすれば、彼女は午後いっぱい、二人の子を昼寝させておくか、遊ばせておかなければならなくなる。二歳児をもつ両親の誰もが、この後者の提案は馬鹿げていると言うはずだ。四時か五時近くになれば、二歳児は辛くなるだろうし、この子どもを見守っている者も誰であれ辛くなるだろう。母親が二人の子どもたちに昼寝をさせることにしても、あまり望ましくないシナリオがたくさん待ち構えている。その一つは、一方の子を眠らせることができないというシナリオである。子どもを単にベッドに置くことは、その子が眠ることを意味しないからである。その子は泣きわめくだけで、親が寝室に留まり世話し続けることを要求するだろう。あるいはもしかすると、その子は眠りに落ちるかもしれない。この結果に伴う問題は、その子は夜間しかるべき時間に眠ることができなくなって、翌日は疲れた状態になるし、親も夜中に自分たちが眠る時間をとれなくなる、というものだ。行儀の良い子はベッドの中でとても静かに遊んでくれているかもしれないが、少なくとも私が思うに、その子がそうする理由は、彼女の年少のきょうだいが昼寝を必要としているからだけだと主張するのは無理があるように思われる。

　人々の間に区別を設ける法や公共政策の場合、代償はさらに大きくなる。年齢に関わらずすべてのドライバーに免許を与えようとすることも、逆に、すべての人に運転を禁止しようとすることも――これらはいずれも万人を同じように扱うことではあるが――私たちにはなさそうである。また、私たちは、望む人のすべてに、その人々が必要な知識や技能を証明する試験に合格しているかどうかに関わらず、弁護士や医師の免許を与えようともしないだろうと、私は想像する。

　最後に、たとえば職場や学校の入学資格への空きが限られている場合、誰もかれも同じように扱うことは端的に不可能である。すべての人が雇用されるとか、入学許可を得たりすることはできない。この場合、私たちは応募者の間に何らかの基準で区別を付けなければならない。問題はしたがって、次のようになる。すなわち、このように区別を付けることは、どんなときに道徳的に問題になり、どんなときには問題にならないのか。

本書は、人々を異なった仕方で扱うことが、ある場面では望ましく、また必要でもあるという事実によって提起される道徳的な問いを扱う。法は、人々を異なった仕方で扱うことがどんな場合には法的に許容されるのかを規定している。さまざまなタイプの差別に対する地域的な、あるいは全州的な、あるいは国家的な制定法による禁止というかたちにおいてであれ、あるいは、アメリカ合衆国の場合のように、憲法が保障する「平等保護条項」の裁判所による解釈によるものであれ、そうである。これらの制定法や憲法それ自体が、人々の間に区別を付けることが道徳的に許容されるのはどんなときか、という問いに、何らかの仕方で解答を与えていると考えることもできる。だが他方で、ある事柄が法的に禁止されるべきなのはどんなときかを規定するのに何らかの役割を果たすような重要な論点がある。ある事象は道徳的に不当だが、法的には禁止されていないし、それに十分な理由がある場合がある（たとえば、他者に対する意地悪など）。また、法律を破ることが不正だという点を除いては、道徳的には不当なところはないが、法的に禁止されている事柄もある（無免許運転など）。さらに、おそらくは米国の憲法が保障する平等保護がそれ自体曖昧で解釈に開かれているがゆえに、法的な論争——米国でも他のところでも——の多くが道徳的な外観を呈している。かくして、法学の文献は、私が本書で差別の難問と呼ぶ問題に取り組むための重要な出発点を提供している。

私たちはしばしば人々の間で区別する必要がある。この事実は、差別がどんなときに道徳的に許容可能になり、どんなときには許容不可能になるのかを問うように私たちに強いている。この難問に単純な答えはない。特定の文脈で特定の特徴に基づいて人々の間に区別を付ける一定の実例については、それは不当だというたしかな感覚をもつかもしれない。だが、何がそれらの事例を不当にしているのかを、悪質な差別と許容可能な差別の他の事例を説明するときにも使えるような仕方で説明することは、思ったよりも難しい。

ある種の特徴、すなわち性別や人種に基づいて区別を付けることはいつなんどきも許されない、と考える人もいるかもしれない。だが、もしそうだとするなら、米国食品医薬品局（FDA）がアフリカ系アメリカ人だけに特定の薬の使用を認可することも必然的に不当な行いだということになるのだろうか。男女別のトイレも明らかに許容不可能だ、ということになるのだろうか。たしかに、これらの慣行のどちらにも問題はあるだろうし、それについては後の章で論じることにする。しかし、私は、このいずれについても、人種または性別に基づいて差別しているという事実だけに基づいて、許容不可能だと簡単に決めつけることはできないと考える。

差別の難問の解決を難しくしている別の側面は、一見それほど重要ではないように思われる処遇の差異が、ある文脈で生じた場合には悪質な差別になることもある、という点にある。ネルソン・マンデラは自伝のなかで、南アフリカのアパルトヘイト体制では、黒人の囚人が短パンを履くように要求される一方で、白人や他の肌の色の囚人は長ズボンを履くように要求されたことを報告している。酷暑の南アフリカでは、短パンのほうが快適な選択肢であるだろう。それにもかかわらず、短パンを履くように要求されることは、ポストコロニアル体制においては子ども扱いすることと一般にみなされていたので、それが象徴しているものは、黒人の囚人を貶価する（demean）ための手段となった。他方、人々を区別したり、異なった仕方で扱ったりすることは、重要な利益や機会を特定の人々に与えることを拒否する可能性があるにもかかわらず、完全に許容可能に思える場合もある。雇用者は、ワープロの仕事に最もミスが少なく最も早く打鍵できる人を選ぶかもしれない。この方針は、応募者をタイピングの速度と技能に基づいて区別しており、その結果、ある人々（遅いタイピスト）を他の人々（速いタイピスト）よりもはるかに不利（高給の職に就きそこなう）に扱っている。したがって、ある人々またはある集団が、良い職のように重要なものを拒否されるという事実は、この差別が悪質であるのか、それとも許容可能であるのかに関する手がかりを提供してはいない。

　この二つの事例について、最初の事例は許容不可能だが二つ目の事例が許容可能（この結論は私も共有する）である理由は簡単に説明できる、と考える人もいるかもしれない。第一に、南アフリカの囚人服の場合、この政策は黒人の囚人たちをスティグマ化するために課されたと思われるのに対して、タイピング能力という条件の場合、雇用者のビジネスの生産性向上という害のない目的のために設定されたからだ、と。第二に、肌の色は囚人がどの囚人服を着るべきかに関連性《イレリヴァント》がない（irrelevant）が、タイプの速度と正確さはタイピストという職に関連性《レリヴァント》がある（relevant）、と。[1]

　だが、これらの相違点は道徳的に重要なのだろうか。最良のタイピストを選別する雇用者と同じ意図――つまりビジネスの生産性向上という意図――で道徳的に問題のある方針が策定されることもある。たとえば、二〇～四〇代の女性は子どもをもつために休暇を取得する見込みが高く、それは作業スケジュールを中断させ、また会社の医療費を増加させることを理由に、その年代の女性を雇用することを拒否する雇用者を考えてみよう。この雇用者は、この方針をビジネスの生産性の向上のためだけに採用しているのかもしれない。だが、この生産性向上という害のない意図は、この方針を道徳的な批判から免れさせるだろうか。

ある特徴が「レリヴァント」あるいは「イレリヴァント」であるという事実もまた、許容可能な差別から許容不可能な差別を区別することには失敗する。「レリヴァント」という語によって私たちが単に、重要な何かと実証的に相関関係があることを言わんとしているのであれば、先の例では、性別は職務上のレリヴァントな資格だということになる。この場面では、雇用者が想定するように、彼女の性別は作業スケジュールや子育てのコストと相関関係にある見込みが高い。レリヴァンスとは、単に、何らかの目立った特徴と何らかの標的、たとえば効率性との間の適合の問題であり、そして、このようなレリヴァンスが道徳的に重要なものなのだとすれば、私たちの直観によって道徳的に問題含みだと示唆される多くの慣行——たとえば、出産適齢期の年齢の女性を雇うことを拒否する雇用者など——が正統なものだとみなされることになるだろう。

あるいは、レリヴァンス概念は洗練させることができるかもしれない。囚人の事例とタイピストの事例では、タイピストはその職にふさわしい（*merit*）のに対して、白人囚人は長ズボンにふさわしくないという点で異なる、と。このように考えるならば、実績（merit）という考え方が差別の難問の少なくともいくつかについては答えを提供するのではないか。私はそうは考えない。自らが住む地域コミュニティの振興のために、職の候補者のなかから、当該地域の出身者を優遇する雇用者を考えよう。その場合、その地域出身者はその職にふさわしいのだろうか。実績の概念はそれ自体が実に論争的であり、この概念が悪質な差別とは何かという問いを解決する見込みは低い。

差別の難問が提起する問いへの解答を試みるために、私は、根幹をなす道徳原理——すべての人格の同等な道徳的価値——と考えられるものから始めたい。私は、根幹をなすこの原理は二つの下位原理から構成されているものとみなす。第一に、人格には、お互いを尊敬して扱うように要求する価値、あるいは固有の尊厳があるという原理である。何がこの原理を侵害するかについては論争があるかもしれない（そしてそれは本書の議論が取り組むものである）が、私は、人格に備わる固有の価値が、他者はどのようにその人を扱うことが許されるかに道徳的な制約を課すということを前提にしたい。第二に、すべての人格に備わる固有の尊厳と価値は、人々のもつその他の特徴によって変わることはない。ある人々は、他の人々よりも、他者の利益になる仕事に関して、より賢く、より早く、より才能があり、あるいは親切であったり優しかったりさえするかもしれないが、これらの違いもそれ以外の違いも、道徳的な見地から見て私たちの各々がいかに重要であるのかには影響を与えない。人格に備わる固有の価値は程度問題になるような何かではない。そうではなく、すべての人々は道徳的観点から見て等しく重要であり、したがって等しく配慮と尊敬に値する(2)。

本書の議論をこの根幹をなす原理から始めるのは、人々の間に区別を付けることに関して私たちの懸念を募らせる道徳的な関心は、次の点にあるのではないかと考えるからである。すなわち、人々の間に区別を付けることによって、私たちは、他者を等しく価値あるものとして扱い損ねる仕方で行為してしまうかもしれない、という点である。差別の難問によって問われているのは、人々がもっていたりもっていなかったりする何らかの特徴に基づいて、人々の間に区別を付けることが道徳的に許容されるのはどんなときか、ということである。私たちは、私たちの関心が同等の道徳的価値という原理へのコミットメントから発しているという事実を認識することで、この問いをさらに洗練させることができる。そして、人々の間に区別を付けることが、その影響を受ける人々を同等の道徳的価値をもつ人格として扱い損ねるのはどんなときか、と問うことができる。本書がこれから取り組んでいくのは、まさにこの問いである。

ここで重要なのは、悪質な差別の慣習的かつ社会的な本性を強調しておくことである。私たちの誰にも多くの特徴がある。人種、年齢、性別、容姿、能力、身長、体重、声の音質、名前、宗教などである。単に特徴があるというだけでは、それらは何も生み出さない。これらの特徴について問題になるのは、それらが特定の文脈でもつ社会的な意義である。ある文脈である特徴に基づいて区別を付けることが、別の特徴に基づく区別にはない意味をもつのだ。たとえば、学生を名字の頭文字で分離することと、人種で分離することとは、いずれも良い理由でも悪い理由でもなされうるし、何らかの正統な目的に関連していることもあればそうでないこともあるが、しかしまったく異なる感じがする。さらに、同じ特徴に基づいて区別を付けていても、異なる文脈でなされると異なった感じを与える。マーシャル裁判官はかつて、「トイレのドアの前の「男性のみ（men only）」は、裁判所の法廷のドアの前に掲げられると、まったく異なって見える」と述べた[3]。それが「まったく異なって見える」のは、女性も男性と同じく弁護士になれるからではない。結局のところ、女性も男性用トイレを男性と同じく使うことができる。また、過ちは、女性を排除するために、あるいは男性と女性についてのステレオタイプに基づいて、女性が弁護士になるのを禁止する法が施行されたという事実にあるわけでもない。男性用トイレから女性を排除することも女性を除外するために成立したのだし、男女（および、特定の身体機能に関するプライバシー規範）についてのステレオタイプに基づいているからである。むしろ、法廷に立ち入ることを女性に禁じることの問題は、トイレを男女別に分けることとは異なり、それが女性を貶価するような仕方で男性と女性を区別するところにある。

第I部では、ある所与の特性に基づいて人々を区別することは、その影響を受ける人々を貶価するときに道徳的に不当になることを論証する。第一章では、悪質な差別をこのように説明する論拠を示す。ある特定の区別が貶価するものであるかどうかは、その文脈で、私たちの文化で、その時点でそのように区別を付けることが帯びる意味によって決定される。ある区別が貶価するものであるかどうかに焦点を当てる際、この説明は、当の分類の帰結や結果には依拠しない。むしろ、ある分類は、その影響を受ける人が、貶価やスティグマ化や害を受けていると感じるか否かにかかわらず貶価する。かくして、悪質な差別に関するこの説明は、道徳的な許容不可能性の根拠を、差別による害ではなく、不当さに置く。

第二章では、「貶価すること」とは何か、なぜそれが重要なのかをより詳細に探究することで議論を展開する。この章は、人々を貶価するような仕方で区別する行為は、なぜそれゆえに悪質であるのかを説明することから始まる。そして、貶価することは、他者の同等な道徳的価値を否定するような仕方で扱うことであるからこそ、差異化に関する私たちの道徳的関心の根底にある価値に何よりもまず密接に結びつくような不当さを際立たせるのだと論ずる。次に、「貶価すること」についての詳細な説明を与える。つまり、貶価することは、軽視を表現することであり、しかも他者を下に置く権力あるいは権能をもつような仕方で、そうすることである。

第三章は、特定の文脈でなされる特定の区別が貶価することになるのかどうかを、私たちはいかにして決定するのか、という重要な問いを探究する。そして、特定の区別が貶価であるかどうかに関して見解は一致しそうにないという事実が、私が進展させようとする理論に対して提起する問題点について検討する。

第II部では、差別の難問に対するよくある解決案を検討し、それらの解決案がいずれも究極的には満足のいくものではないことを示す。第四章は、実績の概念を考察し、この概念は、許容可能な差別と許容不可能な差別を切り分けることができないと論ずる。実績の概念が役に立たないのは、特定の文脈で特定の区別を付けることが許容可能かどうかに関するどんな議論も、その文脈で何が実績を構成するのかに関する論争へと容易に書き換えられうるからである。たとえば、イランの大学が政治的所属先を学生や教授を選別する際の規準にするとしよう。選別された学生や教授たちはそのポジションにふさわしくないがゆえに、この慣行は悪質な差別になると考える人もいるかもしれない。だが、なぜふさわしくないのだろうか。この大学のアドミニストレーターはたしかに、最善の学生と教員とは、最善の道徳的価値――このアドミニストレーターたちが定義するところの価値――を備えた者だと信じている。言い換えれば、この方針の批判者と支持者は、大学という文脈で何が実績を構成するのかに関して議論をしているものとして最もよく理解されうる。そうだとすれば、実績概念それ自体は、許容可能な差別を許容不可能な差別から分けるために役立つものではないだろう。

　第五章は、分類の正確さが道徳的な関連性をもつという見解に反論する。運転免許を申請できる人を決める際に、たとえば年齢に基づいて人々を区別するのであれば、年齢が実際に運転技能の適切な指標であるかどうかが、道徳的に問題になるべきだと考える人もいるかもしれない。もしそうではないとすれば、年齢を用いることには何か問題を含んだものがある、と。たしかに、年齢が運転技能に関係がないとすれば、年齢を用いることに関して問題になる何かが存在するとは言える。だが、重要な問いは、その何かが道徳的な関心事なのか、単に実用的な関心事なのかどうかである。第五章では、不正確な分類の使用は、不効率であり馬鹿げているが、道徳的に不当なものではないと主張する。

　最後に、第六章は、区別を付ける人の意図が問題なのだ、という見解に反論する。この章では、意図が重要な関連性をもつと論ずる二つの議論を考察する。第一に、行為者の意図が、行為者が実際に特定の特徴に基づいて区別をしているかどうかを決定する、と考える人もいるだろう。第二に、悪い目的のために人々を区別することが、その行為を道徳的に疑わしいものにすると考える人々もいるだろう。この章で私は、これらの主張のいずれについても反論し、差別に関する限り、重要なのは思想ではないと結論づける。

本書の結論は、悪質な差別について私が本書で展開する考え方が、最近の道徳哲学者が強調する論点、つまり、人格の同等な道徳的価値が要求するものを考える際に、尊敬の平等が重要であるという議論とどのような仕方で親和性があるのかを検討することによって与えられる。

第Ⅰ部　差別はどんなときに不当であるのか

第一章　基本的な発想

私たちは日々、人々にどんな特色があるのか、あるいはないのかという点に基づいて、人々の間に区別を付けている。こうした慣行はどこにでも見られるし、一般的なものである。さらに、そうした区別の多くは――おそらく、そのほとんどは――道徳的に許容可能であるか、あるいは道徳的に無害である。しかしその一部は、道徳的に問題があるだけでなく、深刻な問題を含んでいることもある。では、このような違いはどのように説明されるのだろうか。

「差別」

私はここで差別という用語を引用符に入れている。なぜなら、この用語には重要な曖昧さがあるからだ。差別は記述的な仕方でも、道徳的な仕方でも用いられうる。記述的に用いられる場合、「差別」するとは、何らかの特徴があるかないかに基づいて、人々の間に区別を付けることでしかない。たとえば、運転するためには最低一六歳でなければならないという要件は、一六歳未満の人と一六歳以上の人を差別している。弁護士業務を行うためには司法試験に合格しなければならないという要件は、試験に合格する人とそうでない人を差別している。他方、差別が道徳的な意味で用いられる場合、差別は悪質な仕方で区別を付けることを意味する。たとえば、州法が、黒人か白人かでバスや電車の座席を隔離するように要求している場合、それは乗客を人種に基づいて悪質な仕方で差別していることになる。どの意味で差別を論じているかに関する混乱を避けるために、私は、差別するとか差別という語をそれだけで完結した語として用いることは避けようと思う。そうではなく、明確さと引き換えに煩雑になるかもしれないが、記述的な意味での差別を念頭に置いている場合には、法、政策、行為が、Xという特徴、あるいはそれに類するものに基づいて「分類する（classify）」「区別を付ける（draw a distinction）」「区別する（distinguish）」と言うことにする。他方、道徳的な意味での差別を念頭に置いている場合には、道徳的判断が明示されるように、法、政策、行為が「悪質な仕方で差別する（wrongfully discriminate）」と言うことにしたい。

発想を促す

まず、実際にはありそうにない、つくりものの例から議論を始めたい。雇用者または入学選考担当者が、名字がアルファベットのAで始まる候補者の雇用または入学を拒否したとしよう。それによって、たとえばアダムズ（Adams）は落とされてしまったとする。これは悪質な差別だろうか。私が本章で展開したいと思っている主張は、この種の決定には何も悪いところはない――より正確には、少なくとも、人格は同等な道徳的価値をもつという原理の侵害という意味での不当さはない――というものである。そうであれば、名字がAで始まるという理由でアダムズを採用しないことは、悪質な差別ではない。

これに別の例を対比してみよう。雇用者が女性を雇うことを、あるいは入学選考担当者が女性を入学させることを拒否するとしよう。この事例と先の事例とでは何が違うのだろうか。人の名字の最初の文字に基づいて区別を付けることと性別に基づいて区別を付けることとを比べた時、両者の間に見いだされる顕著な違いの一つは、私たちの社会には、他の社会と同じく、女性を低劣に扱ってきた長い歴史があるという点にある。このような酷い処遇の極端な例には、たとえば公民権剝奪があり、また、女性が財産を所有することを禁ずる法律や、禁止される行為から夫による妻のレイプを除外するような仕方で、レイプを定義する法律などがある。明らかにこれらの具体例はさらに挙げることができる。他方、名字がAの文字で始まる人については、これに比肩しうるような酷い処遇の歴史は明らかに存在しない。さらに、女性は現在でも、世界のほとんどの地域で、男性よりも社会経済的に劣った地位にあるが、名前がAで始まる人は、私の知る限り、アルファベットの他の二五文字で名前が始まる人に比べて社会経済的地位が良いとか悪いということはない。女性は今でも男性よりも低賃金で、貧困者のなかでも非常に大きな比率を占め、家庭のなかで暴力にさらされやすい状況にあり続けている。本書の目的は、これらの事実を他の研究者たちが十分に示している以上に立証することではないし、これらの事実については争う必要はないと思う。私が試みたいのはむしろ、これらの事実がなぜ重要なのかについての議論の輪郭を描くことである。

差異化（differentiation）の実例が不当であるのかどうかという点に、ある特定の特色をもつ人々に対する酷い処遇の歴史と現在の社会的地位が関連しているという見方それ自体は、それほど異論のあるものではない。裁判所、評論家、学者は、かねてからこの点を力説してきた。解明すべき興味深い問いは、歴史と現在の社会的地位がなぜ、そしていかにして重要な問題であるのか、である。

この問いに対する答えには、いくつかの候補がある。

1. 平等の理念は、ある種の状態——すなわちカースト制のような区別が人々の間にある状態——を禁じている。この見解によれば、ある人を性別に基づいて雇用しなかったり入学させなかったりすることが不当であるのは、私たちの社会にある男性中心的ヒエラルキーを強化し、助長する危険性があるからである。

2. 性別に基づいて人々を区別するような政策を評価する際に、女性に対する体系的な不利益が問題になるのは、女性は集団として、その政策が採用されるプロセスから完全に排除されてきたか、またはそのプロセスで女性の利害関心が軽視されてきた見込みが高いからである。

3. 女性に対する酷い処遇の歴史と現在の女性の社会的地位がともに問題になるのは、それらが、性別を理由として女性を雇わなかったり入学させなかったりする行為の性格を規定しているからである。女性であることに基づいて職を拒否されることは、名字がAで始まるという理由で職を拒否されるのとは違って、女性を貶価する。

ある特定の集団の歴史と現在の社会的地位が、なぜ、あるいはいかに重要であるのかを説明する理論は、これ以外にもたしかに存在する。私がこれらの理論に焦点を絞る理由は以下の通りである。すなわち、第一の理論は、オーウェン・フィスによる「平等保護条項」の反カースト的解釈の概略を表しており、第二の理論は、裁判所はいつ、「平等保護条項」の下で制定法を審査すべきかに関するジョン・ハート・エリの説明を再構成しているからである。[1] この条項に関するエリとフィスの説明は——その後、長年にわたって——影響力をもっており、この条項に対する法的な理解と司法による理解は、一般的にも学術的にも、人々に区別を付けることが道徳的に許容される場合と許容されない場合に関する論争のなかで重要な役割を果たしてきた。そうである以上、これらの説明は特筆に値すると思われる。それに対して、この章で私が擁護しようとしている見解は三つ目の主張である。

悪質でありかつ差別であるとしても悪質な差別ではない

アダムズを彼女の名字がAで始まるという理由で雇用しなかったり入学させなかったりすることと、性別ゆえに女性を雇用または入学拒否することとの間に違いがあるということには、ほとんどの読者が同意するだろうと思う。しかし歴史が違いを作り出す——おそらく一方の差異化を他方の差異化よりも悪いものにする——という点に同意したとしても、アダムズは何ら悪質な差別を受けていないという、直観に反する提案には反論があるかもしれない。私の見解をさらに説得力のあるものにするために、雇用者または入学選考担当者がアダムズを彼女の名前の頭文字を理由に採用しないという事実には、何らかの不当さがあるというのはもっともであることをはっきりさせておきたい。しかし、このような理由で誰かを入学させないことは不当かもしれないが、それは、平等規範を侵害するような不当さではなく、したがって悪質な差別ではない。

名前がAから始まるという理由で誰かの就職を拒否するとか入学させないことは不当でありうるが、それは平等規範を侵害するのとはまったく異なる理由ゆえである。たとえば、ロースクールの入学選考担当者には、入学判定規準を担う学部委員会によって明示的に与えられ、採用することになっている何らかの規準があるだろう。この担当者が、すでに設定されている規準に加えて、またはその代わりに、候補者の名字の頭文字を用いるとすれば、この担当者は不当なふるまいをしている。この行為が不当なのは、この担当者が、自らの委託された権限を超えて行動したからであり、自らに期待されていること、あるいはそれに類することをしなかったからである。私たちは、この担当者の行為をいま述べた理由から批判できるのであって、アダムズが不当な差別を被ったと結論づける必要はない。したがって、名前の頭文字を理由に職場や学校への受け入れを拒否することに問題があると思われるのは、部分的には、採用担当者が用いるはずの規準に制約があるからだろう。そして、その制約は、その組織のなかで採用担当者が自らの役割を果たすという責務に由来する。

別の例を考えてみよう。ゾラは学生であり、履修制限がある詩のクラスに受講届を出す。彼女は受講を認められなかった。そのクラスの教師が彼女の受講を拒否したのは、ゾラの父親（その大学の教授である）がかつてその詩の教師と関係をもったことがあったからではないか、と彼女は疑う(2)。ゾラは不当に差別されたのだろうか。詩の教師——ここではマルコム教授としておこう——は、彼女がかつて性的な関係をもった人とつながりのある学生と、そうではない学生との間に区別を付けている。つまりマルコムは、前者の学生を（授業に参加できないようにすることで）後者よりも不利に扱っていることになる。このように区別を付けることは不当なのだろうか。もし不当なのだとすれば、その不当さはどのような根拠に基づいているのだろうか。

　マルコムがゾラの受講を拒否するのが不当である理由の一つには、大学の内規や規則——明示的に述べられたものであるか、大学の価値観や使命に暗に含まれたものであるかにかかわらず——に反するということがある。明らかに、大学教授は、クラスに学生を受け入れるかどうかについての自由裁量を、大学の目的と価値観に整合した仕方で行使することを期待されている。もしそれが詩のクラスだったとすれば、教師は、詩の力が最も有望な学生を選ぶべきではないだろうか。大学の規則と価値観がこの規準を用いることを要請していなかったとしても、間違いなく大学はマルコムが用いた規準を禁じるだろう。この点で、彼女の行為は悪質である。だが、この不当さはどのような種類のものなのだろうか。マルコムは、大学教授としての彼女の職務上の要件や役割において禁じられているような仕方で行為した。彼女は、大学がその教員に対して定めている規則と責務に違反したことになる。もし、この不当さを大学が規定する行動規則に反するものとして理解するとすれば、この不当さは、彼女が職場の電話を私的な連絡に長時間使用するのと似ているということになる。他方、もし私たちが「大学教授」の役割に内在的な価値観を侵害するようなものとしてこの不当さを理解するならば、それは剽窃に似たものになる。おそらくその両方が少しずつあるのだろう。いずれにしても、それは悪質であり差別でもあるが、悪質な差別ではない。というのも、この場合、悪質さの源泉は、各人を同等な道徳的価値をもつ人格として扱い損ねることとは何の関係もないからである。むしろ、この不当さの源泉は大学内部の規則と価値観の侵害である。それらの規則や価値観は、これが別種の組織であったとすればまた違ったものになりうる。

　では、組織の種類が異なっていたとしたらどうだろうか。仮に大学が、受講許可のための学生の選抜規準としてこの種の規準を用いることを、公式に許可したとしたらどうなるだろうか。それは不当なのだろうか。仮にそうだとして、その不当さは何に基づいているだろうか。

別の例を考えてみよう。『テヘランでロリータを読む』において、アーザル・ナフィーシーは、イラン革命後に大学が、学業成績や学問上の有望さではなく政治的な所属先に基づいて、学生を受け入れ始めたと報告している。[3]これは悪質な差別だろうか。この事例は次の点でゾラの事例とは異なる。入学選考担当者は、大学の公式の方針を侵害していないからである。この意味で、担当者たちは自らの役割を逸脱して行為していないし、また大学で権威をもつ人々によって定められた基準に反してもいない（と思われる）。むしろ、大学職員は、政治的な所属先を入学選考担当者が考慮すべき規準のひとつに含めるように、入学許可の基準を変更した。したがって、入学選考担当者は、（入学選考担当者としての）役割に由来する責務に違反するという不正に関与してはいないし、また大学によって採用された入学許可規準を無視するという不正にも関与していない。マルコム教授の事例とは違って、担当者たちはそのような不正を犯しているわけではない。では、担当者たちはそれ以外に何か不当なことをしていたのだろうか。ナフィーシーはそう考えているように見える。彼女は、政治的な所属先を大学の入学許可規準として用いることには、深刻なまでに不当な何かがあると考えている。だが、それは正確に言って、何なのだろうか。

後に、実績とその悪質な差別との関係を検討する第四章でより詳細に論ずるように、ナフィーシーの異論は、大学とは何かをめぐる議論に依拠するものとして最もよく理解できる。彼女は、大学を、教育と学術に関する価値観にコミットするものとみなしており、したがって、政治的所属先に基づく入学許可という新たな規準を、これらの価値観の侵害とみなしている。では、入学許可規準を変更するという大学の決定は悪質な差別なのだろうか。第一に銘記すべき点は、ナフィーシーと大学職員は、まさにこの規準が許容可能かどうかについて争っているということである。政治的な所属先を入学許可規準にすることは、正しく理解された大学の使命と両立可能なのだろうか、と。第二に、仮にナフィーシーが正しく、この規準は大学の使命と両立できないとしよう。このことによって、より適格な志望者を不合格にすることは不当になる。しかしだからといって、このように不合格にすることは悪質な差別にはならない。ゾラの事例と同じく、不当さの源泉は平等規範の侵害にはない。むしろ、この事例の不当さの源泉は、大学の目的に関する最善の理解と、政治的な所属先という規準が両立不可能だということにある。(4)

最後の事例を考えよう。遺伝子差別である。ある種のよく知られた遺伝子変異をもつ人々は、それをもたない人々に比べて、特定の疾患になりやすい。保険会社が、疾患になりやすい遺伝子変異をもつ人々の保険加入を拒否したり、あるいは高率の保険料を課したりすることは許されるべきだろうか。万一人が健康保険に入ることは正義によって要求されているのだ、という見解を抱く人もいるかもしれない。その見解の通りだとすると、遺伝的特徴に基づいて保険加入希望者の間に区別を付けることが不当である理由は、平等とは関係がない。この見解をもつ人にとっては、遺伝子差別は、健康保険提供者が契約者を他の仕方で区別することに比べて、より不当だということもより不当でないということもない。もしそうだとすると、遺伝子変異に基づいてある人の保険加入を拒否することの悪質さは、平等規範の侵害ではなく、正義の要求の侵害に由来するということになるだろう。これは悪質な差別ではない。遺伝子差別は悪質であり、かつ（区別を付ける行為への非難は含まない意味で）差別ではあるのだが、その不当さは差異化からではなく、むしろ正義が要求することを拒否したことから生ずる。(5)

私たちが人々を差異化し、その結果としてこの人々を異なる仕方で扱うとき、この行為は（a）許容可能であるか、または、分類に関する私たちの懸念の基礎にある道徳的関心とは無関係の理由で（b）

許容不可能でありうる。または、（c）人格は同等な道徳的価値をもつという原理を侵害しているという理由で、許容不可能だということもありうる。ある分類は悪質だが悪質な差別でないことがありうるという感触を読者に抱かせることからはじめて、私は、名字がAで始まるという理由でアダムズを雇うことを拒否するのは悪質な差別ではない、という主張に対する疑念に答えていきたい。こうした行為にも、たしかにどこか不当なところがあるが、それは、悪質な差別のもつ不当さではない。こうした行為の不当さは、当該組織によって採用された規準に依存するし、ある規準の選択の指針となるべき組織内部の価値観に依存する。[6]

この論点を、私が出発点とした道徳原理――人格間の同等な道徳的価値――に立ち返って結び付けよう。各々の人格が固有の価値をもっているとすれば、その人に対してなしうる事柄のなかには、平等に対する関心とまったく関係なく、その価値を侵害したり、あるいは否定したりしうる事柄が存在する。たとえば、XがYを殺すとすれば、XはYの固有の価値を尊重し損ねている。しかしここには平等に関連する論点は存在しない。Xが一部の人々を殺して、他の人々は殺さないとしよう。その場合、Xはその誰かの固有の価値を尊重し損ねており、かつ、おそらくは選択的に殺人をしたという点で、平等規範を侵害するような仕方でそうしている。しかし、このような文脈では、私たちは平等という論点に絞って考えることはほとんどない。殺人それ自体が、諸権利（固有な価値）の凶悪な仕方での侵害だからである。だが、平等者として扱われる権利以外に問題になる権利が存在しないような文脈ではどうだろうか。ここでは、最も際立っているのは平等の価値である。たとえば、アパートを探している人がたくさんいるが、その人々はみな同じアパートを望んでおり、それを得ることができるのは一人だけ、という状況を考えてみよう。ある人格の固有の価値は、アパートを得られなくても侵害されない。しかし、人格の同等な価値はそこで用いられる——たとえば、「白人のみ」といった——選別規準によって侵害される可能性がある。問題が、ある財やサービスを提供しなかったということではなく、選別規準それ自体にある場合、そこには潜在的な平等問題が存在する。

しかしすべての選別規準が平等問題を生じさせるわけではない。ある特定の選別規準を用いないことは、その組織そのものに特有の源泉に由来する規範または基準と衝突することがある。たとえば、ゾラの事例では、大学はその経営と学部運営の指針となるような規範や価値観をもっている。これらの規範と価値観の基礎にあるのは、大学についての考え方そのものであり、また大学という組織にふさわしい基準の類である。人々を区別するために使われた選択規準が、ある組織内部の基準と衝突する場合、そうした理由にもとづいて区別することの不当さは——人々の同等な道徳的価値へのコミットメントではなく——その組織の目的と価値観に衝突しているということにある。

組織（または個人）自体の目的と価値観に抵触する区別は、深刻な不正を構成しうる。私がこれらの事例を悪質な差別から切り分けるのは、これらが重要ではないと言いたいがためではない。しかし、ある分類が組織内部の価値観または目的に衝突するという場合には、その組織または個人はこの衝突を防ぐためにそれらの価値観や目的を変更するという選択ができる。組織としてのこうした一貫性要求は、まったく自由にどんな価値観や目的でも選んでよいということではないが、しかし、この要求の有効性は、組織や個人がどの選別規準を用いるかを——別のところからくる制約が存在しない限り——自らのために決定できるということを意味する。人々が同等の道徳的価値をもつならば、この原理へのコミットメントは、道徳的に平等な者として扱わないような仕方で人々の間に区別を付けてはならないと、私たちに要求する。

先に進む前に、人々を区別することに関して懸念が抱かれがちなもう一つの理由について考察しておきたい。大学の入学選考担当者が、好ましいと思わなかった志望者の入学を拒否したとする。ここで私が問いたいのは、入学手続きのなかで考慮されるべき要素として好ましさを用いることを、その学校が実際に認めていたか禁止していたかではない。学校が禁止していたにもかかわらず、担当者が好ましさという要素を意思決定に用いているとすれば、その人は自分の役割に課された責務または雇用契約を明らかに侵害している。私たちが考えようとしているのはもっと根本的な問いである。すなわち、好ましさは、その使用が公式に認められていたとして、それにもかかわらず悪質な差別を構成するような類の特性なのかどうか、である。

この規準に反対する人がいるとしたら、どのような根拠に基づいて反対するだろうか。一つの可能性は、先に検討したものである。つまり、好ましさは大学が考慮に入れるべき類の特性ではない、というものだ。この反論は、先に論じたように、大学とは何であるかという問いに基づくものとして最も良く理解される。また、したがって、大学が大学であり続ける限り採用できる類の価値観とは何か、を決定することに焦点は絞られている。大学であるということは何を要求するのか、と。では、それ以外に反論の根拠は存在するのだろうか。好ましさという規準はあまりに主観的に過ぎるとして、反論する人もいるのではないかと思う。だが、この反論は正確には何を意味しているのだろうか。この反論は、好ましさという規準は、その規準を採用する人の個人的な趣味にあまりに偏り過ぎている、ということを意味しているのかもしれない。仮にさまざまな人々がこの規準を採用しなければならなくなったとすれば、好ましいとされる人の種類は劇的に広がりうる。もし統一性に価値を置くのであれば、これは問題でありうる。だが、もし統一性に価値を置かないとすれば、これは深刻な問題なのだろうか。別の担当者が、好ましさという規準を用いて別の特性をもつ志願者を選別したとする。この選択について語りうる最悪のことは、この選別規準は恣意的または不合理だ、ということである。たしかにこれは、多くの人々が恣意性をそれ自体として道徳的に重大なものだと信じている以上、重要な懸念ではある。事実、連邦最高裁の平等保護の原理は――少なくとも理論上は――分類は合理的であることを要請しており、したがって合理性のもつ道徳的な重要性を支持しているように見える。[7] 私の見るところでは、しかし、分類の不合理性は平等規範――人格の同等な道徳的価値への関心――に由来する不正ではない。なぜなら、私たちには、みな等しく、恣意的な扱いを受けるリスクがあるからである。それは、不合理な規準を採用する愚か者を（辞めさせるか何かして）排除する理由にはなるが、しかしそれ以上のものではない。とはいえ、これはより詳細に展開されるべき議論であり、第五章でこの作業に取り組む。

好ましさテストは主観的に過ぎると主張することで、まったく異なる懸念を抱いている人もいるかもしれない。好ましくないとみなされた人々が、一つの恣意的な集団を形成するのではなく、何らかの社会的顕著集団（socially salient group）に――あるいは、歴史的に酷い扱いを受けてきた集団、または現に社会的経済的に低い地位にある集団にさえ――分類されることを懸念しているのかもしれない。たとえば、支配層のＷＡＳＰが判断を下すところを想像した場合、ユダヤ人は、好ましくないからという根拠で排除されるであろう。[8] この事例が古臭いと思われるなら、さらに最近の状況で別の事例を想像することも簡単にできるだろう。こうした事例において懸念されていることは、好ましさそれ自体が人々を排除する基盤であってはならないということではなく、むしろ、好ましさを考慮するという装いのもとで、本当は宗教や民族に基づいて人々を排除しているということにある。言い換えれば、平等規範に違反するような規準を思い描くために私たちが想像する必要があるのは、誰かが組織の目的に無関係に見える理由で排除されているということだけではない。むしろ、この排除が基礎を置く特徴は実は、ある集団を、酷い処遇の歴史をもつ集団として、または現在社会的に低い地位にある集団として定義する特徴であることを想像する必要がある。

好ましさは依然として入学許可の規準として問題があると感じる読者もいるかもしれない。私が好ましさを一つの例として使ったのは、多くの人々が問題を感じやすいものだからである。そしてそれは実際に問題含みである。だが、それが問題含みである理由は、一般に考えられている理由とは異なる。第一に、好ましさは、それが公式に認可された方針でないならば、問題になりうる。言い換えれば、一人の担当者が自らの権限を超えて好ましさを入学規準として用いるようにふるまっているのであれば、問題になりうる。第二に、好ましさは曖昧であるため、担当者が別の特徴——たとえば宗教や民族など——を入学基準としてひそかに用いることを可能にするために、問題でありうる。この場合、問題は、好ましさが一つの入学規準であるというところにはない。むしろ問題は、好ましさに関する考慮を装って、入学選考担当者が実際には、ある人々の入学を人種や民族に基づいて許可したり、拒否したりしていることにある。好ましさそれ自体が奇妙な規準だと思われるかもしれない。だが人は、好ましさというときに何が求められているのかを、より魅力のある仕方で述べ直すことが容易にできる。たとえば、入学選考担当者に、他の人と協働することができる学生を入学させるように指示する方針があるとする。協働の能力は多くの雇用環境で有用であり、また一般的にも有用な特徴である。この価値を促進するという学校の決定に異論が出るとも思えない。私たちにとって問題になるのは、他の人と協働できる人々を同定することは困難である（そのためのテストなどない）ために、この選別規準を実際に用いるには裁量の余地が必要になり、この余地が、選考担当者が協働の能力の代わりに他の特徴を——意図的であるか非意図的であるかはともかく——用いることを可能にするという懸念のほうである。

歴史と現在の社会的地位——その何が問題なのか

私たちは、過去に酷い扱いを受けてきたか、あるいは現在低い地位にある集団を定義するような特性に基づいて区別を付けるのは、それ以外の特徴に基づいて区別を付けることとは道徳的に異なって感じられるということを確認した。私が「感じる」と述べるのは、私たちは、なぜそう感じるのか、またこの感覚が正当化されるのかどうかを探究している最中だからである。説明を簡単にするために、このような集団を定義する特徴を「ＨＳＤ」特徴と呼ぶことにしよう。ＨＳＤとは、酷い処遇の歴史または現在の社会的不利（history of mistreatment or current social disadvantage）の頭文字である。では、ＨＳＤ特徴に基づく差異化を、平等な配慮と尊敬をもって人々を扱うべしという規範を侵害する点で、道徳的に異質なものにするのは何か。どのような区別ならば許容できるのかを評価する際に、ＨＳＤ特徴が何らかの違いを本当に生み出すのだとすれば、それが作りだす違いとは何であるのか、そして違いをもたらすのはなぜなのか。

ＨＳＤ特徴が何らかの違いを生み出すように思われるという事実から、問題は個人の平等処遇ではなく集団の平等処遇にあるのだという主張に導かれる論者もいた[9]。たとえば、ＨＳＤ特徴に基づく区別はなぜ異質なのかという問いに対する影響力のある解答の一つは、私たちはお互いを道徳的に平等な者として扱うべきだという要求が、社会的なカースト制を作り上げたり強化したりすることを禁止しているからだというものである。また、ＨＳＤ特徴に基づいて人々の間に区別を付ける政策はなぜ憂慮するべきなのかという問いに対するもう一つのおなじみの答えは、そのような集団は、正規の仕方で、または公正な仕方で政治的プロセスに影響を与える力を欠いている可能性がある、というものである。たとえば、黒人が政治的プロセスから常に排除されているとすれば、人々を区別する法や政策は、黒人に不利な仕方で区別をすることになりがちである。これは、「切り離されて孤立したマイノリティ」に影響を与える法律を裁判所が綿密に審査すべき局面とそうすべき理由に関するジョン・ハート・エリの有名な説明を再構築したものだが、それは法の文脈を超えて拡張されうる。以下に考察するような、不均衡な負担説と私が呼ぶものは、エリの問題意識に触発されたものである。

反カーストと不均衡な負担

ＨＳＤ特徴に基づく区別がＨＳＤではない特徴に基づく区別と道徳的に異なるのは、前者が私たちの社会にあるカースト的な側面を強固にしたり定着させたりするからかもしれない。社会的アイデンティティをもたない集団——たとえば、名字の頭文字がＡで始まる人々——に不利益を与える法律が、カーストを強固にすることはありえない。というのも、それによって社会的地位が害されたりあるいは固定化されたりする社会集団が存在しないからである。法律、政策、慣行がカーストを強固にするかどうかを問うためには、私たちはまず、そこで同定された集団はカースト概念が関連性をもつような集団であるかどうかを決定しなければならない。ある集団が扱われてきた仕方に関する歴史と、その集団の現在の社会的地位が、私たちがカースト概念に関連する社会集団を扱っているかどうかの大部分を決定するものである。[10] 議論を進める前に一つ留意点がある。誰かをその名字の最初の文字に基づいて雇わないこことと、その人の性別に基づいて雇わないこととの間の冒頭での比較は、ある特徴によって定義される集団の歴史や現在の社会的地位が道徳的な違いを生み出すという仮説に辿り着いた。けれども、歴史と社会的地位がどのように問題になるのか、またなぜ問題になるのかは、まだ決定されてはいない。私は歴史と社会的地位が決定的であると言おうとしているのではない。HSDではない特徴に基づく区別も悪質でありうる。むしろ、この両者の事例を対照することで、歴史と社会的地位が問題であることは示唆されている。私たちは、歴史や現在の社会的地位が問題になる仕方とその理由を究明するために、この洞察――それは目新しいものではないが、これまで十分には検討されてこなかったものである――を掘り下げたい。そうすることで、区別を付けることが平等保護条項に法的に抵触する局面についての二つの有力な説明（そのうちの一つは私が再構成したものだが）を、それらが何ごとかを解明しているのかどうかを確認するために考察したい。これら二つの説明は、HSD特徴が問題である理由とその仕方の説明としては欠点があるのだが、これらの説明がどこで道を誤るかを理解することによって、私たちの探究はそれに代わる説明に導かれるはずである。

反カースト・アプローチによれば、歴史や現在の社会的地位が問題であるのは、それらがかなりの程度、相対的に地位を保護しなければならない集団はどれなのかを決定するからである。この見解は多くの点で説得力があるが、しかし究極的には満足のいくものではない。この見解は、たとえばアフリカ系アメリカ人の個人に不利益を与える法律が道徳的に問題含みであるのは、アフリカ系アメリカ人の集団としての社会的地位ゆえである、という強力な直観に訴える。しかしこの見解が直観に訴えるのは、個人に関わるという侵害の本性を捨て去るという犠牲を払ってである。この見解によれば、黒人がある種の機会を拒否されるのが不当であるのは、それが、集団としての黒人の相対的な不利益の一因になるからである。たしかに、集団の地位は関連性があるだろう。だが、以下で論ずるように、集団の地位は、不正とは単に集団に対してではなく個人に対してなされるものだという見方を保持しうる限りで、関連性をもつべきものである[11]。

では、不均衡な負担説と私が名付ける第二の説明はどうだろうか。もし、人々の間に区別を付けることが多くの価値のある目標に必然的に影響を与えることになるとすれば、私たちは、そうした区別によって不利益を受けないという各人の利害関心が、そうした区別が付けられる政治的プロセスや私的プロセスのなかで等しく考量されることを望むだろう。ある集団が自分たちの利害関心がこれらのプロセスのなかできちんと考慮されていないと感じているとすれば、私たちは適用されている分類または差異化の公正さを懸念してよい[12]。

特定集団に対する酷い処遇の歴史が重要性をもつ理由に関するこの説明はエリに着想を得ているのだが、しかしそうした特徴に基づいて区別を付けることがいかにして道徳的に問題になるのかについての重要な何かを捉え損ねている。この見解では、特定集団の利害関心を十分に考慮しないような線引きの一つ一つの実例はどれも問題にはならない。むしろ、問題なのは累積的な不利益である[13]。結局のところ、個々の政策には、とりわけ政治的プロセスには常に勝者と敗者が存在するものである。問題が生ずるのは、（有名な言葉を使うならば）「切り離されて孤立したマイノリティ」が繰り返し敗者にならないようにするために介入できないような場合だ、とされる。

個々の政策の悪質さはどれも、それに先行する問題含みの政策に依存するということは事実である。次のような事例を考えてみよう。ある特権階級の白人女性が女性だからという理由で、ある仕事または機会を拒否されたとする。彼女は、このときまで性別に基づく線引きの対象になったことはなかったとしょう。そして、これまで彼女に影響を与えた線引きにおいては、女性たちの利害関心は考慮されてきたとする。先の説明から、この特定の事例について何が言えるだろうか。これは不当だと言えるだろうか。もしそう言えるとして、それはなぜだろうか。次のように言う人もいるかもしれない。つまり、この場合彼女には、性別に基づいて不利益を受けない権原があるのだが、それは、女性たちの利害関心が、一般に、ほとんどの政策や法律のなかで区別を設ける際に十分に考慮されていないからでしかない、と。そうだとすると、彼女が被った性差別が不当であるのは単に派生的にでしかないということになる。だが、それによって何かが失われることになる。

この種の説明は悪質な差別の不当さの個人に関わる本性を手放すという事実があるが、その事実がそのまま受け入れられている場合もある。たとえば、グレン・ルーリーは、彼が擁護する「人種平等主義」にコミットすることとは「集団の地位に明示的に焦点を当てる」ことだと論じている。彼の見方では、このような焦点化は「リベラルな個人主義の指針」の拒否を含むものである。ルーリーによれば、その指針とは「諸個人の厚生の観点のみからある社会の資源分配の正義を批判的に評価しようとする一方で、アイデンティティに基づく集団の経済的または社会的ポジションには独立した重みを与えないような思考傾向」である[14]。私自身、ルーリーの優れた著作の多くに強く共感しているが、しかし、彼のアプローチは誤った二項対立を設定していると思われる。現在の政策を評価する際、その集団の歴史的処遇と現在の社会的地位が重要であると主張しつつ、それらは、その政策が諸個人を不公平に扱っているかどうかを決定する際にも重要であるという見解を維持することは可能である。集団の地位が重要だという主張の魅力と、そこで不正を被っているのは個人であるという直観を媒介するためには、諸個人がどう扱われたのかを決定する際に集団の地位が問題になるあり方を見出す必要がある。

悪質な差別を評価する際に、ある集団に対する酷い処遇の歴史が重要になるという直観を理解するための別の方法は、その集団の歴史や現在の地位が、そうした区別を付ける際に行われていることに実際に影響を与えているという点に注目することである。何らかの特色に基づいて区別を付ける際に人が行っていることは、単に人々を二つや三つの集団に切り分けて、そうした区別に基づいて異なる処遇を割り当てるということだけではない。ときには人は、自らが分類している人々のなかの誰かを貶価していることもある。とはいえ、それは常にというわけではない。名字がAで始まる求職者を雇わない雇用者は、この集団の人々を貶価しているわけではない。彼女は貶価することを意図しているかもしれない。もしかすると、彼女は自分が長年にわたって知りえた数多くの事例から、名字がAで始まる人々は愚かであると信じ込んでいるのかもしれない。だが、以下で説明するように、貶価は部分的に慣習的な行為であり、彼女の意図が依って立つことができるようなものは何もないので、その行為は名字がAで始まる人々を貶価しない。

社会的事実としての差別

ある集団の歴史や現在の社会的地位は、人がある特定の特徴に基づいて分類する際に行っていることに影響を与える。個人や組織が、特定の文脈で、特定の特色に基づいて人々を分けるとき、行為者は単に区別しているだけでなく、その人々を貶価することがある。もし貶価しているのだとすると、そのような仕方で区別することは不当である。

だが、どうしてそのようなことになるのだろうか。意味は三つの源泉に由来しうる。まず、話者の意図、次に、聞き手の認知または理解、最後に、「発話」[15]がなされる文脈である。言語哲学者たちは、これらの源泉のどれが相対的に重要なのかを議論している。さらに、意味論（個々の単語と文構造の慣習的に理解された意味）と「語用論」と呼ばれるもの（文脈、使用）のどちらが相対的に重要なのか、に焦点を当てる論争もある。語用論の側に立つある哲学者は、文脈のもつ重要性を明らかにするために、次のような例を用いている。たとえば、あなたが彼に「あなたは料理ができますか」と尋ね、彼が「私はフランス人です」と答えるとする。「私はフランス人です」という発話は、通常はこの話者がフランス国籍をもつことを意味するが、この文脈ではこの話者――フランソワ・レカナッティ――は良い料理人だという意味になる。[16]ここでは、この文が言っていることは、それ自体で受け取るならば、個々の語の意味あるいは実際には文の意味なのだが、その意味にも結び付いていないように見える。レカナッティのように、使用、文脈、語用論が意味の中心的な決定要素であると考えるか、あるいは、この種の事例は言語が一般的に働く仕方に対する一つの例外だと考えるかどうか――ここでこの論争に立ち入ろうとは思わない――は別として、次のことは明らかである。少なくとも、語はしばしば、その語の通常の意味やその語が用いられる文の構造には結びつかないような、またはそれを超えるような意味をもつことがある、ということだ。レカナッティはこの例についてはやはり正しい。この文脈では「私はフランス人です」という発話は、レカナッティは良い料理人だということを意味する。

法律や政策が人々をさまざまな特徴に基づいてグループ分けする際、文脈と文化が、その区別に他の区別にはないような意味を――常にというわけではないが――与える。もしそうだとすれば、この意味――部分的に文化と文脈に依存するような一層複雑な意味――は、いかに私たちは行為の道徳的な意義を全体として評価するべきなのか、という点にとって重要である。次のような例を考えてみよう。ある校長が「黒人学生は講堂の左側に、白人学生は右側に着席するように」と命令を出すとする。ポール・ブレストが最初に提起し、後にジョン・ハート・エリによって論じられたように[17]、この例で、校長がこの席順を命ずるのは、彼がそれによって作り出される美的な効果を好むからである。この不自然な例が持ち出された理由は、悪質な差別の不当さを意図ベースで理解することの問題を明らかにするためであった。もし、校長の命令の意味が単に当人の意図だけではなく、また、用いられた個々の語の意味だけでもなく、これらの語が語られた文脈や文化に依存してもいるということを認識するならば、この古典的な例に含まれる不明瞭な性質は解消されることが分かるし、またこの例に関する私たちの直感もかなり簡単に説明されることが分かる。私たちはこの校長の命令をどのように理解すべきなのだろうか。まず、これが一つの命令であるということに注意することが重要である。さらに、それは学生たちや他の教員たちにある効果を、彼らに何かをさせるという効果をもつ。ここまでは議論の余地がないだろう。

さらに、おそらくは最も顕著な点として、この校長は黒人の学生たちを貶価している。なぜそう言えるのかを見るために、もっと重みのある例を考えてみよう。校長が次のように述べたとする。「黒人学生はバスの後部座席に、白人学生は前方座席に座るように」。私たちの文化においてバスや電車などの座席を人種で分離することは劣等性を含意すると慣習的に理解されている。したがって、このような分類によって与えられる処遇は、教室の左側と右側に割り振ることよりも、象徴的により重い意味をもつ。この命令――「黒人は後ろに」という命令――には、もう一つの効果もある。この校長の命令は、学生のなかにスティグマ化されているという感覚を生み出しもするだろう。しかし私が強調したいことは、この命令は貶価しているという事実のほうにある。黒人にバスの後ろに座るように命令することで、校長は黒人学生を貶価している[18]。スティグマ化と貶価のこの区別は強調に値する。

ある分類が黒人学生を貶価するという主張は、黒人学生がスティグマ化されるという主張と容易に混同される。スティグマの概念はたしかに重要だが、私がスティグマの概念を使わないのは、この概念が往々にして曖昧な仕方で用いられていると考えるからである。スティグマについての主張は、分類によって生み出される効果を指示する場合もあれば、分類する際に行われていること――つまり貶価すること――を指示する場合もある。分類の効果ということで言及されているのは、心理的なものであるか社会的なものであるかはともかく、分類される人々が被る害である。ブラウン対教育委員会事件（*Brown v. Board of Education*）での有名な主張は、心理的な害としてのスティグマ概念の古典的な例である。それによれば、公立学校のアフリカ系アメリカ人の子どもたちを隔離することは、「自分たちの地位はコミュニティのなかで劣っているという感覚を子どもたちに生み出し、その心と精神にいつまでも癒える見込みのない仕方で影響を与えるだろう[19]」。さらに、学者たちは集団が社会的にスティグマ化されうるさまざまな仕方を強調してきた。たとえば、グレン・ルーリーは、黒人たちは社会的にスティグマ化された人種集団であると主張するとき、アーヴィング・ゴフマンの著書に依拠している。この主張によって彼が言わんとしているのは、「人種を示すシンボルによって含意されている意味は、そのシンボルを目撃した側が、そのシンボルを身に付けている人たちを自分と共通の人間性をもった一人の人格として――つまり「残りの私たちに似た誰か」として――見る能力を衰えさせる」ということである[20]。心理的な害としてのスティグマという考え方も社会的な害としてのスティグマという考え方も、いずれも、ある分類によって生み出される効果を強調する[21]。

私が注意を喚起したいことはこれとは異なっている。分類によって生み出される（心理的または社会的）な効果を強調するよりもむしろ、私は、分類することは、時として、それが表現する事柄ゆえに

——その影響を受ける個人や人々が貶価、スティグマ化、劣位化を感じるかどうかにかかわらずに——不当なのだと主張する。スティグマという用語は、貶価するとか劣位化することを意味するものとして、人はスティグマ化することがある、というようにも使用されうる。しかし、スティグマという用語は行為の効果に注目するために用いられることのほうが多いので、この用語をここで使用することは有益というよりもむしろ混乱をもたらすと私は考える。

私がここで付けている区別を理解するためのもう一つの方法は次のようなものである。分類の効果に着目するアプローチは、分類によって引き起こされる害に焦点を当てるが、分類する際に人が行っていることに着目するアプローチが焦点を当てるのは、この行為が不当かどうかである。私の見るところ、分類が時として不当であるのは、分類する際に人が行っていることゆえであり、この不当さはそこで強いられるかもしれない害には還元できない。

文脈と文化が一定の区別を貶価にする

人々の間に区別を付けることが影響を受ける人々のうちの誰かを貶価するかどうかは、その区別という行為が生ずる社会的文脈によって決定される。私たちの文化では、アフリカ系アメリカ人に対してバスの後部座席に座るように命ずることは、軽視することとして慣習的に理解される。しかし、そうなるのは、バスの後部座席に前方座席よりも何か悪いところがあるからではない。十代の若者は後ろのほうの席に座りたがる。黒人たちにバスの後部座席に行くように命ずることは、それとは劇的に異なっている。というのも、後ろに行くように命じられるのが黒人たちだからであり、また、アメリカ合衆国には、公共交通機関や、それ以外にも多くの場面における人種隔離の歴史があるからである。さらに、黒人たちに後ろに行くように命ずるという事実が、その人が行っていることのなかに違いを生み出す——命ずることは（たとえば依頼することとは違って）より高い可能性で貶価することになる。

バスの後部座席に対して前方座席が私たちにとってもつのとまさに同じような仕方で、他の国々でも——それぞれ固有の歴史を伴って——さまざまな種類の処遇が意味をもっている。ネルソン・マンデラがロベン島に収監されていたとき、黒人の囚人は短パンを履くように要求されたが、白人や他の有色人種の囚人は長ズボンを履くことができた[22]。この方針は黒人の囚人たちを貶価した。なぜなら、ポストコロニアルの南アフリカにおいて、短パンを履かせることは子ども扱いすることとして慣習的に理解されていたからである。この分類が命令——貶価する可能性がより高い権力の行使——という文脈で生じていることにも注意してほしい。

講堂の左側の席は、一般的には右側よりも劣っているとは理解されていない[23]。他方、単に人種に基づいて分類することは、人種的分離の命令が貶価する可能性を薄めたり弱めたりするようなものが当の文脈のなかに何もない場合、少なくとも、貶価する恐れがある。なぜなら、人種に基づく分離は——とりわけ人種で分離することの命令は——私たちの文化では、社会的または慣習的に理解された意味をもっているからだ。その意味は状況の他の側面によって中和されうる。しかし中和されない場合には、人種で分離することの命令はやはり非難される。たとえば、高校の教員がジム・クロウ法の時代について教えているときに、ジム・クロウ法の人種分離がどのようなものかを実感させるために、多様な人種で構成されたクラスで、生徒たちに人種によって席を分けるように頼んだとする。この場合、この人種的な分離が、人種差別について生徒たちに教育するという文脈で生じたという事実は、この命令の意味を変える。そして、教師は、席を分けることに強い不快感をもつ生徒がそれを拒否できるようにすると思われるので、おそらく、これは一つの依頼でしかない。このことは、この教師の行為の意味をさらに変えると思われる。

人々を分離するという行為が貶価することになるのかどうか、それによって悪質な差別になるのかどうかは、その行為が為された社会的文脈と文化によって決定されるのだが、その決定のされ方は二つのレベルで働くということには注意が必要である。その第一の、そして最も重要な側面は次のものである。分類するために使われる特色が貶価する可能性をもつかどうかは、大部分、その特色が過去に人々を分離するためにいかに用いられてきたかという点と、その特色によって定義される集団の現在の相対的な社会的地位によって決定される。人種は名字の頭文字とは異なる。第二に、私たちは、人々をある特色に基づいて区別するとき、それぞれの集団に異なる処遇を与えている。この異なる処遇は、時として、文化横断的に当てはまるような仕方で、良かったり悪かったりする。たとえば失職すること、医療や教育の機会を失うことなどがこれに当てはまる。しかし、処遇の差異は、この処遇のもつ文化的な意義のうちに存することもある。バスの後部座席や、短パンを履かせることなどがそうである。このような場合、差別の慣習的側面は第二のレベルでも生じる。

議論を先に進める前に、一つ注意点がある。HSD特徴に基づいて区別を付けることが、貶価する可能性がより高いのは、この区別の社会的な意義ゆえである。しかし、先に説明したように、HSD特徴に基づいて区別を付けることのすべてが貶価するわけではないし、当の状況の別の側面もまた貶価するかどうかに影響する。さらに、非‐HSD特徴に基づいてカテゴライズすることもまた貶価することがありうる。しかしながら、そうなるとして、その場合にはより文脈的な要因が必要になる。

以上の議論をさらに要約しよう。分類すること（あるいは、ある種の特性に基づいて人々の間に区別を付けること）は、同時に複数のことを行っている。第一に、分類することは区別することであり、分離することであり、分割することである。第二に、分類することは一般に、ある効果を生じさせる――異なる処遇が異なる人々に割り振られ、時として、該当者のなかの一部はスティグマ化されたと感じる。第三に、分類することで、私たちは貶価することもある。分類という行為のこの第三の側面こそ、その行為が悪質な差別であるかどうかにとって極めて重要であり決定的なものである。

分類が貶価になるかどうかは、特定の文脈で特定の区別を付けることの社会的または慣習的な意味に依存する。文脈と文化は、行為の意味を決定する際に重要な役割を果たす。分類することは貶価することになることもある。そしてそうなるとき、このように人々を軽視することはこの分類の道徳的な許容可能性に関連性がある。

なぜ貶価なのか

差別の難問が道徳的な関心の的になるのは、人々を異なる仕方で処遇することが、人々は同等の道徳的価値をもつという理念に衝突する恐れがあるからである。もちろん、私たちはすべての人々を同じように扱うことはできない。法、政策、慣行は、さまざまなものを基準にして人々の間に区別を付けざるを得ない。必然的に差異化せざるをえないというこの事実は、異なった処遇はどんなときに道徳的に許容され、どんなときには許容されないのかという道徳的な問いを生じさせる。では、人々の間に差異を付けることは、どんなときに人々を道徳的に平等な者として扱い損ねるのだろうか。

貶価することは、誰かが同等の道徳的価値をもつことを否定することであり、したがって、差異化に関する私たちの懸念の根底に第一に存する価値に密接に結びついた不当さを際立たせるような仕方で、誰かを扱うことである。貶価することとは単に侮辱するだけでなく、下に置くこと、貶めること、軽視することでもある。貶価することは、他者を劣った者として扱うことである。興味深いことに、貶価は、単に差異化に結びつくだけではなく、より一般的に、道徳的な不当さの中核に位置付けられると論じる者もいる。たとえば、ジーン・ハンプトンは（単なる害とは区別されるものとしての）道徳的な不正について、次のような定義を与えている。「ある人が他者に不正をはたらいているのは、（責任能力のある行為者として行為しながら）その人が相手を客観的に貶価するような仕方で扱っているとき、かつそのときに限る[24]」。道徳的不正についてのハンプトンの考え方は、どの差異化がどんなときに不当であるのかを説明するために私が提示してきたものと同じ直観に由来する。結局のところ、人々はお互いを多くの仕方で害し合う。そこで、不正となる害を不正にはならない害から区別しようと試みるならば、（たとえば身体の不可侵性や財産管理などに関する）権利の理論をもち出すことができるかもしれない。あるいは、貶価するような害は悪質であり、貶価しないような害は良性だと言うこともできよう。ここでは、貶価という着想が、人格の同等の道徳的価値という根本原理に抵触する仕方で他者を扱うような害を識別するのに役立つ。

私は道徳的不正に関するハンプトンの説明に共感するが、ここではその擁護論や反論を展開したいとは思わない。むしろ、読者に示したいのは、貶価することは道徳的な概念として一般的な訴求力をもつということである。さらに、貶価は、許容可能な差異化と許容不可能な差異化を切り分けるための中核的な道徳概念であるという、より穏当な主張は、とりわけ妥当だろうと私は考えている。第一に、差異化に関する私たちの懸念は、人々を異なる仕方で扱うとその人々を道徳的に平等な者として扱い損ねるかもしれないという、特有の関心に由来するからである。第二に、差異化は多様な文脈で生ずるのであって、それ以外の文脈においてはそれへの権原があるはずの（身体の不可侵性や財産の使用のような）「権利」の範囲を明確にできないようなところでも生ずる。むしろ、雇用者や入試選考担当者は、誰を雇い、誰を入学させるかを決定するのに用いたいと思う規準ならば、どんなものでも用いる自由がある。ただし制約の範囲内ではある。私たちが素描したいと考えているのは、これらの制約である。

　貶価は従属化と等価ではない。貶価は従属化を導くかもしれないが、従属化は貶価の効果である。貶価する行為が繰り返されることに従属化は由来する傾向があるが、しかしその効果は生じないかもしれない。それゆえ、ある人が（人々の間に区別を付ける）政策によって貶価される場合、どの特定の事例においても、その人は道徳的な主張をするために貶価されたと感じる必要はない。貶価が不当なのは、人々は同等の道徳的価値をもつという事実が、人々をそういう存在として扱うことを私たちに要請しているからである。私たちは、たとえいかなる害も生じさせなかったとしても、お互いを劣った存在として扱ってはならない。ハンプトンは、貶価と劣位化について同じような区別を行っている。ある人が他者に不正を働くとき（それは「客観的に貶価する」行為として定義される）、その他者は自らの地位が引き下げられていると感じるかもしれないし、そう感じないかもしれない。そのように感じなかったとすれば、「その人は自分自身が、不正行為の結果としての文字通りの劣位化を被ってはいないと思っている。つまりその人は、その行為があっても、自分自身の高い価値に変化はないと信じているとする。しかし、それにもかかわらずその人は、当人にとってあまりに低い扱いを甘受することを強いられていた、という意味では貶価されている。かくして、貶価されることと文字通り価値を低められることとの間には違いがある」[25]。

貶価することは不当だと述べることで、私は、人は決して貶価することなどありえないと主張しているのではない。逆に、道徳的な正しさや不正についての他の主張と同様に、ある特定の場面では、人はより大きな不正を避けるために、または甚大な害を避けるために貶価することがありうる。むしろ、ここでの目的は、どんなときに差異化は不当になるのかを分析することであり、どんなときにこの行為の悪質さが他の関心によって凌駕されうるのかを述べることではない。

貶価で十分か

これまで私は、貶価することが、他者を同等の道徳的価値をもつ者として扱うべしという要請をとりわけ侵害すると論じてきた。貶価することとは、誰かを価値において劣る者として扱うことであり、またそれなりに影響を及ぼす仕方でそうすることである。ある行為を貶価にするために必要なものについては、第二章でより詳細に論じる予定であるが、次の疑問を抱く人もいるかもしれない。他者の同等の道徳的価値を侵害するようなやり方は、貶価すること以外にもあるのではないか、と。どう考えても、誰かを殺すことは明らかにそうではないか（殺人は、殺される人の同等の価値を侵害するというよりも、その人に固有な価値を侵害すると述べるほうが自然ではあろうが）。もし殺人が同等の道徳的価値を侵害すると言えるとすれば、貶価することは悪質な差別の一つの種類に過ぎないかもしれないし、おそらくは他の種類のものも存在するのかもしれない。本書の中心となる問いは次のものである。すなわち、人々の間に区別を付けることが、どんなときに、その人々の同等の道徳的価値を尊重し損なうのか。この問いに関して私が本章で擁護してきた解答は、区別が貶価するとき、その区別は、悪質な仕方で、人々を道徳的に平等な者として扱い損ねている、というものである。この解答は、貶価しないような区別でも、貶価とは別の理由で、人々を道徳的に平等な者として扱い損ねているという可能性を残したままにしている。私はこの可能性を完全には否定できないでいる。だが、第四章、第五章、そして第六章では、貶価しないような区別もその影響を受ける人々を道徳的に平等な者として扱い損ねることがある、という考え方を支持するいくつかの有望そうな議論が実は失敗していることを、読者に納得させようと試みる。第四章では、人々を平等者として扱うことは、区別が実績に基づいて付けられることを要求してはいないことを論ずる。第五章では、人々を平等者として扱うことは、区別が合理的であることを要求していないことを論ずる。これら二つの議論を合わせると、人々を道徳的な平等者として扱うことは、人々の間に区別を付けることに何か良い理由があることを要求しないという点が示唆される（ここで「示唆」というのは、これら二つの議論では、道徳的に平等な者として扱うことに関する他の解釈のすべての可能性をカバーしてはいないのは明らかであるが、これら二つの議論が失敗しているという事実は他の解釈にとっても示唆的だからである）。むしろ、人々を道徳的に平等な者として扱うような仕方で分類するためには、貶価するような仕方で人々を分類することを端的に避けなければならない。差異化は正当化される必要はなく、単に貶価することを免れてさえいればよいわけだから、これはそれほど強い要求ではない。人々の多様性、目標の多様性、そして組織の多様性を尊重することは、このより穏当なアプローチを支持する。人々を区別することについて許容可能な諸理由の明確に定義されたリストが存在するとは考えにくい。むしろ、人々の間に区別を付けることをしないための一つの理由がはっきりと存在している。差異化が貶価するときには、その差異化は悪質である。差異化が貶価しない場合には、私たちの目標と価値観の複雑さや多様性をより豊かなものにすべきである。

個人的な不正

悪質な差別についてのこの説明は、集団の歴史や現在の社会的地位がなぜ重要な関連性をもつのかについての一つの説明を提供する。本章の冒頭で私は、ある人の名字がAで始まるという理由で雇用しないことと、その人が黒人であることまたは女性であることを理由に雇用しないこととを対比し、この対比は、HSD特徴に基づいて人々を区別することが問題であることを示唆していると述べておいた。続いて、なぜHSD特徴が重要なのかを問い、悪質な差別は個人的な不正であるという私たちの直観を常に視野に入れながら、HSD特徴の重要な関連性も説明する理論を展開しようと努めてきた。本章で提示された説明は、これら二つの要請を満たしている。歴史と現在の社会的地位が重要な関連性をもつのは、それらが、特定の特徴に基づいて人々に区別を付ける法や政策や慣行の意味を決定するものの一部だからである。

ここで再び、最初に提示した対比に立ち戻ろう。すなわち、名字の頭文字に基づいて差別することと、人種や性別に基づいて差別することとの対比である。校長が、名字の頭文字がAからMで始まる生徒を講堂の左側に、NからZで始まる生徒を右側に座るように求めたとする。この校長は、このような依頼あるいは指示を出すことで、何をしていることになるのか。校長は依頼あるいは指示をしてはいるが、貶価はしていない。名字の頭文字に基づいて人々を隔離することには、私たちの文化において社会的な意味がなく、それゆえ校長が行っていることは依頼か指示であっても貶価ではない。貶価していることにならないのは、校長の依頼あるいは命令には、私たちの文化において負荷を担わされた意味がないからである。このことは、私たちの文化に関する解釈上の一つの主張である。もちろん、この学校で名字がAからMで始まる人々を冷遇した歴史があり、それゆえに、この命令の社会的な意味が貶価になる、ということは可能ではある。しかし、この可能性は、分類することにおいて校長が貶価すると主張するために何が必要であるのかを際立たせるだけである。

ここで提示した説明は、平等をめぐる論争のなかの別の大きな落とし穴も回避している。影響力のある学者たちのなかには、平等は空虚な理念だと主張する者もいる。つまり、平等とは、単に、人々が扱われるべき仕方に沿って扱われることを要求しているに過ぎない[26]。たとえば、カレッジや大学に応募する際に、私たちの各々には学問的な実績によって判断される権原があるとすれば、この規範から逸脱した事例においてその何が不当なのかといえば、それは平等の侵害ではなく、採用されるべき正しい規準は学問的な実績であるという要求に反していることなのだ、と。この見解では、平等概念は実際には何の役割も果たさない。悪質な差別に関して私がここで提示している説明は、平等概念に実際に効力を与えることによって、この落とし穴を回避している。その際、積極的人権という異論の余地のある概念を前面に押し出してもいない。

差別はそれが貶価するときに不当である。貶価することとは、他の人を価値において劣った者として扱うことである。この意味で、貶価は本質的に比較概念である。何が貶価することになるのかは、たしかに文脈と文化に応じて多様であろうし、それゆえ、貶価しないという規範が、権利についての特定の考え方や最低限の財に人々がアクセスすることを要求する、というようなことはありそうにない。貶価しないという規範が実際に要求するのは、法、政策、慣行が、ある人々を他者よりも価値の劣る者として扱うような仕方で――その仕方が当該文化のなかでどう解釈されるかにはかかわらず――人々の間に区別を付けるな、ということである。この説明はしたがって、平等を何か特定の財や権利への権原に還元することもないし、これを効力や内容を欠いたままにしておくこともない。

私は、人々の間に区別を付け、その結果、人々を異なる仕方で扱うことが道徳的に不当であるのは、そのようにすることが、その影響を受ける人々のなかの誰であれ、貶価しているときだという説を提示してきた。この説明にもっと説得力をもたせるために、取り組むべき重要な問いがいくつか存在する。続く二つの章では、本章で提示した基本的な発想をより詳細に展開する。まず、第二章では、貶価とは何かという点をさらに掘り下げる。次に、第三章では、いかに人は特定の分類が貶価するかどうかを決定するのか、また、人々が特定の分類が貶価するかどうかについて合意に至りにくいという事実について何を言うべきか、という問いに取り組む。第Ⅱ部では、差別がいつ悪質になるのかという問いに対して、本書が提案する解答とは異なる別の解答について考察する。第四章では、ある分類が人々を平等な者として扱い損ねるのはどんなときかを決定するのに、実績概念が役立つという主張に反論する。第五章では、区別は少なくとも合理的でなければならないという、より穏当な主張について考察する。最後に、第六章では、問題であるのは区別する人の意図だ、という見解を検討し、これを拒否する。

第二章　貶価することと悪質な差別

二〇〇〇年、ハラーズ（ネバダ州ラノなどで複数のカジノを経営する会社）は、女性の従業員には化粧をするように要求し、男性の従業員には禁止する「パーソナル・ベスト・プログラム」なるものを打ち出した。この方針はとくに、女性の給仕は「化粧（ファンデーション、チーク、マスカラ）は必ずしなければならず、きちんと補色の組み合わせで塗らなければならない」し、また「口紅は常にしなければならない」と要求した。他方、男性に対しては、「マスカラや化粧は許されない」としていた[1]。

フェセル対デラウェア・メソニック・ホーム株式会社事件（*Fesel v. Masonic Home of Delaware, Inc.*）で、裁判所は、入居者の大多数を女性が占める老人ホームが、介助者として女性しか雇わない方針を継続することを認めた。介助者は、「着替え、入浴、トイレ補助、高齢者用のナプキン交換、導尿ケア」を含めて、入居者の個人的ケアの責任を負っていた。利用者の多くは、男性の介助者に世話されることには同意しようとしなかった[2]。

地方紙に掲載された「女性を探している男性がいます」と題した個人広告に次のようにある。「未婚の女性を求む。年齢は三〇～四〇歳、長期のお付き合いか結婚を前提に。女性的であることをいとわず、化粧をしていて、ファッショナブルな服を好む、スリムな人を望む。」

本章と次章では、貶価するような仕方で人々の間に区別を付けることは悪質である、という見解にとって中心的な二つの問いに取り組む。本章では、貶価するとは正確にはどういうことなのかを探究する。第三章では、ある分類が貶価になるかどうかをいかに決定するのか、また、ある分類が貶価になるかどうかをめぐって私が提唱する理論に対してどのような異論が予想されるかという問いを扱う。

貶価するとはどういうことか

貶価することとは、他者を不完全な人間として、または同等の道徳的価値をもたない者として扱うことである。貶価することとはしたがって、部分的には表現行為である。ある人の行為が、他者がわずかな配慮や尊敬にしか値しないということを表現する。さらに、他者をそのような仕方で扱うことは、その人の行為が一定の効力をもつことを要請する。一般的に言えば、ある人が他者を貶価するためには、一定の権力または地位を必要とする。とはいえ、この権力／地位という要件を、その行為の実際の効果と混同しないように注意しなければならない。ある雇用者は、くだんの職を得るために男性の二倍の成績を女性に要求することで、たとえ特定の女性が貶価やスティグマを感じていないのだとしても、女性たちを貶価するかもしれない[3]。行為の実際の効果は、それがどのような種類の行為であるかを決定するわけではない。たとえば、牧師として現れた人物が結婚式を執り行い、新郎新婦に結婚したように信じ込ませるとする。しかし、法が要請する地位と権力をその人がもたない限り、カップルを実際に結婚させたことにはならない。

貶価することは、下に置くことである。すなわち、地位を低下させること、あるいは劣位化することである。貶価するためにはしたがって、単に、他者の平等な人間性に対する尊敬の欠如を表現するだけでなく、その人が、その表現によって他者を従属化できるような立場にあることが必要である。たとえば、私が同僚か上司かに唾を吐きかけるとする。私は、唾を吐くことの意味に関する文化的な慣習を背景として、尊敬を欠いた仕方で行為している。だが、私は同僚か上司かを貶価したということにはならないだろう。私はその人を下に置いてはいない。私が同僚や上司を貶価していないのは、私の行為は(例外的な状況を除いて)相手を下に置く権力を欠いているからである。私は、唾を吐かれた人が劣位化され地位を引き下げられたと感じていない、と言おうとしているのではない。もっとも、そう感じていなくても、おそらく侮辱されたと感じ、怒りはするだろう。むしろ私が言いたいのは、唾を吐きかけることで私が相手を貶価していないのは、ここでの相対的地位では、私の行為は貶価する権力をおそらく欠いているだろうからだ、ということである。このシナリオと、道で寝ているホームレスの人に私が唾を吐きかける場合とを比較してみよう。後者においては、私はその人を貶価している。唾を吐きかけることで私はその人を下に置いている。ここで唾を吐くという行為が貶価を構成するのは、(a)唾を吐きかけることは尊敬の欠如を示す慣習的なやり方であり、かつ(b)ホームレスの人と私自身の間の地位の相対的な格差によって、尊敬の欠如という表現が、相手を下に置くことを可能にするからである。[4]

貶価することには、したがって、慣習的な側面と非慣習的な側面、あるいは社会の次元と権力の次元がある。どのような行為が他者の平等な人間性の拒否を表現するのかは、私たちが共有する歴史と文化、そしてその慣習と社会的了解によって決まる。そして、こうした心情の表現を貶価にするのは、話者の権力または地位なのである。

別の事例を考えよう。ある母親が子供に対して次のように言うとする。「お前は馬鹿な子だ。何をやらせてもダメだ」と。彼女は子どもに対して尊敬の欠如を表現していると同時に、貶価してもいる。これと、この子どものクラスメイトが同じことを述べた場合と比べてみよう。この場合には、クラスメイトはこの子を侮辱しているし、尊敬の欠如を表現しているが、貶価はしていない。このクラスのなかに不平等な地位やヒエラルキーがあるという場合は別だが。もちろん、このいずれの状況も人々の間に区別を付けるような事例ではない。つまり、私が用いてきた意味での差別ではない。それにもかかわらず、これらの事例は、貶価することに関する重要な特徴を明らかにするのに役立つ。ここで私が提示しようとしている見解によれば、その人々がもっていたりもっていなかったりする特徴に基づいて人々の間に区別を付けることが不当であるのは、それが貶価するときである。それゆえ、貶価するとはどういうことであるのかをはっきりさせることが決定的に重要である。したがって、歩行者がホームレスの人に対して唾を吐きかけることも、母親が自分の子どもを叱りつけることも、どちらも区別を付けることの一例ではないが、それらは、ある行為が貶価になるためには何が必要かを明らかにするのに役立つのである。

貶価することは尊敬の欠如と関係しており、その限り、慣習に依存する。尊敬を表現するための慣習的な方法が存在する。部屋に入るときに帽子を脱ぐこと、夕食のホストに礼状を書くこと、話すときにるものがある。(5) 同様に、それほど形式化されてもいないし定義されてもいないが、尊敬の欠如についても慣習が存在している。誰かに向けて中指を立てること、唾を吐きかけること、誰かに話しかけるときに目を逸らすことなどである。貶価することは部分的には尊敬の欠如を（他者のもつ平等な人間性に対する尊敬の欠如を表現しているときには、特に強い仕方で）表現することであり、したがって、特定の文化のなかで尊敬の欠如がいかに表現されるかに関する慣習に依存している。

しかし、先の例が示すように、尊敬を欠いた行為のすべてが貶価になるわけではない。第一に、貶価することは、尊敬の欠如の特に強い表現――他者の同等な道徳的価値に対する尊敬の欠如――を必要とする。第二に、ほとんどの場合、貶価は、貶価される人よりも話者の方が高い地位にあることも要請する。単に侮辱するのではなく、貶価するためには、一定の権力が必要となる。もしこの考察が正しいとすれば、悪質な差別を、人々を貶価するやり方で差異化することとして定義する理論には、興味深い含意があるだろう。

たとえば、私が一年間家を留守にする間、自宅を誰かに貸すことを考えているとしてみよう。私は家具付きで家を貸すことを計画している。家具、絨毯、食器類だけでなく、本、花瓶、絵画やその他の個人的な持ち物もそのまま置いておくことにする。これらの家財の安全のために、私は、ほかの家族に家を貸すことにして、独身者グループ、特に若者に貸すことは避けることに決める。どんなことがあっても、私は大学を出たばかりの二〇歳そこそこの男性のグループに家を貸すことはしない。私の賃貸方針は、性別、年齢、家族形態に基づいて、借家人候補の間で区別をしている。では、これは悪質な差別だろうか。私はそうではないと考える。私の考えでは、これが悪質な差別でない理由は、部分的には、借家人候補の人々と私自身とを差異化するような権力が存在しないということにある。私が貸すのを拒否することの含意は、たしかに（「奴らは家をゴミ箱にするだろう」というように）侮辱的だと解されうるし、家を借りるつもりの人々は自分が好む家を借りる可能性をたしかに否定されているのだが、私の行為はその人々を貶価はしていない。それにはいくつかの理由がある。第一に、借家人候補にとって借りることができるアパートや家は、ほかに十分に存在している。第二に、個人的な所有物をある種の他者には委ねないという私の選択は、貸家業者がアパートの空き部屋を貸すのを拒否することとは何か別のことを表現している。第三に、大学を出たばかりの若い男性はパーティが好きで、家財道具を丁寧に扱わないという含意は、彼らがもつ同等の道徳的価値には関わっていない。すなわち、若い男性は私たちの文化のなかで従属化されてきた集団を形成していない、というのがその部分的な理由である。最後に、一度限りの大家、という私の地位では、私はこの文脈のなかで権力をもっていない。

そうは言っても、若い独身男性の集団に家を貸すことを拒否するのは悪質な差別ではないという私の見解は、年齢、性別、家族形態に基づく住居提供差別を禁止する法律は正当化されない、ということを必然的に伴うわけではない。むしろ逆である。法は一般化しなくてはならない。年齢、性別、家族形態に基づく居住差別の多くの実例（おそらくはほとんど）が、貶価するような賃貸拒否を含んでいるため、これらに基づく居住差別を禁止する一般的な法律は道徳的に擁護可能である。

アムノン・ライクマンは次のように指摘している。コモン・ローでは、専門職は人種や性別などの特徴に基づいて依頼人のなかに区別を付けることを禁止されていた。なぜなら専門職はそのサービスを、訪れる人すべてに提供することを要求されていたからである。[6] もしそうだとすれば、この規範は専門職それ自身にとって内在的なものだった。とはいえ、この禁止法を、区別を付けることが悪質になるのはそれが貶価するときであるという、より一般的な主張の具体例として理解することもできるだろう。鍛冶屋がある客の馬に蹄鉄を打つことを拒否するとき、この行為は依頼人を貶価するおそれがある。というのも、専門職がサービスを拒否することの意味は、非専門職がそうすることとは異なるからである。なぜなら、専門職は一般に支払うことができるすべての人々に尽くすものであり、また、専門職は私たちの文化のなかで権力や地位をもつ位置を占めているからである。

文脈と慣習

貶価する行為はしたがって、（1）その他者には同等の人間性はないという表現、（2）この表現によって他者を下に置くことができるような地位を話者が占めていることを必要とする。特定の行為がこの尊敬の著しい欠如を表現しているのかどうかは、文脈と慣習に決定的に依存する。こうして特定の社会に固有な歴史と伝統が中心的な役割を果たすことになる。

文脈と文化は意味を決定する上で重要な役割を果たす。たとえば、慣習はしばしば言葉による行為の遂行を可能にする。[7] トランプのブリッジゲームで「ダブル」と述べることは、ダブルをかけることである。「あなた方を夫と妻とすることをここに宣言する」という祭司の発言は、そのカップルを結婚させる。野球の試合での審判の「アウト！」という叫びは、アウトと宣告することである。これらの言葉がもつ力、つまりこれらの言葉がしていることをする能力を説明するものは、ブリッジや野球のゲームを、そして婚姻という法的制度を統制する慣習である。ここで重要なことは、単に言葉の意味ではなく、むしろまず何よりも、ブリッジや野球というゲームがいかにプレイされるか、そして私たちの文化で二人の人を結婚させるのに必要なことは何か、に関するより広範な社会的慣習である。これらの例において、社会慣習が問題の行為を可能にしている仕方を見て取ることは簡単である。というのも、これらの例は、それらの行為を定義し生み出すような、高度に様式化された、形式的な社会実践に依存しているからである。

次に、より複雑だがあまり異論の余地のない例として、約束について考えてみよう。[8] 私が「私はXすることを約束する」と言うとする。私はここで何かを主張しただけでなく、何かを行っている。私は、Xするように自分自身に課したことになる（この責務から私を免除するような出来事が何も起こらない限り）。約束することは重要な例である。というのも、それは、人が何かを述べることによって道徳的な風景を一変させることができる、その仕方を示しているからである。約束をする人は、約束をする前にはなかった責務を負うことになる。[9] この例が重要なのは、約束することが達成される仕方は、慣習的であるが、ゲームや結婚式のようには高度に形式化されたり様式化されたりしてはいないからでもある。自分自身に何かを課す方法はたくさんある。「私はXすることを約束する」というように直接的な言い方をすることもできるが、必ずしもその必要はない。私の友人が、術後に回復できないかもしれないような危険な手術に臨んでいるとしよう。その人は私に、もし自分が死んだら子どもを世話してくれるかどうかについて、深刻な調子で尋ねる。私は「もちろん」と言って、手を握る。ここで、私が約束をしたことについて疑問の余地があるとは思えない。もちろん、ある人が約束をしたかどうかを決めることが難しく、その人が約束したかどうかについて人々が同意しないような事例はたくさんある。にもかかわらず、約束することが可能なのは、人が自分自身に何かを課す仕方についての慣習（それは曖昧であり特定は困難なものだが）が存在するからである。

約束することが例証しているように、約束することやその他の言葉による行為を可能にする慣習は、認識できる程度には十分に明白でなければならないが、高度に様式化されていたり形式的であったりする必要はない。さらに慣習は流動的でありうる。結果として、特定の時点（T1）で発話された言葉が、別の時点（T2）で発話された同じ言葉がもたない意味をもつかもしれない。責任を引き受ける場合を考えよう。人は直接的にそう言うことによって（「私は責任を引き受けます」）も、慣習的に理解されている発話（「責任転嫁はしない（The buck stops here）」）を通しても責任を引き受けることができるということは——少なくとも私はそう考えるのだが——かつてはよくあったことである。これらの言葉が一般的に責任を引き受ける仕方として理解されていたときには、これらの言葉を発話することは、責任を引き受けることだった。責任を引き受けることは、話者はそのときから、責任を引き受ける以前には負っていなかった道徳的責務を負うということを意味していた。こうした責務が正確にどのようなものであったのかは、もちろん、話者が何に対する責任を引き受けたのかに依存するだろう。しかし、責任を引き受けることには何らかの責務が伴っていたのである。

責任を口頭で引き受けることは、あまりに頻繁にそれが不真面目に行われてきたという事実ゆえに、責任を引き受ける方法としては（おそらく完全にではないが実質的に）廃れてきている。明示的な責任の引き受けはしばしば、最後までやり遂げるという要請を伴わないようになり、このことから二つの帰結が生じた。第一に、「私はXに対する責任を引き受けます」と述べることは、もはや責任を引き受ける方法ではないかもしれない。言ってみれば、その力は失われたのである。単にそう述べることで責任を引き受けることはできない。もっとも、他の方法で——おそらくは辞任することによって——責任を引き受けることはできるが。第二に、「私は責任を引き受ける」と述べることは、かつてはそれによって生じていた道徳的帰結を、もはやもたらさない。今では、「責任転嫁しない」と述べるとき、人々はもはや道徳的に重要な行為を遂行してはいない。私たちが言葉を通して達成できる事柄は限られており、責任を明示的に引き受けることに伴う道徳的責務は衰退している。これらの諸帰結は実際には一つのコインの表裏であるが、いずれも強調に値する。

約束の例は、社会慣習が、たとえ非形式的なものであっても、言葉が構成する行為をいかに規定しうるのかを例証している。責任を引き受けることの例は、そうした慣習がいかに変化しうるのかを示している。つまり、慣習は風化して言葉の力を腐敗させることができるし、また成長させることもできる。こうしたプロセスはいずれも、かなりゆっくりとしている。慣習が培われたり変化したりしているときには（そしておそらく慣習は常にそうしている）、ある発話が特定の力をもつかどうかははっきりしないだろう。おそらくこのことは、責任を引き受けると述べることに関する現在の状況を説明する。そのように述べることは重要な道徳的行為ではないが、かといって取るに足らないというわけでもない。

では、分類に関連する社会慣習とは何か。分類は、分類される人々をしばしば貶価する。そうなるのは、さまざまな特徴が過去に用いられてきた仕方ゆえである。文化的意味は、特定の特徴に結びついてきた。人種や性別がその範例だが、他にも存在する。そうだとすれば、それらの特徴に基づいて人を分類する法律、政策、慣行は、貶価する危険を冒している。人種を根拠にして人々を区別することは、したがって単に人種を根拠にして区別することではない（それらの根拠は、特定の文脈では合理的でも非合理的でもありうるし、善意にも悪意にも動機づけられうる）。それは、見かけ上の何らかの違い（肌の色や髪質など）に言及するだけにはとどまらないカテゴリーを用いることである。むしろ、こうした特徴に基づく分類には、社会的意味という負荷がかかっているか、非常に軽蔑的な他の特徴の連想が伴う。グレン・ルーリーが説明するように、「人種というシンボルに負わされる社会的意味は、深刻で永続的で実に現実的な帰結を伴ってきた。その帰結とは人種依存的な生物学的なプロセスではなくむしろ、人種依存的な意味の体系、習慣的な社会的意味によるものであり、よく知られた言い方をすれば、本当の山を動かすよりもそれを「動かす」ことは困難でありうる[10]」。

他の多くの特徴と同じく、人種や性別に基づく分類を用いることに関して、こうした社会的理解がどういうものであるかを特定することは容易ではない。同じく、私たちの文化で約束することができる無数のやり方を明確に述べることも容易ではない。約束については、少なくとも、「約束します」と述べることで明示的に約束することはできる。貶価することについても、同じようなことが言える。たしかに、「お前を貶価する」と述べることはできないし、それによって誰かを貶価することはできないが、とはいえ、私たちの文化では貶価という行為の明白な方法が、約束と同じく存在している。黒人に対してバスの後部座席に座るように命ずることは、「約束する」と述べることが約束の実例であるのと同じく、（それが演劇やドキュメンタリーのなかで起こっているのではない限り——とはいえそれは約束についても同じであるが——）黒人を貶価する実例だということは、社会的慣習によってほとんど定着している。そして、アフリカ系アメリカ人に対して、バスの後部座席に座るように要求する法律は——特に、どこの学校に通えるか、どこの水を飲むことができるかなどに関する、その他の法的制約の網の目に埋め込まれている場合には——貶価の典型例である。そうだとすれば、私たちはこの例を、その他の慣行が貶価しているかどうかに関する探究を導くために用いることができる。特定の差異化が貶価するかどうかに関する探究は、かくして三つの問いによって導かれる。第一に、その差異化は、その影響を受ける個人または人々には、同等の道徳的価値はないということを表現しているかどうか。第二に、区別を付けている人や組織に、その状況で権力あるいは地位があるか。第三に、問題となっている差異化は範例的な貶価、すなわち「有色人種（あるいは誰であれ）に劣っているという烙印を押す」ことと、どのくらい類似しているのか[11]。貶価することが私たちの文化において個人や集団に「劣っているという烙印」を押すことだとすれば、隔離する法律の例は私たちの探究を導きうる。

私が言及してきた慣行や社会的理解は、本当に慣習なのだろうか。たしかにそれらはブリッジや野球のルールよりも形式化も様式化もされてはいない。しかしそれでも私はそれらに慣習として言及してきた。私の見るところ、（これまで論じてきた例を用いるならば）約束すること、責任を引き受けること、貶価することの方法は大部分が慣習的に決定される。慣習は――ゲームの場合のように――高度に形式的なこともあるが、そうである必要はない。発話の意味がその文脈によってかなり明確に決まる場合、その発話の意味は、目下の考察にとって重要な意味において慣習的なものである。

この議論は、特定の文脈における分類の意味が常に簡単に決まるということを含意しようとしてはいない。むしろ、特定の文脈における特定の分類が貶価するかどうかを判断することは、複雑な解釈上の判断を必要とする。文脈についての多くの要素が関連しているかもしれない。さらに、懸案の文化的文脈は時としてかなりローカルなものであるかもしれない。人々を区別するために特定の特徴を用いることが、ローカルな共同体では意味をもつがその国全体ではそうではない、ということがある。この複雑性を踏まえると、第一章で論じた論点がここで重要になる。ＨＳＤ特徴に基づいて区別を付けることは、それ以外の特徴に基づいて区別を付けることよりも貶価になる可能性が高いが、それは経験則に過ぎない。ＨＳＤ特徴に基づいて区別せずに、貶価するような仕方で人々を区別することはたしかに可能であり、ＨＳＤ特徴に基づいて区別を付けることが貶価しないこともたしかに可能である。そばかすのある人々の投票を禁止する州法は、おそらく前者の一例であるだろう。人種隔離についての授業という文脈で、白人は教室の前に、黒人は教室の後ろに座るように教師が指示した場合、適切に構成された議論を伴っているならば、おそらくこの指示は後者の例になるだろう。

いくつかの例の考察

この議論をより現実的かつ具体的に展開するためには、細部を削ぎ落とした仮説に留まらないような例を考察する方が役に立つだろう。本章の冒頭で私が三つの例を選択したのは、それらの類似性と違いが貶価する行為の二つの次元を際立せるからである。すなわち、表現の次元と権力の次元である。

（雇用者の方針が引き起こした法的な異議申し立てに基づく）最初の例では、カジノ・チェーンの経営者は女性従業員には化粧するように要求し、男性従業員には禁止する方針を定めた。雇用者が「パーソナル・ベスト・ポリシー」と呼んだこの方針は、女性従業員と男性従業員を区別し、この場合は性別に特化した身だしなみの基準を要求することで、それぞれを異なる仕方で扱っている。第二の例も、雇用者の方針に対する法的な異議申し立てからとったものだが、この例においては、大多数が女性の高齢者にサービスを提供する老人ホームが、男性を介助者として雇用することを拒否した。介助者の責任は、トイレ介助、着替え、入浴を含めて、入居者の肉体的で私的なニーズに対応することにあった。ここでも再び、この方針は男性と女性を区別し、両者を異なる仕方で扱っている。しかし、この事例では、処遇の差異はカジノのケースよりも劇的であり、男性はこの職には不適格だと考えられている。最後に、第三の例は仮想的なものである。ある男性によって掲示された個人広告が、特定の年齢層の「女性的」

な――この広告が、化粧をしファッションを楽しむことと定義する――女性を探している。ここでもまた、男性と女性の間に区別が付けられているが（広告は女性だけを求めている）、同時に女性のなかでも、「女性的」な服を着る女性とそうではない女性という区別が付けられている。この三つ目の例は、最初の二つと（男性を排除しており、性別に特化した身だしなみ基準を定めている点で）類似しているが、雇用者ではなくデート希望者が区別を付けている点で異なる。これらの方針はすべて貶価しているのだろうか。もしそうであれば、それはなぜか。

人々をその特性に基づいて区別する行為が貶価することであるのは、区別を付けることや差異化して処遇することが、当該の人々には同等の道徳的価値はないということを表現しており、その方針または慣行に従っている人あるいは団体が、他者を下に置くことができるに十分な権力をもつか、そのような地位にある場合である。この定義をいま論じている諸事例に適用してみよう。まずはカジノの事例である。

第一に取り組むべき問いは、女性だけに化粧するように要求する性別に特化した身だしなみ基準は、女性を軽視していたり、あるいは女性に対する極度の尊敬の欠如を表現していたりするのかどうかである。そうであるということは十分に説明できる。女性に化粧を要求すること――それは女性にだけ化粧を認める方針から区別されるべきである――は、女性の身体は飾り立てるためにあるいは他人の楽しみのためにあるという発想を伝えている。この身だしなみ要求――女性に対する化粧――のステレオタイプ的な側面は、ジェンダーに特化した役割に関するステレオタイプの総体の一部である。さらに、雇用者が女性にこのステレオタイプ通りに行動するように要求することは、その意味を強固にし、その表現の力を強める。あらゆる身だしなみ要求は従業員の自由を何らかの仕方で制限するだろうが、そのすべてが問題になるわけではない。化粧の要求は、すべての従業員にたとえば青いズボンと白いシャツを着用するように要求することとは著しく異なっている。青いズボンと白いシャツという方針もまた一つの要求ではあるが、それはジェンダー役割に関するどの特定の考え方も具現化していない。化粧要求は、性別に特化した――たとえば、男性には短髪を、女性には長髪または短髪をといった――容姿に関する他の要求と比較しても、程度に関して非常に異なる。私たちの文化では、化粧の要求は、髪の長さに関するあまり軽蔑的ではない要求からは区別される仕方で、女性の身体を客体とみなすような一定の理解に結び付いている[12]。

さらに、性別に基づくこの身だしなみ方針を採用するのが雇用者であるという事実は重要である。従業員に対する雇用者の行為は、雇用者に対する従業員の行為よりも、貶価する見込みが高い。なぜなら、従業員に対する雇用者の地位が、その行為を権力的にするからである。その結果、この方針は女性を貶価しがちであり[13]、したがって不当である。

この方針を、男性を老人ホームの介助者として雇用することを拒否する例やデート・ポリシーと比較しよう。デート・ポリシーでは、男性とデートすることの拒否と、化粧している女性への選好が結び付いている。老人ホームの方針は、一見したところでは、(男性と女性に対して異なる身だしなみ要求を定めるだけの場合と比較して) 男性を一切雇用することを禁止している点で、カジノの化粧の要求よりも問題が大きいように見える。だが、老人ホームが男性の雇用を拒否することは、男性には同等な道徳的価値はないということを表現してはいない。このホームが、私的な事柄は同性の人に世話して欲しいという入居者の選好に従うことには、たしかに重要な文化的意味がある。しかし、それは、男性か女性かを軽視するような文化的意味ではない。

もしかすると、老人ホームの場合も貶価していると議論することもできるかもしれない。それはたとえば、次のような議論になるだろう。男性の老人ホーム入居者が、女性の介助者に世話を受けることについて似たような不満を（少なくとも同じ強さで）もつ見込みは低い。もしそうならば、そこでは、介助者は女性だけとする方針について、二つの重要な文化的理解が融合している。一方で、この方針は、肉体的な身体の働きは同性の人々と一緒の場合にのみ行われるという文化的な慣例を単純に反映しているのかもしれない。他方、この方針は、このようなケアをするのは女性の役割だという理解を具現化しており、それゆえに、男性の介助者が女性の世話をすることは（今述べた文化的選好の両方に逆らうので）重大な問題であるが、女性の介助者が男性を世話することは（同性間のプライバシーへの選好にもかかわらず）重大な問題としてあまり認識されないのかもしれない。この方針に関する解釈のどれが最善なのかは――次章で論じるように――解釈上の判断を必要とするが、この方針の文化的意味は、少なくとも化粧の要求よりもより両義的であると言えればさしあたりは十分である。

では、これら二つの方針を個人広告と比較しよう。そこではデート希望者は男性とデートすることを拒み、化粧をした「女性的」な女性への選好を表現している。女性の老人ホーム入居者の世話をする介助者として女性を選好するのと同じく、恋愛のパートナーとしての女性への単純な選好は、男性も女性も軽視するものではないというのがおそらくは最善の理解であろう。個人広告の場合、「女性的」な化粧をした女性に対するデート希望者の選好は、客体としての女性の身体についての重要な何かもおそらくは表現している。しかし、異なる文脈が状況を一変させる。第一に、個人広告の場合、広告主の男性はデートへの彼の選好を述べているだけである。それゆえ、広告は命令や要求というよりもリクエストに近い。第二に、私たちが扱っているのは雇用ではなくデートの文脈である。この二つの要素は、区別を付ける男性の行為が女性を貶価しているのかどうかに決定的な影響を与える。これは女性を貶価していないと私は考える。というのは、彼の選好は、女性を下に置くための権力を欠いているからである。この権力の欠如は、男性の地位（デート相手を探す者）と、広告が指示というよりもリクエストであるということに由来する。さらに、化粧した女性に対する選好が（雇用ではなく）デートという文脈のなかで現れているという事実は、それが表現している意味の解釈のあり方を変える。

これら三つの例を論じることは、ある特定の文脈で区別を付けることが貶価していることになるのかどうかに影響を与える諸要素を明らかにするのに役立つ。貶価することは、慣習的な側面と非慣習的な側面によって決定される。分類の使用が特定の文脈で貶価するのは、それが、ある人あるいは集団には同等な道徳的価値がないということを表現しており、かつ、この人や集団を下に置くような仕方でそうする場合である。かくして貶価することは、特定の表現内容を伴う行為と、その行為が何らかの権力をもつような地位を話者が占めていることの両方を必要とする。

これらの例に関する議論は、懸案の諸要素を明確にするために提示されており、これらの実践に関する私の読解が正しいとは主張していない。私は、貶価するような分類は悪質であり、貶価する行為とは、他者を下に置くようなやり方で他者が同等以下の道徳的価値しかもたないことを表現するような行為だと主張する。しかし、私は、特定の分類が貶価しているのかどうかの解釈に関わる専門的知識を断定的に持ち出そうとしてはいない。論争の的になっている方針は、それが実際に貶価しているのかどうかについて意見の相違を生じさせがちである。悪質な差別に関する私の理論にとって、こうした意見の相違が何を意味するのかという論点には、第三章で取り組むことにする。ここで論じた例は、私が提唱する理論にとって必要になるような類の分析を読者に示すために提示されている。

〈慣習的意味〉対〈慣習的実践〉

本書で私が提示する理論に照らして、慣習が果たす役割を強調するのは重要である。ある分類の実践が貶価しているかどうかを慣習が規定すると論ずる際、私の理論は慣習的実践に黙従するとかそれを妥当とみなすという意味で慣習主義的なのではない。物事が常にある種の仕方で行われてきたという事実がその物事を正当にするということはたしかにできない。しかし、意味は本質的に慣習的であるがゆえに、何らかの文脈で何らかの区別がもつ意味に関する社会的な理解は、その区別が貶価しているかどうか、そしてそれゆえに悪質であるかどうかに影響する。

雇用の場面での性別に基づく差別を扱った二つの例を再度考えよう。一つ目の例では、女性従業員は化粧することを要求され、男性従業員はそれを禁止された。第二の例は、雇用者は介助者として女性だけを雇った。いずれの例でも、雇用者は顧客の選好を満足させるための方針を採用したと想定してみよう。そして、いずれも、顧客の選好は、化粧をすることや浴室のプライバシーなどについての慣習的実践を反映している。したがって、このどちらの例にも慣習的実践がある。性別に結びついた身だしなみの習慣と、肉体的な身体の働きのための性別に基づく隔離である。しかし、私が提唱する理論は、その方針が現行の慣例を反映しているかどうかに焦点を当てるだけではない。むしろ、その慣例の慣習的に定まった意味を吟味することも必要とする。では、私たちは、男性ではなく女性が化粧をするということの社会的意味を最もよく理解するにはどうすべきなのだろうか。また、(トイレの使用や入浴といった)肉体的な身体の働きのための性別による隔離という事実を最もよく理解するにはどうすべきなのだろうか。もっともらしい答えの一つは、男性ではなく女性に化粧を要求する方針は、女性は人前に出るのに着飾る必要があるということを含意し、女性の第一次的な価値として性的魅力を強調しているため、女性を貶価しているのだ、というものだろう。対照的に、同性の人々だけが、自分の身体を見たり、私的な身体的働きの世話をしたりすることを選好する慣例は、男性も女性も貶価していない。たしかにそれは、複雑で多面的な社会的意味をもつが、男性または女性を貶価するような意味ではない[14]。

私がここで採用するアプローチは、現行の慣例を尊重することになぜ時に意味があり、時に意味がないのかを説明するのに役立つ。ロバート・ポストは、時には慣習的実践に従い、時には従わないという裁判所のやり方には一貫性がないように見えるということについて頭を悩ませた[15]。たとえば、ポストは、まさに先述の事例に対する裁判所のアプローチは次の点を説明するのに失敗していると主張する。すなわち、「フェセル判決で、老人ホーム入居者がアフリカ系アメリカ人の介助者に触れられないためのプライバシー権を主張したとしてみよう。そうした期待は疑いなく、適切にかつ容赦なく修正七条によって覆されるだろう[16]」。（同じ人種の人にだけ触れられることを選好するというような）慣習的実践の事実が道徳的に重要な何かだと考えるとすれば、この主張が覆されることは不可解に見える[17]。だが、もしそれぞれの慣例——性別に結びついたプライバシーへの関心と、人種に結びついたそれ——の意味を注意深く見るならば、後者は、前者がそうではないような仕方で人を軽視していることが分かる。私たちの文化では、異なる人種の人には触れられたくないといった顧客の選好は、人種汚染の恐怖を伝えるものである。そしてそれは一方向的である。実際、学校、水飲み場、とりわけスイミングプールでの人種隔離は、まさにこのように理解できる。性別に関連したプライバシーの慣例は、これに似た文化的理解とは結び付かない。性別に関連したプライバシーの慣例もまた明らかに社会的意味を伴っている。実際のところ、私的な身体的働きに関わる性別隔離は、その限りでは、男性も女性も軽視していない慣例であるので許容可能である。

キンバリー・ユラッコはこの種の事例について異なった解釈を与えている[18]。すなわち、裁判所は一般的に（そして私の見るところ概ね正しく）、プライバシーに関する顧客の選好に従うために、雇用者が男性と女性の求職者を差異化することは認めるが、しかし、（たとえばカジノ事例での化粧の要求のように）ある職をセクシュアルなものにするようなやり方で男性と女性を異なる仕方で扱うことは一般に認めない。ユラッコの見解では、判例法は卓越主義的な関心に言及せずには説明されえない。たとえば、ユラッコによれば、身体的プライバシーへの利害関心が保護されるのは、「人間の尊厳と繁栄は、自らの身体とセクシュアリティを、望んでいないのに強いられてさらけ出すことから保護するという人の能力に結び付いている」と裁判所が信じているからである[19]。ユラッコはおそらく記述的な点に関しては正しいだろう。つまり、裁判所はたしかに人生において何が善であり、何が価値あるものなのかについての卓越主義的な関心に動かされているのかもしれない。しかし、この卓越主義的な理由付けには明らかに問題がある。善き人生は身体的プライバシーを必要とするが、財やサービスの提供における性的刺激は必要としないから、裁判所が、プライバシーへの顧客の選好を保護することは正当化されるが、機内で魅力的な若い女性にドリンクサービスを受けるという選好を保護するのは正当化されない、ということになるのだろうか。

本書で私が支持するアプローチは、善き人生に関する考え方を仮定せずに、これらの事例についてなされる主張を分析するやり方を提供する。身体的プライバシーが価値ある生き方の一部であるかどうかを問うよりもむしろ、私は、身体的プライバシーへの顧客の選好に雇用者が従うことが、男性または女性の軽視を表現しているかどうかを問う。同様に、（ユラッコによって論じられた事例の一つである）

魅力的な女性の客室乗務員からドリンクサービスを受けるという顧客の選好に従うかどうかを決める際、性別にあまりとらわれない職場が人間の繁栄にとって重要であるかどうかを問うのではなく、このような顧客の選好に従うことが男性や女性を貶価しているかどうかを問うであろう。そうであることは十分に説明できる。このアプローチは、政府による制約を、善き人生と人間の繁栄に関する特定の考え方に基づかせることを避ける。そうではなく、雇用者と顧客の自由は、貶価しない仕方で扱われることへの他者の権利を尊重するために、制限されるのである。

貶価することは本当に平等の問題なのか

ここまで、人々を貶価するようなやり方で扱うことが不当であるのは、人々は道徳的に平等な者であり、このような処遇がその人たちの人間性という側面を否定するからであると論じてきた。だが、なぜこのような処遇を平等に基づく問題とみなすのだろうか。もしかすると私たちは、すべての人々には、尊敬をもって扱われる固有の権利があると言うべきなのかもしれない。貶価する処遇は、尊敬をもって人々を扱うことに失敗しており、それによってこの権利を侵害している、と。この説明は平等を完全に迂回している。では、ピーター・ウェステンが論ずるように[20]、平等は「空虚な理念」なのだろうか。あるいは、ハリー・フランクファートが主張するように、「何ら道徳的な力をもたない」原理なのだろうか[21]。

この議論を――ハリー・フランクファートによって提示された仕方に注目して――詳細に検討してみよう。フランクファートの見解では、尊敬と平等は異なる。各人には尊敬される権原があるが、各自に払われるべき尊敬は、「他の人々に払われる尊敬、考慮、配慮とは本質的に何の関係もないし、他の人々がたまたま享受している諸権利とも何の関係もない」[22]。各人に払われるべき尊敬は、その人が誰であるかによって定義されるのであって、他者がどのように扱われているかとの比較によってではない。

フランクファートは、次のように主張しているようだ。すなわち一般に、尊敬は人々の個人的な性質という観点に従って払われるべきである。「人々を尊敬をもって扱うことは、人々を重要な点で差異化する考慮に基づいている場合を除いて、特別な利益や不利益を与えることを不可能にする」[23]。それにもかかわらず、フランクファートは、もっぱら人々に共有されている人間性だけのために、各人にはあるレベルの尊敬――それを「最低限の尊敬」と呼ぶことにしよう――への権原があるということに同意するだろうと思われる。しかしながら、彼はこの権原は平等とは何の関係もないとおそらく主張するだろう。むしろ、各人には、まさに一人の人格であるがゆえに、最低限の尊敬への権原がある。私たちには最低限の尊敬への権原が等しくあるが、それは平等が重要な価値だからではなく、各人にはそれへの権原があるからである、と[24]。

しかし、この――各人には、一人の人格であることにとって必要な尊敬への権原があるという――アプローチそのものが空虚である。人格であることにふさわしい尊敬をもって誰かを扱うことは何を要求するのか、をどのように確かめるのだろうか。むしろ、私たちはすべて同じ人間性を共有しているという事実が、私たちが他者と同じく価値あるものとして扱われることを要求するのである。私たちは、私たちが共有する人間性が要求する尊敬をもって他者を扱うべしという命令に、誰も二級の人として扱われることは許されないと述べることによって、内実を与える。言い換えれば、ここには本質的に比較に関する何かがある。各人には最低限の財、厚生、または何か別のものへの権原がある（これらの主張について私は何らの意見も表明してはいない）。けれども、各人には他者と同じく平等な配慮に等しく値するものとして扱われる権原があるという点を除いて、各人に権原があるような尊敬は少しも存在しない。平等はかくして根本的な価値である。

貶価するというだけで本当に十分なのか

人々を――公的ないしは私的な行為者が――差異化することは避けられないとすれば、差異化はどんなときに許容でき、どんなときに許容できないのかに関する理論が必要になる。第一章で提示し、本章で検討した解答は、許容可能な差別から悪質な差別を際立たせるのは、行為それ自体の特徴であるというものだ。差異化は平等についての関心から生ずる道徳的問題であるがゆえに、悪質な差異化という考え方を定式化する際に、平等の価値に目を向けることには意味がある。悪質な差異化は、人格は同等の道徳的価値をもつという規範を侵害する行為である。区別を付けることが道徳的に不当であるのは、それが貶価するときであると私は提案する。だが、貶価することで本当に十分なのだろうか。

貶価する差異化は問題含みであり有害でもあるが、貶価する差異化のすべてが悪質な差別を構成するわけではない、と論じる人もいるかもしれない。悪質な差別を構成するためには、その差異化は、貶価するだけでなく同時に重要な利益を妨げるのでなければならないのかもしれない[25]。特定の文脈のなかで特定の仕方で人々を区別することが、その影響を受ける人々の一部を貶価すると考えてみよう。それだけでは悪質だとするには十分でないという主張は、貶価されることはそれ自体では、個人の重要な利益を妨げるわけではない、という見方に基づいている。私はこの見解が正しくないと信じるべき十分な理由があると考える。あるいはむしろ、貶価するような処遇を避けることは、実際に、人々の中心的な利益になるということかもしれない。アヴィシャイ・マルガリートは、そのような主張を展開している。すなわち、「他者の態度は、自尊の担い手が自らに関して抱くはずの、人間の価値という概念そのものに組み込まれている」[26]。言い換えれば、自尊は、間違いなく中心的な利益であるし、貶価する処遇を避けることと密接に結び付いている。この主張には経験的証拠も存在する。人々は自分たちが尊敬をもって扱われているかどうか、とりわけ他者と同じように価値ある存在として扱われているかどうかを非常に気にしている[27]。経済学者のロバート・フランクは、いかに個人の消費動向が相対的地位に対する欲求によって駆動されているかを、広範に実証した[28]。もし相対的地位が一つの重要な利益であるのならば[29]、そのことは、貶価する行為は、同等の価値をもつ者として扱われることへの人の利益を妨げるということを示唆する。

貶価していても道徳的には取るに足らないようなものもある、と考える理由は存在するだろうか。貶価する行為（一般）のすべて、または悪質な差別（貶価する仕方で区別を付けること）のすべてが、法的規制を正当化するのに十分なほど有害なわけではない、と考えることには相応の理由がある。ただし、この事実は――そのうちの一部は法的に規制されるが一部はそうではないというだけで――悪質な差別を他の悪質な行為から区別するわけではない。たとえば、約束を破ることは一般に不当なことだが、約束破りのすべてが法的規制を正当化するわけではない。ある種の約束だけが法的強制力をもつ[30]。十分な理由がないのに他者の感情を害するのは不当なことではあるが、感情を害することのほとんどは法的に禁止されていない。かくして、貶価する仕方で区別を付けることは、悪質な差別にとっては十分であるかもしれないが、どの悪質な差別が法的に――制定法によってであれ、憲法が保証する平等保護の解釈によってであれ――禁止されるべきかを定めるには不十分かもしれないと疑うことにも十分な理由がある。こうした法的な主張を行うには、一定の形態の貶価する差別を規制することによる費用便益のような実践的な関心に関する考察を必要とするだろう。本書の目的は、悪質な差別はどんなときに法的に禁止されるべきなのか、についての探究を進めるための道徳的な基礎を据えることにある。特定の仕方で区別を付けることは道徳的に不当であることを確かめた上ではじめて、どの悪質な差別が法的に禁止されるべきであり、どれが――悪質であるとしても――法的には放っておくのが最も良いのかを探究できるからである。

貶価することはすべて不当なのか

悪質な差別を貶価する差異化として説明することに対して最もよく抱かれる恐れは、処罰に関する含意に由来する。処罰は貶価することにはならないのか、と。そして、もしそうであるならば、処罰は道徳的に不当であると示唆することになるか、少なくともそう疑うことにならないだろうか。処罰が道徳的に不当ではないとすれば（少なくとも、それが罪に関する適切な法的裁定の後で、正当な刑法に応じて、罪に比例して与えられている等々の場合には）、処罰の正統性は、悪質な差別に関する本書の定義には何か間違ったところがあると示唆しているのではないか、と。

この批判に答えることは、処罰が正当化されて*いる*のはどんなときであり、どういう理由によるのか、をめぐる論争の多い複雑な問題に取り組むことなくしては困難である。処罰が正当化されるのは、罰するに値する場合だと主張する者もいれば、抑止力をもつ場合だと主張する者もおり、さらには、犯罪者の矯正と道徳教育に役立つ場合だと主張する者もいる。処罰はたしかに犯罪者に（その人の自由を剝奪するなどして）害を与えるし、私たちの現行の刑罰制度は有罪とされた者を（たとえば、監獄内での暴力、とくにレイプを容認することによって）貶価している点で非難されうるかもしれない。しかし、処罰はそれ自体としては犯罪者を貶価するわけではない、とみなす理論もある。たとえば、ジーン・ハンプトンは処罰の道徳教育理論を採用しているが、それによれば、処罰とは、ある行為の悪質な性質を、加害者の自律性を尊重しつつ加害者に理解させるための一つの方法である。すなわち、「それ［彼女の理論］は、処罰を、それを経験する人に利益を与える方法として、つまりは当人が耳を傾けることを選択すれば、その人が道徳的な知識を得られるように助ける方法として、正当化しようとするものである」[31]。

応報主義理論に基づいて考える場合でも、処罰が貶価する見込みは低いだろう。この理論によれば、犯罪者は処罰に値する[32]。マイケル・ムーアは特にはっきりと、犯罪者を罰し損ねることは、本人の共有された人間性を事実上否定することになるだろうとしている。ムーアによれば、もしある人が、何か悪い行為をしたために自らを有罪であり、処罰に値すると判断するならば、同じ行為をする犯罪者にも同様の判断を下さなければならない。彼の説明によれば、「あなたが自らを有罪であり処罰に値するだろうということを認めて、しかしまったく同じように責められるべきまったく同じ不正を働いた他者については そうでないと考えることは、不遜にも自らを神のような立場に置くことであり……［また］不正を働いた人々に共通の人間性を認めないという、エリート主義的な越権行為である」[33]。この見方では、処罰に値する人を罰することは貶価することではなく、むしろ処罰される人の道徳的な行為者性への尊敬を表現しているのである。

しかし、処罰される人への尊敬を示すこととして処罰を説明し正当化する理論は、限界を示唆してもいる。すべての処罰が尊敬を示すわけではないし、処罰に結び付くすべての慣行が尊敬を示しているわけでもないからである。不均衡な処罰は不正であるだけでなく、貶価してもいるだろう。テロリストなどと疑われる人々から情報を引き出すために用いられる近年の尋問の戦略の多くは、貶価する――この点がこの戦略の最悪の罪だというわけではないが――行為であるだろう。最後に、元重罪犯への処遇が不当なのは、まさにそれが貶価する行為だからだと論ずる者もいる。たとえば、ジョージ・フレッチャーは、重罪犯の公民権剝奪という慣行について以下のように述べている。

> 人種、ジェンダー、非嫡出子、外国人といった領域での差別を（少なくとも州政府によって）撤廃するという努力にもかかわらず、私たちは依然として重罪犯をスティグマ化し、その人々を「不可触民」として扱うことへの要求に屈している。重罪犯たちはアメリカ社会の下位カーストである。そして、不可触民たちのなかでも最悪なのは明らかに性犯罪者であり、この人々は残りの人生ずっと本質的に疑わしい者として扱われるのである[34]。

要するに、一部の理論によれば、処罰は必ずしも貶価することではない。もっとも、現在の私たちの慣行の多くは貶価しているとたしかに言える。あるいは、すべての処罰は貶価することであり[35]、したがって少なくとも一応の不正であると論ずることができるのかもしれない。だが、共同体の安全を守る必要性が、（ほとんどの）犯罪者を処罰する場合にこの不正を凌駕するのである、と。

カナダ法による尊厳の認定

興味深いことに、権利と自由のカナダ憲章（*Canadian Charter of Rights and Freedoms*）は尊厳への法的権利を定めている。この権利には、本書で私が擁護している、貶価するような差異化の禁止と強い類似性がある。この憲章の第一五条（その平等条項）では次のように述べられている。「すべての個人は法の前で平等であり、差別されずに、とりわけ人種、国籍、民族的起源、肌の色、宗教、性、年齢、精神的または身体的障害に基づいて差別されずに、法による平等な保護と平等な利益を享受する権利を有する」[36]。この憲章は比較的最近の──一九八二年に採択された──ものであり、それゆえ、平等な保護と（悪質な）差別の禁止に対する要請をカナダの最高裁判所がどう解釈しているのかが判例を通じて簡明に見えてくる。判例の蓄積を通じて徐々に現れてきたのは、第一五条が各人の「尊厳」を保護しているという考え方である[37]。一九九五年のイーガン対カナダ事件[38]（*Egan v. A-G. Canada*）において、ルルー＝デュベ裁判官はこの条項の力について、次のような解説を与えた（単独で執筆されたが、年金受給権を異性間のカップルに制限するカナダ年金法の条項は第一五条侵害である、という認定には過半数が同調）。

平等……は、個々の違いにかかわらず、各々の人格が人間として同等の価値をもつことの承認へのコミットメントを表現しない限り、無意味である。平等が意味しているのは、特定の人々を二級市民として扱うような、またはその人々を貶価したり、十分な理由なくその人々を劣った者として扱ったり、あるいはまた他の仕方で根本的な人間の尊厳を侵害するような立法上の区別を、私たちの社会は許容できないということである[39]。

より最近では、裁判所は、ロー対カナダ（雇用移民省）事件[40]（*Law v. Canada (Minister of Employment and Immigra-*

tion））で、第一五条に関するこの考え方の採用を確固たるものにした。イアコブッチ裁判官は、遺族年金の受給を決定するために政府が年齢を用いることに対する異議申し立てを退ける多数意見を書き、第一五条の目的について次のように説明している。

その目的は、人間にとって本質的な尊厳と自由を、不利益、ステレオタイプ、政治的または社会的偏見の押し付けによって侵害することの防止である。そして、すべての人々が等しく力をもち、配慮、尊敬、考慮に等しく値する者として、人間としてまたはカナダ社会の成員として、法による平等な承認を享受するような社会を促進することである。(41)

人間の尊厳をこの条項が保護することについて、実際に――判例法および学説のなかで――出されてきた解釈は多様である。私の見るところ、特にステレオタイプ化と敵意（立法・行政側の意図）は強調され過ぎてきたところがある。しかしながら、こうした司法の一つの重要な陣営は、問題になっている法や政策が、その影響を受ける人々を貶価したり軽視したりしているのかどうかこそが重要だという点を強調している。裁判所も判例研究者も、このことについて私が本章で行ったのと全く同じように分析しているわけではないが、類似性は明らかであり、特筆に値する。実に明快に、デニス・G・レームは次のように論じている。

かくして、第一五条の侵害を認定するには、次のような分配の規準を探し出すべきである。すなわち、その規準が特定の仕方で関係している具体的な利益の分配において、尊厳の担い手として、つまり同等な道徳的地位をもつ人格としてすべての人々を平等に尊敬することに失敗しているような、分配の規準を探し出すべきである。ある特定の集団の成員には低い価値しかなく、社会の正規のメンバーではないということを含意する法は、尊厳を侵害している[42]。

カナダ憲法のもとでの尊厳の考え方に関わる議論が浮き彫りにする論点が、もう一つある。ゴスリン対ケベック州事件（*Gosselin v. Québec*）において[43]、カナダ最高裁判所は、ケベック州の福祉システムについて、三〇歳以上の人々に対して三〇歳未満の人々とは異なる水準の利益を与えているという事実があるにもかかわらず、これを支持した。三〇歳未満の人々は、職業訓練や教育プログラムに参加することによって——それらの利用可能状況に関しては疑問の余地があったが——自らの利益の水準を高めることができた。三〇歳未満の集団に与えられる福祉の利益はあまりにも少なかったので、この事例は、尊厳という考え方が——各人には、最低水準の利益あるいは社会の富の公平な分け前を享受する権原があるということを要請する——実質的な要素を含むのかどうかという問いを提起した。

この事例をめぐる議論は、平等に基づく配慮と正義に基づく配慮の関係についての問いを提起する。本書における私の関心は平等にある。つまり、人々の間に区別を付け、そうして人々を異なる仕方で扱うことは、どんなときに、その人々を同等の道徳的価値をもつ者として扱い損ねることになるのか、という問題に関心がある。しかし、政府がその市民の一部に正義を実現し損ねるときには、そこで用いられた特徴に基づいて人々の間に区別を付けることそれ自体には貶価する可能性が高くなかったとしても、その人々を貶価することになるかもしれない。

ここで、この論点をまず抽象的に説明し、次にいくつかの例を用いて具体的に説明してみよう。政府が特徴Xに基づいて人々を区別し、Xをもつ人々に利益Aを与え、Xをもたない人々にはより少ない利益Bしか与えなかったとしよう。特徴Xをもったりもたなかったりすることに基づいて人々の間に区別を付けることが、この文脈で貶価にならないとすれば、この政策は悪質な差別ではないということになる。この政策が貶価しているのかどうかを決定するためには、問題の特徴（X）とその文脈に目を向けなければならない。この文脈の一部は、正義が要求する事柄への着目を含んでいる。政府には、全員に少なくともAを提供するという正義に基づいた責務があるとすれば、Xをもたない人々に対して（Aよりも少ない）Bを提供することは、その人々を貶価することになる。そうなるのは、Xをもたない人々に正義が要請するものを拒むことが、それ自体、貶価することだという事実ゆえである。

より明確にするために、いくつかの例――一つは仮説的で一つは現実の例――に即して考えてみよう。政府が、そばかすのある人々には選挙権を認めないと決定したとしてみよう。そばかすのある人々を、そばかすがない人々と異なる仕方で扱うことには、言うなれば、何の重みもない。だから、このような区別は――恣意的で馬鹿げてはいるのだが――選挙権という極めて重要なものが問題になっているという点を除けば、貶価にはならない可能性が高い。もし正義が全ての成人は選挙権をもつことを要請しているのだとすれば、そばかすのない人々だけに選挙権を制限することは不正である。そしてその不正から派生して、貶価することにもなるだろう。そばかすのある人々を異なる仕方で扱うという例は、正義に反するとともに、そばかすのある人の平等な人間性への侮辱を表現していると思われる。政府の行為である以上、この差異化がそばかすのある人々を貶価しているということはもっともである[44]。

カナダのゴスリン判決についても、その応用ははるかに論争含みではあるが、同様の議論をすることができる。次のように信じられているとしよう。つまり、ケベック州の福祉プログラムが三〇歳未満の受給者に提供しているよりも、正義が要請する福祉の利益は大きい、と。仮にその通りだとすると、ケベック州のプログラムは正義に反している。だが、このプログラムは、平等の要求にも同じく反しているかもしれない。この福祉プログラムは、受給者を年齢に基づいて区別している。たしかに、こうした差異化それ自体は貶価するものではないだろう。しかし、もし若年者だけが正義の要請するものを拒否されているとするならば、こうした選別的な拒否は、たしかに若年者の福祉受給者を貶価していることになるだろう。[45]もちろん、この分析の強みは、ケベック州の福祉プログラムが正義によって要請される水準を下回っているという主張に依存している。

この見解を位置づける

本章を終える前に、私の見解と類似する点が多く、私の見解の基礎にもなっている他の見解との関係のうちに、私の見解を位置付けておくことは有益だろう。私の立場は、一九六〇年のチャールズ・ブラックの有名な論文「隔離判決の合法性」[46]から着想を得ている。この論文でブラックは、ブラウン対教育委員会事件の判決を擁護して、隔離は白人と黒人に対して等しく、それぞれ離れた場所にいるようにさせるので憲法が保障する平等保護を侵害してはいない、とする批判に反論している。ブラックにとって、隔離の不法性は、隔離法と隔離政策を採用した行為者の意図およびこの種の法の効果のうちにある。しかし彼が、隔離の「社会的意味」と呼ぶものも強調していることは注目に値する。論文の力のこもった一節で、ブラックは次のように論じている。「アメリカ合衆国という社会についての明白な事実――隔離には黒人を劣位性の囲いへと押しやるという社会的意味があるという事実――を、また同様に明白な他の事実、すなわちそうした処遇が人間を傷つけるという事実を見ないように、目下の問題に直面した裁判所に要請することは、さまざまな原理のなかでも最も反中立的なものであり、場当たり的な対応だろう[47]」。したがってブラックにとって、隔離の社会的意味は、隔離が不当である理由にとって一つの鍵である。

ブラックは、法や政策が平等を侵害するのはどんなときかという問いに抽象的に答えることはできないという事実を強調している。このこともまた注目に値する。ブラックによれば、他の学者たちは間違って「隔離は差別にならざるをえないのか」という問いに焦点を当てており、それによって道を誤っている。この問いに対するブラックの答えは、それは「興味深い問い」ではあるが、「いつの日か、社会学の方法がこの問いに十分に答えを与えるかもしれない」という類の問いである。この問いは社会の問題だ、というブラックの指摘は、何らかの特徴に従った隔離が行われている社会ではどこでも、隔離がヒエラルキー的な意味を帯びる、という考えに対して彼が懐疑的だということを示唆している。この指摘はやはり正しいと思われる。抽象的な問いは考察を導く力をもつが、それはまさに私たちが、あまり問題にならないような他の特徴に基づく特異な「隔離」の例——第一章で論じたような、教室で学生を名字のアルファベットに基づいて隔離するといった例——を想像できるからである。ここでのブラックの主要な論点は、これらの事例には違いがあるということである。彼が説明するように、「私たちの問題は二〇世紀にアメリカ合衆国の特定の州で法によって強いられた隔離には、差別［私は悪質な差別と呼びたい］が内在しているのかどうか」である[48]。正しい問いは、隔離またはその分類の、特定の文脈的に豊かな事例に焦点を当てなくてはならない[49]。

ここで私が提唱する見解はまた、（人種差別に関して）法学者チャールズ・ローレンスと（女性の従属に関して）キャサリン・マッキノンが一九八〇年代に採用した見解とも親和性をもつ。両者の見解もチャールズ・ブラックの洞察に基づいている。ローレンスは私と同様に、人々の間に区別を付ける法や政策の文化的意味が重要だと考えている[50]。人種が影響を与えるような意思決定はたいてい無意識的だという事実について彼は洞察力豊かに強調しているが、この事実を強調することは、悪質な差別の不当さをめぐる私たちの理解に重要な貢献をしている。同時に、平等を保護する法への理論的関心を、当該の行為者の悪い意図を見つけ出すことばかりに当てることを拒否するための、説得力ある論拠を提出している。しかし、彼の仕事は――ジョン・ハート・エリの仕事に依拠しつつ――依然として、問題になっている法や政策を採用する際のプロセスの欠陥に、悪質な差別の不当さを位置付けている。彼は、法や政策の文化的意味は、それ自体で重要であるのではなく、証拠になる（*evidentiary*）という理由のために重要性をもつのだと考えている[51]。人種に関する文化的意味はローレンスにとって、当該の政策や実践を採用するに至った意思決定に、無意識の人種的偏見が影響を与えていることの重要な証拠なのである[52]。

キャサリン・マッキノンによる重要な「支配」派フェミニズムはおそらく、ここで私が提示している見解にもっと近い。彼女は、悪質な差別の問題とは不適切または不合理な分類に伴う問題（この論点は第五章で扱う）なのだという発想を拒否し、権力と従属の問題として性差別を考える方がより適切だとみなす。マッキノンはまた、ジェンダーの社会的意味を決定するのに文化と歴史が寄与しているということを強調する[53]。マッキノンの見解は、悪質な差別の不当さを女性の従属のうちに位置づける点で、分類が悪質であるのは、それが（女性などを）貶価するときであるという私の見解に類似している。とはいえ、マッキノンの仕事には深刻な曖昧さがある。マッキノンは、道徳的な不当さを行為の不当さのうちに位置付けているのか、またはその効果のうちに位置付けているのかについてはっきりしないからである。

さらに、マッキノンの仕事は、彼女が「差異派フェミニズム」と呼ぶものの拒否、あるいは女性と男性の異同やその異同の中身をめぐる論争を拒否することに動機づけられている。彼女は、このような出発点をとったことによって、分類に焦点を当てる見方を否定するという、私の見るところ、誤った方向に進んでしまっている。分類に焦点を当てることがミスリーディングであり続けてきた、というのはたしかだが（この点で私はマッキノンに同意する）、しかし分類することが提起する道徳的問題は残されている。人々がもったりもたなかったりする特徴に基づいて人々の間に区別を付けることは、ときに道徳的に問題になり、ときに問題にならない。それがどんなときに許容可能で、どんなときに許容不可能なのかをめぐる問い——私が差別の難問と呼ぶもの——は、差異派フェミニズムを拒否したとしても消え去ることはない[54]。

だが、彼女たちは、本書で私がその著作に依拠している、特に重要な何人かの学者として挙げただけである。もちろん他にもいるが、ここでは、そのうちの限られた何人かに言及するにとどめたい。ケネス・カーストの「平等なシティズンシップ」という考え方は、本書の見解に重要な点で近い。カーストによれば、この原理が要求するのは、「各人は、組織化された社会によって、尊敬され、責任があり、参加資格のある成員として扱われる権原を、推定上もつ」ということであり、「消極的に言えば、この原理は、劣ったカーストまたは依存したカーストのメンバーとして個人を扱うことを禁じ、参加資格をもたない者として扱うことを禁ずる」[55]。こうして、彼にとっては、私にとってと同様、人格には同等の道徳的価値があるという中心原理（私は彼の見解のシティズンシップに関する側面は重視していない）は、平等保護に関する憲法上の命令や、悪質な差別を道徳的に禁止することを理解するうえで、核心的なものである。先の二つの文章には強い共鳴関係がある。ただし、カーストによる平等なシティズンシップという考え方は、悪質な差別の不当さを、貶価する処遇にではなく、排除がもたらす害のうちに根拠付けている。彼は、ジム・クロウ法について「公的に組織化された劣位化の儀式だ」と力を込めて描写しているが、彼は「排除の害」、つまりは「ひどく胸が張り裂けるような全面的な剝奪」に焦点を当てている[56]。

世界の他の地域からの仕事を引き合いに出すならば、イスラエルの哲学者、アヴィシャイ・マルガリートの仕事からは多くを学ぶことができる。イスラエルとパレスチナの紛争を動機として、マルガリートは——彼が正しい社会（just society）よりも要求が少ないと考える——品位ある社会（decent society）の輪郭を描こうとしている。品位ある社会の鍵となる構成要素は、屈辱を絶つことである。屈辱についての彼の考え方は、私が本書で探求してきた貶価の概念に非常に近い。マルガリートによれば、「屈辱とは、人が自らの自尊が傷つけられたと考えるのにもっともな理由になるような、あらゆる種類のふるまいや状況である[57]」。彼はまた、当人の主観的な判断は決定的なものではないとして、重要なのは客観的で理に適った判断だと強調している。「問題は、屈辱の心理学的な意味ではなくて規範的な意味である[58]」、と。彼は屈辱を残酷さの一形態、つまり「精神的残酷さ[59]」だとして、そのような屈辱は根絶されなければならないと論じている。マルガリートによれば、屈辱の根絶という要請は、それ以上にいかなる正当化も必要としない。なぜなら、「道徳的なふるまいの範例とは、残酷さを阻むふるまいだからである。それは正当化に終止符が打たれるところである[60]」。

最後に、より広いレベルで見れば、私がここで提唱している見解は、不道徳な行為とは貶価する行為であるとするジーン・ハンプトンの見解、および尊敬に焦点を当てる平等主義的な道徳理論（これについては「結論」で論ずる予定である）に沿ったものだと考えている。憲法の法理の実現という水準で言えば、私の見解は、人間の尊厳を憲法による平等の保障の基礎に据える方向で進められている、カナダ最高裁判所の平等の法理の展開に一致する。

結論

差別の難問は、私たちがじつに定期的かつ持続的に、人々をその特色に基づいて区別しており、また、しなければならないという事実にある。優れた意思決定の原理は区別が合理的に裏付けられることを促進するかもしれないし、特定の組織の理想は当該の文脈にふさわしい類の規準を限定するかもしれないが、これらの関心は平等への配慮に基づいているわけではない。では、ある組織の目標が命じる規準が許容不可能になるのはどんなときなのかを、私たちはどのようにして知るのだろうか。人格の同等な道徳的価値へのコミットメントが、特定の文脈に適用してよい選別規準の種類を限定するのである。特定の文脈で人々の間に区別を付けることが、その影響を受ける人々を貶価するとき、それは悪質な差別になる。

貶価する行為は他者を下に置く行為である。貶価することは、他者がほとんど配慮や尊敬に値しないということを表現することであり、権力を背景としてそのように表現することである。貶価することは表現行為と権力との結合であるがゆえに、貶価がより生じやすい状況が存在する。たとえば、私的な行為は政府の活動に比べて貶価になりにくい。個人の行為は組織による行為よりも貶価になりにくい。というのも、政府や組織は一般に、私的な個人よりも高い地位と多くの権力をもつからである。しかし、こう述べることは経験則に過ぎない。貶価する行為は権力を伴う行為であるが、権力は多様な形態をとるからである。加えて、歴史的に酷い扱いを受けてきた集団や、現に社会的に低い地位にある集団を定義するような特徴に基づく差異化は、他の特徴に基づいて差異化するよりも、貶価になりやすい。というのも、当該の集団の歴史と現在の地位が、区別を付ける行為の意味に影響を与えるからである。したがって、人々を、人種や性別（とりわけ人種的マイノリティや女性）に基づいて異なる仕方で扱うことは、名字の頭文字や目の色に従って異なる仕方で処遇するよりも、貶価になりやすい。とはいえあらためて、これも経験則であり絶対的な要件ではない。今までにない特徴（つまり過去に人々に不利益を与えるために用いられたことのない特徴）に従って人々をグループ分けすることが、たとえそれが否定的な処遇の最初の事例であったとしても、それ自体貶価になるような仕方でなされる可能性もある。たとえば、仮に政府が突然、名字がAで始まる人々には選挙資格はないとか、この人々には働くことを禁じると宣言したとしよう。このように区別を付ける場合、それは、名字がAで始まる人々を貶価するものだろう。

この例も含めて、さまざまな例に関する本章の議論は、見解の不一致について何を言うべきかに関して問いを提起する。たしかに、特定の分類が貶価するかどうかについては見解の不一致があるだろう。では、このような不一致は、本書で提出している悪質な差別の理論にとって何を意味するのか。今や、この問いに向かうべきときである。

第三章　解釈と不一致

女装して女性として生活しているが生物学的には男性の労働者が、雇用者にトイレのいくつかをユニセックス用に指定するか、女性用トイレを使うことを認めるように求めた。雇用者はそれを拒否し、男性用トイレを使うように指示する。労働者はそれを拒否し、その結果、解雇される[1]。

二〇〇五年、米国食品医薬品局（ＦＤＡ）は、特定の人種集団を特別に対象とした医薬品をはじめて認可した。BiDil という医薬品がアフリカ系アメリカ人の心不全治療用として認可されたのである。この認可の直後、（この医薬品の特許を持ち、販売している会社である）ニトロメド社（NitroMed）は、分析家が予測したよりもはるかに高価格で BiDil を販売することを発表した。同時に、この会社は、この薬の恩恵を受ける可能性があるものの処方薬剤費保険を使えない患者、この会社の推定で七万五千人ほどの患者にこの薬を提供することを計画した、無料のチャリティープログラムを発表した。ニトロメド社の販売担当責任者Ｂ・Ｊ・ジョーンズは次のように述べた。「BiDil がすべての黒人心不全患者にとって入手可能になることは、私たちの任務であると信ずる。[2]」

この章は二つの関連する問いを扱う。第一に、特定の文脈で人々の間に区別を付けることが貶価するかどうかを、私たちはいかにして決定するのか。第二に、人々を区別する特定の方針や慣行が貶価するかどうかに関して見解の不一致が生じやすいならば、この見解の不一致は、本書が提出する悪質な差別についての理論にとってどのような重要性をもつのか。

特定の慣行が貶価するかどうかをいかにして決定するのか

FDAによるBiDilの認可への批判者たちは、アフリカ系アメリカ人に特化した薬の指定は、黒人は遺伝的あるいは生物学的に白人と異なっているというメッセージを送っていると論じる。たとえば、ジョージタウン大学の保健法政策学教授グレッグ・ブロックは、「FDAの認可は、実際にはこの種の区別は存在しないと証拠が示している時代に、人種集団の間に重大な生物学的区別があると、人々に思わせることになる[3]」と訴えた。ハムリン大学の法学教授ジョナサン・カーンにとって、問題は、「人種を生物学的カテゴリーとして用いることを承認し、その認可のスタンプを与える連邦政府をあなたは抱えている」ということである[4]。ブリガム・アンド・ウィメンズ病院で女性・家族・コミュニティプログラム事務所の所長を務めるジュディ・アン・ビグビーは次のような懸念を抱いている。「人種には生物学的基盤があると人々が少しでもほのめかされると、私たちは、疾患に関する人種的差異を理解するための基盤を失いかねない。……生物学は、疾患の社会的基盤に注意を向けないことの言い訳になりうる[5]」。

こうした批判は大部分、社会的カテゴリーと生物学的カテゴリーの混同から生じがちな悪い帰結という観点から定式化されている。黒人あるいはアフリカ系アメリカ人とは、一つの社会的カテゴリーである。このカテゴリーは、黒人としての自己アイデンティティをもつ人々、あるいは他者から黒人と同定される人々を指示する。この社会的カテゴリーは、遺伝的または生物学的特徴を共有する人々の集団を選び出しているわけではない。BiDil の批判者たちは、FDAがアフリカ系アメリカ人の心不全患者治療に特化した医薬品を認可することが、人種に関する二つの考え方の混同を引き起こしかねず、ひいては——たとえば、疾患の社会的次元を研究しなくなるなどの——好ましくない帰結をもたらしかねないことに懸念を抱いている。そして、たしかに批判者たちは正しい。

他方で、こうした批判者の不満の心臓部（「心臓」という言葉に駄洒落のつもりはないが）を把握する別の方法もある。その方法とは、私たちの文化では、生物学的に区別される人種という概念は人種的な劣等性という考え方と密接な関係があるがゆえに、人種に特化した医薬品は黒人たちを貶価する、と言うことである。仮にそう言えるとすると、FDAの行為は、単に道を誤った方針の推奨だというのではなく、場合によってはもっと悪いもの、つまりは悪質な差別だということになる。

人種を標的にした医薬品の擁護者は、次のように応答するだろう。たしかに、人種による分類を保健医療の分野で用いることは、貶価するというリスクを冒しているが、この場合にはそうはならない、と。この文脈——保健医療産業から長い間十分なサービスを受けていなかった人々が、その人々に的を絞った治療の恩恵を受ける立場にいるという状況——では、この人々への中傷となる可能性は明白な恩恵によって中和される。さらに、医薬品メーカーが医薬品の価格に対して行ったような決定——すべての人種の人々に費用を分散させることによって、薬剤費保険のないアフリカ系アメリカ人患者のケアを支援するように保険会社を活用するメカニズム――は、中傷になる可能性をさらに中和する。では、批判者と擁護者のどちらが正しいかをどのように決定すべきなのか。

問いの本性

ＦＤＡがBiDil認可の際に用いた人種の分類が貶価するかどうかを決めるためには、解釈が必要である。論点をより一般的に述べると次のようになる。ある分類を特定の文脈で使用することが貶価するかどうかを決定するためには、ある発話が命令であるのか単なる助言であるのかを決定する場合と本質的に同じ様に、解釈的判断が必要である。話者が誰であるか、発話が生じた文脈、そして発話された言葉そのもの、これらはすべて、こうした解釈的判断に影響を与える重要な要素である。たとえば、職場の上司が従業員に「牛乳を買って来て」と言う場合、これは命令である。しかし、従業員が同じことをカフェテリアに行こうとしている同僚に述べる場合、これは命令ではなくむしろ依頼として特徴付けるのが最善である。命令と同じように、貶価もたいていは権力の不均衡という文脈のなかで生じる。上司は従業員よりももっと簡単に命令したり貶価したりすることができる。したがって、特定の文脈で特定の特徴に基づいて人々を区別することが貶価であるかどうかに関する解釈的判断にとって、話者が誰であるのかは中心的な重要性をもつ。

ある発話は、人がそれに従うかどうかにかかわらず命令である（あるいは、命令でない）[6]。たとえば、四歳の子どもが朝食の席で親に「牛乳取って！」と言う場合、親が、「もっと丁寧に頼んでくれたら嬉しいな」と答えることはよくある。言い換えれば、親はこの子どもの命令に従わないのだが、この発言は依然として命令ではある。前述の従業員が上司の命令を聞き入れずに、頼まれたミルクを買わずにカフェテリアから戻ってきたとしても、この上司は従業員に命令をしたことになる。この従業員が単にそれに従わなかっただけである。ある発話が命令であるかどうかを評価するために知る必要があるのは、話者は誰であるか、何を言ったのか、そして文脈はどうだったかということだけである。その後に起こったことは関連がない。

四歳の子どもの例に戻ろう。この例は、話者が誰かであるかが決定的に重要だという主張を裏切っているのだろうか。次のように考える人もいるかもしれない。上司は従業員に対して、その逆の場合よりも容易に命令できるのとまさに同じように、親は子どもに命令できるが子どもは親に命令できない、と。四歳の子どもの無礼なふるまいという例は、これらの解釈的判断が働く仕方を明確化するために役に立つ。第一に、話者が誰であるかは重要であることが多いが、常に重要なわけではない。ここでは、「話者」という用語を、口頭であれ書かれたものであれ、当該の発話を発した人を緩やかに指示するために用いている。第二に、従業員は同僚に対して決して命令することはできないとか、従業員は上司に対して命令することはできない、というわけではない。そうではなく、ある発話が同僚や従業員によってなされたという事実は、何が生じたのかということについての最善の解釈に影響を与えるのである。話者とその話者が話しかけている相手との地位の違いは、そこで何が起こったのかの解釈に影響する。

それでは、子どもがなぜ親に命令できるのだろうか。いや、子どもは親に命令できない、命令のように見える発言の最善の解釈は、それは命令ではなく何か別のもの、何らかの下手な依頼なのだ、と言う人もいるかもしれない。そして、ひょっとすると、ある文化のある家庭では、この解釈がその息子の発言の最善の解釈であるかもしれない。私たちの文化のなかでさえ、子どもが親に命令したかどうかに関して見解の不一致はあるだろう。見解の不一致があるという事実と、本書で私が提案している差別の理論にとってその事実がもつ含意については、本章で後に論じる予定である。ここでは、この子どもは実際、牛乳を取るように親に命令したのだと私が考える理由を説明しよう（それによって、この種の解釈的判断に影響を与える他の諸要素が強調されることになるだろう）。第一に、親子関係とは、子どもが親に対して何らかの権力をもつような関係でもある。実際、現在の子育てのスタイルは親子関係の階層的側面をますます最少化するようになってきているので、子どもが親に命令をすることが可能なのかもしれない。第二に、この子どもの声のトーンが重要な関連性をもつだろう。「牛乳取って！」という子どもの言い方には、従業員が同僚に言う場合とは異なった抑揚や強調がある。第三に、子どもの発言は大人の発話とは異なった仕方で解釈される。なぜなら、子どもは礼儀正しいやり取りを定める文化的規則をまさに学んでいる最中だということを、私たちは知っているからである。同僚の発話を依頼として解釈するのは、私たちは、同僚たちはふつうお互いに命令をしないということを知っているからである。礼儀正しさの慣例を学んでいない子どもは、そのようなふるまいをする見込みが高い。言い換えれば、人々が一般にお互いに関係しあう仕方についての慣習の存在が、個人の行為を解釈する仕方に影響する。しかし子どもたちは違っている。実際、親が子どもに、「もっと丁寧に頼んでくれたら嬉しいな」と言うことは、まさに子どもにそうした慣習を教えるためになされている。「君が「〜してちょうだい」と言って頼んでくれたら、喜んで牛乳を取ってあげるよ」と言って、何が礼儀正しい依頼になるのかを学ぶ手助けをするとすれば、この親はもっと良い教師であるだろう。

この議論は差別という主題からかなり離れた領域に私たちを導いてきたが、それにはある理由がある。第一章では、人々の間に区別を付けることが不当であるのは、そうすることが、その人々のなかの誰かを貶価する場合だと論じた。続いて、差異化した処遇が貶価するのかどうかを評価することは、ある発話が命令であるか助言であるかの判断に関わるのと同じ種類の評価であると説明した。こうした発話の種類に関する決定は、話者が誰であるか、発話の文脈、そして発話それ自体の内容に依存する。とりわけ、発話が向けられる人に対して話者に何らかの権力や権威がある場合には、そのことが、当該の発話を命令にする可能性を高める。同じことは貶価についても言える。だが文脈も鍵になる。子どもの例は、それらの言葉を人々が一般的にどう使用するのかについての理解を通じて、私たちが発話を解釈する仕方を際立たせている。

これら三つの次元――話者、文脈、用いられている言葉――が、発言と行為の解釈的判断にどのように影響するのかをより詳細に見るために、私は、命令と依頼の間の区別のように、あまり論争的でなくごく身近でもある例から議論を始めた。次のステップは、特定の分類が貶価するかどうかの決定にとって、人物、文脈、内容に注目することがどのように役立つのかを見るために、差別の例を検討することである。

BiDil の例では、FDAはアフリカ系アメリカ人による使用に特化した医薬品を認可した。この行為は許可（この医薬品が商品化されることを認めること）であると同時に推奨である。FDAがある医薬品を認可すると、この薬は認可制度が規定する以外の目的と患者に対しても使われうる。このいわゆる医薬品の適応外使用はありふれたものである。この意味で、BiDil を認可することによってアメリカ合衆国で商品化され売買されることを認めるというFDAの行為は、BiDil をアフリカ系アメリカ人の患者に限定したわけではないし、心不全患者に限定したわけでさえない。FDAが行ったのは、BiDil がこれらの患者たちの（そしてそれだけの）ために使用されることを推奨したということである。この推奨は、二つの異なる根拠——人種と健康状態——に基づいて患者たちを区別している。FDAによるこの行為（人種と健康状態に基づく分類）は、その影響を受ける集団、つまりアフリカ系アメリカ人、非アフリカ系アメリカ人、心不全患者、そして心不全ではない患者のうちの誰かを貶価しているのだろうか。

FDAがこの薬の認可の際に用いたデータはそれ自体、いくらか論争的なものである。[7] 目下の議論のためには、その論争の側面は脇に置いておくことにしよう。アフリカ系アメリカ人の BiDil 使用の認可を裏付けるデータは、この人々にこの薬の使用を推奨することを十分裏付ける確かなデータだったと想定することにしよう。

そうした場合、FDAの推奨はアフリカ系アメリカ人を貶価するだろうか。（FDAの行為が非アフリカ系アメリカ人や、心不全患者、あるいはその他の病気の人々も同じく貶価するかどうかを問うこともできるかもしれないが、アフリカ系アメリカ人を貶価するという主張は最も可能性の高いものであり、また、FDAの行為に対する現実の批判を反映しているので、この主張を検討することにしたい。）

この規定を公表したのがFDAだという事実は、FDAが遂行した行為がどのような種類のものなのかを決定する上で重要である。FDAは（新薬を医師や患者が入手できるかどうかを決定するという点で）権威があり、（保健医療に関わる専門組織としての）地位をもつ行為者である。さらに、FDAは政府機関であり、したがって、それが行為する時には、国家のために行為している。ここでは、憲法の下でどの行為が「国家の行為」を構成するのかに関する法的な主張をすることはしない。むしろ、FDAが新薬を認可するという行為がどのような行為なのかについて主張を展開したい。

FDAの行為がアフリカ系アメリカ人を貶価するかどうかを知るためには、行為者、規定内容、そして文脈に注目する必要がある。行為者の権威と地位は、貶価する可能性を高める。貶価することは従属化することであり、下に置くことであり、劣位化することである。低い地位にいる行為者も従属化や劣位化を試みるかもしれないが、その行為は、より高い地位にある話者によってなされるよりも——少なくともほとんどの場面で——端的に力を持たない。それゆえ、新薬の適用を認可したのがFDAであるという事実は、この分類が別の文脈で生じていたとすれば——たとえば科学論文の著者によって推奨されているような場合には——それほど高まらないような仕方で、その分類を貶価するものにする可能性を高める。

次に、文脈を考察しよう。この医薬品認可は一種の使用資格や使用許可のように見えるかもしれない。しかし、そうであっても実はそれは一見したところよりもはるかに限定された仕方においてである。FDAの行為はこの医薬品の販売を合法化するものだ[8]。だが、ここで私たちの関心を引くこの行為の部分は、分類を含む部分である。FDAは、アフリカ系アメリカ人の心不全患者にBiDilを使うことを認可した。医師たちは適応外の医薬品を日頃から処方しているので、この分類は、使用資格や使用許可というよりも推奨として理解するのが最善である。推奨としてこの行為を解釈することは、認可の際に用いられた言語に由来するのでもなければ、その背景にある法律に由来するのでもない。むしろ、この分類を推奨として理解するのが最善である理由は、この分類が公表される背景的な慣行（すなわち文脈）にある[9]。

文脈は、この行為者の行為がアフリカ系アメリカ人を貶価するかどうかを決定するのにも同じく重要な役割を果たす。ここで注目すべきなのは、ローカルな文脈（すなわちFDAの認可が何を意味するのかの理解や、適応外使用の慣行など）と、この行為者の行為が生じているより広い規模の社会や文化である。後者の社会や文化には、とりわけ保健医療と生物学という文脈において人種に基づく分類が過去に作り出され用いられてきた仕方が含まれる。FDAの認可は、ある「人種」の患者を、別の「人種」の患者とは異なる仕方で扱っている。ここで人種という語をカッコに入れたのは、このカテゴリーが生物学的なものとして理解されるべきか、あるいは社会的なものとして理解されるべきかについて、FDAの推奨には重大な曖昧さがある――そしてこの点に問題の多くがある――からである。アフリカ系アメリカ人という語は、非アフリカ系アメリカ人から生物学的に区別された人々の集合を指示している。他方で、この語は、黒人またはアフリカ系アメリカ人として社会的に理解された人々の集団を同定することもできる。保健医療の文脈において、こうした（アフリカ系アメリカ人と非アフリカ系アメリカ人の間の）区別を新薬の認可に関連して使用することは、人種についての生物学的な考え方をFDAは使用し、より重要なことに、この考え方を承認していることを示唆している。実際、FDAの認可の基礎となるデータは、治療効果において観察される差異に対する、生物学的な基礎と社会的な基礎との対比を示す証拠は提供していない。ここで、人種は、BiDil が白人よりも黒人に効果を発揮する理由にもっと密接に関係する他の多くの要因――食生活、ライフスタイル、あるいはそれ以外の多くの未知の環境的諸要因など――の代理指標（proxy）として機能している可能性もある。[10]

　科学に基づく意思決定に責任がある政府機関が、人種の分類を用いた推奨を公表しているという事実が重要であるのは、それが、FDAが（社会的カテゴリーとして理解される）人種には生物学的な区別があるという見解を支持しているという印象を与えるからだ。このような立場は、FDAのように権威ある組織によって是認される場合には、問題含みなものになる。なぜなら、人種間の生物学的な差異についての主張には、問題含みの歴史があるからである。生物学的な差異は、黒人は知的に劣っており、道徳的に制御が効かず、暴力的な傾向をもち、性的に放縦だという見解を支持するために用いられてきた。黒人についてのこのような背景的同定が侮辱的であるので、人種的に特化したＦＤＡの推奨がいかにアフリカ系アメリカ人を貶価しうるのかを理解することができる。これが実際に、ＦＤＡによる人種の分類の最善の解釈であるかどうかについて、私に確信があるわけではない。私がここで示唆したいのは、これが最善の解釈でありうるということであり、さらに重要なことには、この推奨についてある人々を悩ませているのはまさにこの懸念だということである。言い換えれば、ＦＤＡによる人種の分類の使用が道徳的に問題含みかもしれない理由には、それがアフリカ系アメリカ人を貶価するリスクがあるという点がある。[11]

だが、ちょっと待てよ、産湯とともに赤子を捨てるべきではない、と思うかもしれない。「黒人」という社会的カテゴリーにはきっと、関連性がある遺伝的差異と有意な重複があるだろう（つまり、「黒人」には「非黒人」よりも特定の遺伝的特徴がある見込みが有意に高いし、そのことは前者のほうが特定の治療からより多くの恩恵を受ける見込みを高めるだろう、と）。生物学的差異の主張と歴史的に結びついている虚偽を是認することなく、こうした差異に注意を払う方法はあるのだろうか。言い換えれば、「黒人」という社会的カテゴリーは、医薬品を推奨するなどの保健医療のアプローチにおいて使うのが便利なカテゴリーなのかもしれない。便利というのは、特定の治療の恩恵を受けるだろうと思われる人々の集団と、恩恵を受けないだろうと思われる集団の間にある未知の遺伝的差異の最も手軽な代用品になるという意味である。黒人が人種的に区別された推奨の恩恵を受けることになるのならば、こうした人種的なカテゴリー化を禁止することは、助けようとしているはずのまさにその人々を傷つけることになるのではないだろうか。

社会的ステレオタイプ——人種という社会的カテゴリーが私たちの意識にコード化されてきた仕方

——の力を考えると、そこにはかなりの重荷がある。グレン・ルーリーは次のように論じている。黒人たちは、彼が「人種的不名誉」と呼ぶものによって汚されてきた。「人種的不名誉」とは、彼によれば、「劣位性、道徳的な不適切さ、性的関係への不適応、知的な無能さといった混乱した仮想的想定が、人種で有徴化された人を観察主体が見る際に心に抱かれるまでに定着したもの」と定義される。[12]もし彼が正しいとすれば、保健医療の文脈——そこでは人種的カテゴリーは生物学的カテゴリーとみなされるだろう——において人種による分類を用いることには、それがどんなものであれ、黒人に(ルーリーの言葉では)「不名誉を与えたり」、黒人を貶価したりするリスクがある。しかし、貶価のリスクを冒すことと貶価することは同じことではない。保健医療の文脈で人種的カテゴリーを用いることには、それがどんなものであれ、黒人たちを貶価するリスクがある。貶価することになるかどうかは、人種の分類を用いる政策や慣行の特定の文脈と内容に関するより詳細な説明に依存する。

だが、このリスクには道徳的な含意がある。少なくとも、人種の分類が、二つの集団の異なる治療反応性にそれ自体として因果的に関係しているような別の特徴の代理指標であるかどうかを正確に見定めようと試みることは、(科学的にも道徳的にも)意味がある。もちろん、科学者は因果関係と相関関係の絡まりを解明しようと常に努力すべきだが、保健医療の文脈における人種の分類に関わる道徳的な懸念が、そうするべき特に強い理由を与えている。したがって第一に、この二つの絡まりを解きほぐそうとするのに、他の場合よりも多くの資源を費やすのは正当なことだろう。第二に、可能な範囲内で、FDAは、声明を出すことを含め、人種の分類を用いることが、人種が社会的カテゴリーとは異なる生物学的カテゴリーだという見解を是認する程度を軽減するよう努めるような仕方で、行為すべきである。

ニトロメド社(BiDil を販売する企業)は、人種を標的にした医薬品を販売するという決定に対する批判を和らげる行動をとることに努めてきた。しかしこの会社がとった行動は、随分と独特な種類のものであり、この医薬品を販売するという行為について道徳的に問題視されうるものに関するかなり独特な考え方に向けられていた。ニトロメド社は独自の価格設定を採用した。すなわち、この医薬品の通常価格よりも高い価格と、処方薬保険のないアフリカ系アメリカ人心不全患者に無料で薬を提供するという約束をセットにしたのである。もし悪質な差別の不当さが、ある政策や慣行が私たちの社会のカースト的なヒエラルキーを強化するかどうかの問題であるとすれば、この会社の方針は道徳的な答えになるであろう。すなわち、こういうことである。ニトロメド社によるアフリカ系アメリカ人に対する医薬品販売方針は、アフリカ系アメリカ人を集団として（その人々にスティグマを付与するか、または別の仕方で）害する可能性があると考えられる。そうであれば、この集団に利益をもたらすための方針（処方薬保険のないアフリカ系アメリカ人に必要な医薬品を提供するという方針）で、集団への害を集団への利益でうまく相殺するというのはもっともに聞こえる。

これら一対の方針（必要な人々への無償医薬品提供と結びついた高価な薬価設定方針）は、集団としての黒人にたしかに恩恵を与えるだろうし、その点では賞賛できるのかもしれない。しかしそのことは、人種に特化した医療の推奨が人々を悪質な仕方で差別しているかどうか、という問題には影響しない。もし、人種に特化した医薬品の推奨が道徳的に問題含みな側面をもつとして、その側面がアフリカ系アメリカ人を貶価しているかどうかに関係していると考えるならば、この道徳的な不正を回避するために採ることができる行為については全く異なった発想になる。つまり、もし不正が、この集団が害されているかどうか（それは集団の利益によって相殺されうるかもしれない）ではなく、ＦＤＡまたは医薬品会社が推奨を公表することで行っている事柄にあるとすれば、それを改善する行為は、当該の行為者が行為の性格を変化させうるやり方へと調整されるべきだろう。ジョナサン・カーンは道徳的不正についてのこうした考え方に留意した提案をしている。彼が提案するのは、「人種を一つの生物学的カテゴリーとして、または生物学的カテゴリーの代用品として参照したり是認したり、あるいは自ら用いたりする研究を、連邦政府からの補助金によって行っている、すべての連邦政府の機関や組織は、分析の用語法を明確にすることと、人種を生物学的カテゴリーとして用いることへの正当化を提示することを要求される」[13]。この提案は、FDAまたは他の行為者がアフリカ系アメリカ人の患者に特化した医薬品を推奨することで表現している事柄を、変えることに役立つと思われる。

「アフリカ系アメリカ人」という社会的カテゴリーが、その医薬品から恩恵を受ける見込みが高いのは誰かを予見するのに有用であり、かつそれ以外に代わりになるもの（たとえば食生活や環境など）が見当たらないとすれば、この分類の使用はおそらく黒人たちを――結局のところ――貶価するものではない。FDAの行為が黒人を貶価するかどうかを私たちが分析している文脈の一部には、アフリカ系アメリカ人の健康ニーズが歴史的に無視されてきたという事実が含まれる。臨床医学研究を管理するための倫理的ガイドラインが、研究対象としてマイノリティを含むことを要求しているのは、まさにこの理由からである[14]。別言すれば、当該の分類が貶価するかどうかに関する私たちの分析を取り巻く文脈とは、それ自体、多面的である。一方で、生物学的カテゴリーとして人種を用いることは、歴史的に黒人たちに不名誉を与える行為と結びついてきた。他方、医学界は歴史的に黒人たちの健康ニーズにあまり関心を払ってこなかった。この二つの要素――ならびに、「黒人」という社会的カテゴリーと、治療から最も恩恵を受ける見込みの高い人々の集団との強い相関関係を裏付けるデータの支え（この論点は論争的性格をもつため脇に置いておくが）――は、アフリカ系アメリカ人に特化して推奨される医薬品を認可することが、その人々を貶価するかどうかを解釈すべき仕方に影響を与える。

不一致

人々の間に区別を付ける特定の実践が、そのなかの誰かを貶価するかどうかについて、意見が一致しないことはよくある。BiDil はその一例である。単一の性に特化したトイレは、トランスセクシュアルの人々やジェンダー自認が曖昧な人々を貶価するかどうかという問題は、もう一つの例である。性転換手術をしていないトランスセクシュアルの人々は、当人が自認するジェンダーではなく、出生時の性別にあてがわれたトイレを使うように要求する方針は、自分たちを貶価していると主張している。ジェンダー自認が曖昧な人々（自らが明確にどちらかのジェンダーであるとは感じていない人々）は、トイレを性別によって分離する慣行は、自分がどちらかの性に属しているとは考えない人々を貶価していると考える。では、性別によってトイレを分離する慣行は、トランスセクシュアルの人々やジェンダー自認が曖昧な人々を貶価しているのだろうか。前章で私は、人々を性別に基づいて区別する方針の一例として単一の性に特化したトイレを取り上げ、それはしかし貶価していないと述べた。単一の性に特化したトイレは私の見るところ、男性としての男性または女性としての女性も貶価していないのだが、しかし、それがトランスジェンダーの人々やジェンダー自認が曖昧な男性や女性を貶価しているという主張には、よりひきつける力がある。これに同意しない人もいるだろう。性別によってトイレを分離することは、ほとんどの男性と女性のプライバシーへの関心の違いを尊重すると同時に、女性の安全への関心を尊重したものであり、トランスジェンダーやジェンダー自認が曖昧な人々に対する尊敬の欠如や中傷を表現してはいない、と論じるかもしれない。トランスジェンダーやジェンダー自認が曖昧な人々が生活の多くの場面で酷い扱いを被ってきたということはたしかに真であるが、その酷い扱いと性別に基づいて分離されたトイレ使用との結びつきは、この慣行を貶価するものにする程には十分ではない、と。さらに、性別に基づいて分離されたトイレに対する正統な理由が、それに連動する中傷効果を中和する。この慣行に関する最善の解釈は、これは男性のプライバシーへの関心と女性のプライバシーおよび安全への関心に対する合理的な配慮だというものである、と。

　誰が正しいのだろうか。おそらくはさらにより差し迫った問題として、正しい人はいるのだろうか。つまり、性別に基づいて分離されたトイレが、トランスセクシュアルの人々やジェンダー自認が曖昧な人々を貶価するかどうかという問いに、一つの正しい解答が存在するのだろうか。そのような答えがあるとして、それは客観的なものだろうか。人々の見解が一致していないとき、誰が正しいのかについての決定に私たちはどのように取り組めばよいのだろうか。最後に、私が本書で提唱している悪質な差別の理論にとって、こうした不一致そのものはどのような意味をもつのだろうか。今から取り組むのは、これらの一群の問いである。

　客観性への関心はとりわけ執拗なものだと思われる。というのも、特定の差異化の行為が貶価するかどうかについては重大な不一致が生ずることが多いからである。あるいは、ある慣行が貶価するかどうかについては主観的な感覚だけしかありえないのであって、異なる見解をもつ人々の間で裁定を下す方法は存在しないのかもしれない。そうだとすると、特定の慣行――たとえば単一の性に特化したトイレ――が貶価するかどうかという問いには、本当の答えは存在しないのかもしれない。

客観性とは正確には何であるのか

客観性の要求にはいくつかの意味がありうるが、そのなかでも少なくとも二つの意味が私たちの議論に重要な関連性をもつ。客観性は、バイアスから区別された意味での判断や決定を特徴付ける言葉として用いられることがある。審判のコール、裁判官の判決、教師による評価は、それらが適切な規準に基づいてなされており、不適切なまたは歪んだ規準に基づいていないという点で客観的である。ここでは客観性は不偏性に関連している。他方、客観性は、言うなれば判断の対象の地位を指示することもできる。正しいコール、正確な法的判決、適正な評価というものは存在するのだろうか。もし存在するのであれば、野球、法、そして学問は、客観的な領域だということになる。というのも、野球、法、学問については、真か偽かのいずれかでありうるような事実が存在することになるからである。この二つの客観性の意味は、ここでの私たちの探究に重要な関連性があると思われる。第一に、特定の方針が貶価していると判断するための基礎になるような、適切な規準と不適切な規準の対立を特定できるかどうかについて疑問に思う人もいるかもしれない。もしこの二つのタイプの規準が少なくとも理論的に区別されえないとすれば、客観性——適切な規準に基づいた判断という意味での客観性——は、この領域では不可能である。第二に、ある慣行や方針が貶価しているかどうかについての判断は真または偽でありうるかどうかについても疑問に思う人もいるかもしれない。客観性というものは、こうした問題に正しい答えが存在することを要求しているのだとすれば、見解の不一致は客観性を脅かすように思われる。

ある法や社会的慣行が貶価しているという主張は、一つの解釈的判断（すなわち、その慣行についての文化的文脈を前提とした最善の解釈）である。この点から見ると、ある社会的慣行が貶価するという判断は、ある法的判断が正しいという主張に類似している。Aの行為が当人を有責にするかどうかは、法が何を要求しているかという問いに答えがあるかどうかに依存する。こうした問いに答えることは、関連する法律文書に関する解釈的判断を必要とする。言い換えれば、この決定をする際に用いられる適切な規準を不適切な規準から区別する方法が存在していなければならない。また、法がXを要求しているという主張が真または偽でありうるような事実が実際に存在していなければならない。同様の問いは、芸術についての（「この絵は美しい」のような）判断や、文学についての（「この本は傑作だ」のような）判断の客観性についても提起されうる。ある絵画が美しいという主張は客観的だろうか。別の言い方をすれば、このような問い（不偏性としての客観性）に関係する、適切な規準と不適切な規準の対立を特定することは可能だろうか。また、眼前の絵画が美しいかどうか（形而上学的客観性）という問いに一つの正しい答えは存在するのだろうか。

法や美的判断の客観性との類比を引き合いに出すことで、私は、これらの領域における判断の客観性はみな同じ運命にあると言おうとしているわけではない。もちろん、たとえば、法的判断は客観的だが、美的判断や（ある方針が貶価するかどうかのような）社会的判断はそうでない、といったことはありうる。しかし、特定の慣行が貶価するかどうかに関する判断の客観性について抱かれうる疑念のいくつかは、法的判断や美的判断の客観性について抱かれうる疑念と同じである。このことが重要なのは、本書の目的はあまり広い意味で理解されるべきではないからである。この本で試みているのは、人々の間に、その人々の特徴に基づいて区別を付けることは、どんなときに不当であるのか、そしてそれはなぜなのかを明確にすることである。ここまでの議論を要約すると次のようになる。人々の間に区別を付けることが不当なのは、そうすることが影響を受ける人々の誰かを貶価する場合である。特定の慣行が貶価するかどうかについては人々の間に重大な見解の不一致が生じがちなので、客観性は可能なのかという問いが現れる。客観性の概念はそれ自体複雑であり論争を呼ぶものであるが[15]、以下の問いによって際立たせられる、客観性の二つの側面は密接な関係にあるように見える。すなわち、（1）そのような判断に関係する適切な規準や不適切な規準の対立が存在するのか。（2）ある慣行が貶価しているという主張は、真または偽のいずれかであることが可能なのか。私はそうした判断は客観的でありうると信じているが、この主張を、法、美学、道徳における客観性（これらはどれも同じような攻撃にさらされてきた）は可能なのかどうかについて生じうる、多くの哲学的な疑問に答えるようなやり方で擁護することはできない。そうすることは、本書をずいぶんと違った本にしてしまうと思われる。

その代わりに、本書で私が行おうとしていることは、第一に、私たちの文化における法、政策、慣行についての解釈的判断にとって、私が可能だと考える種類の客観性について簡潔に記述することである。第二に、法、美学、道徳の客観性に関する一般的な懸念だけでなく、この種の判断の客観性について抱かれうる特定の懸念に取り組みたいと思う。

補足——〈タイプ客観性〉対〈トークン客観性〉

ジェラルド・ポステマは、彼が「タイプ」客観性と「トークン」客観性と呼ぶものの間に有益な区別を付けている。タイプ客観性は、ある特定の集合（*class*）またはタイプに分類される判断が——特定の判断が客観的であるかどうかにかかわらず——客観的でありうるかどうかに関わる。たとえば、法的判断がタイプ客観性という意味で客観的かどうかを人が問おうとしている場合には、どんな法的判断も客観的なのか、法とは人がそれについて客観的でいられるようなものなのか、法的事実とは真か偽かのいずれかでありうるような類のものなのか、といったことが問われている。ポステマが説明するように、タイプ客観性は「適格性概念」なのである。[16] これと対照的に、トークン客観性は、特定の判断が客観的かどうかに関わっている。この際、当のタイプの判断が客観的でありうることは前提されている。ポステマが説明するように、「トークン客観性は成功概念であり、当該の判断についての直接的かつ決定的な評価を表現する」[17]。

この区別には強調するに値する重要性がある。というのも、社会的慣行や政策についての解釈的判断が客観的でありうるかどうかを考察している時に、私たちが論じているのはタイプ客観性だからである。したがって、重要な問いは、この判断のタイプ——すなわち、社会的慣行の意味についての解釈的判断——が客観的でありうるかどうかであって、何であれ特定の判断が客観的なのかではない。これに関連する論点も強調に値する。つまり、単一の性に特化したトイレのような特定の慣行が、ジェンダー自認が曖昧な人々を貶価する（またはしない）という判断を下すことは可能だと論じている時、私は、私が導き出すいかなる結論についても自分が正しいと主張しようとしてはいない、ということである。実際、この特定の問題について私はとりわけ確信をもてないでいる。むしろ、人々を区別する特定の方針もまた貶価するかどうかについての判断のタイプ客観性に焦点を当てることで、私が主張しようとしているのは、特定の判断が正しいまたは客観的であるということではなく、これらの諸判断が真か偽かでありうるということである。

解釈的判断の客観性

では、より詳細に客観性に焦点を当ててみよう。ジュールス・コールマンとブライアン・ライターは、客観性についての三つの考え方を詳述している。最小限の客観性、穏当な客観性、強い客観性である[18]。法、道徳、美学といった領域は、何が正しいかということが、関連する意思決定者の多数派の見解によって固定されている限りで、最小限の意味で客観的である[19]。ライターはファッションも同じようなものと考えている[20]。ファッショナブルであるものとは、服飾業界で流行を作る人々がファッショナブルだと考えるものである。「何がファッショナブルか」という問いには客観的に正しい解答が存在する。というのも、この問いに答えるために私たちにする必要があるのは、誰の意見が重要であるか、そしてその人々が何を考えているかを見定めることだけだからである。そうした人々の多数派がファッショナブルだと考えるものであれば何であれ、ファッショナブルである。ライター自身は、法もこの意味で最小限、客観的だと考えている。法的に正しい決定とは、公式の関係者の多数派によって法的に正しいと考えられている事柄である、と[21]。

客観性に関する最小限の考え方は――法にとっても、どういった方針や慣行が貶価するのかに関する解釈的判断にとっても――不適切だと思われる。もし、何が――客観的に――貶価するのかは、多数派が貶価していると考える（まさしく）その事柄なのだとすれば、このような基準は、悪質な差別の禁止を全て無くしたいと願うかのごとき、少数者の抑圧を再生産する見込みが高い。何が貶価するのかに関する多数派主義的な考え方は、支配的な慣行と理解をそのままにして、客観的に反論の余地はないものとしてのお墨付きを与えることを許容する。多数派も特定の慣行が貶価するかどうかについて間違うことがあるのは、たしかなことだろう。悪質な差別の最も酷い事例は、貶価していると多数派によっても認識されている見込みは高い。しかしその保証はない。たとえば、人種隔離は、おそらく白人と黒人の多数派によって貶価するものだと認識されていたであろう。しかし、プレッシー対ファーガソン事件(*Plessy v. Ferguson*)でのブラウン裁判官による多数意見は、それが偽りなきものなのであれば、一つの重要な反例になる。彼はよく知られているように、原告は人種隔離の意味を誤解しているとみなしていた。ブラウン裁判官は、「私たちは、原告の議論は、二つの人種に対する強制的隔離が有色人種に劣っているという烙印を押すという想定から成り立っている点で、誤った前提に基づいていると考える」と述べたのである。[22] 彼の見解が当時の多数派の人々の判断を偽りなく反映しているのかどうかについてははっきりしない。ハーラン裁判官は、プレッシー判決の反対意見において、人種隔離の慣行を別の仕方で——すなわち、貶価するものとして——解釈した。彼は、この法律は、「私たちの同胞市民のかなり大きな集団に隷属と劣位の烙印を押す」ものであるとみなした。[23] もし私たちが、ブラウン裁判官は当時の隔離の本当の意味を誤解していたということに同意するなら、それは、本当の意味というものが、隔離についての多数派の見解からは独立しているからである。

女性を「保護する」法律や政策は、別の適切な例を提供している。(過去に女性の就業を制限したり、[24] 近年まで危険な仕事に女性が就くことを制限したりしていた[25]) 様々な法律は、その当時、大多数の人々によって貶価するものだとみなされていたわけではないだろう。それにもかかわらず、それらは(私の信じるところでは) 貶価するものである。今日、多数派の人々は、性別に基づいて分離されたトイレの慣行がトランスジェンダーの人々やジェンダー自認が曖昧な人々を貶価しているとはおそらく思っていないだろう。だが、この事実によって、そうした慣行が貶価するかどうかについての問いを決着させるべきではない。

客観性についての最小限の考え方には、さらに別の重要な欠陥がある。客観的にファッショナブルなものとは、専門家の多数派がファッショナブルだと考えるものだ、と述べることがなるほどと思わせるのは、ファッションは単に人々が考えることについてのものであるように見えるからである。マナーのいくつかの側面もまたこれに似ている。誰かと会った時に握手するのが良いマナーであるのは、まさに、私たちの文化のほとんどの人が、誰かに会った時に握手することは礼儀正しいことだと考えているからである。しかし、判断が単に記述的なのではなく評価的になるところでは、最小限の客観性では不十分になるだろう。何が標準的な慣行であるのかを決定するためには、多数派が考えている事柄は重要である。しかし、人々の多数派が何かを正しいと考えているという事実が、その事柄を正しくすることはできない。貶価することは——少なくとも一応は、不当であるという——規範的な重みをもつので、客観性についての最小限の考え方は、慣行Xが貶価するという判断の客観性を説明するには不適切だろう。

実のところ、ファッションやマナーに対してでさえ、客観性についての最小限の考え方でうまくいくとは限らない。何かをファッショナブルだと呼ぶことは、時として、他者がしていることや考えていることに単に言及しているだけではない。それは賞賛や不満の言葉でもありうる。そうだとすると、それは記述的判断と同時に評価的な判断をも指していることになる。あるものがファッショナブルだという判断は、この二つの意味（単に記述的であるか、あるいは、記述的かつ評価的であるか）の間にある曖昧な判断なのだろう。「私は鼻や唇のピアスは不気味だと思うけど、でもファッショナブル〔流行中〕だね」と言う場合のように、何かをファッショナブルだと呼ぶことに何の規範的含意もない場合がある。しかし、何かをファッショナブルと呼ぶことが規範的により重い意味を担う場合もある。「彼女は着こなしがすごくファッショナブルだ」と言うことは、一般に、その人がファッション〔流行〕を追っているということではなく、彼女は今のスタイルから選り抜いた服を着ており、今売られているものの最高のものしか着ないということを意味する。この考え方の場合、「ファッショナブル」とは、今まさに流行っているスタイルと、美しくて凝ったスタイルを意味しており、あるいは、その他ファッションの目的ならどんなものでも意味する。何がファッショナブルかがこうした評価的な側面をもつ限り、客観性についての最小限の考え方では十分でないだろう。関連する意思決定者の多数が何かをファッショナブルだと考えているという事実は、多数派が間違いうるがゆえに決定的ではないだろう。仮にファッショナブルであることが、そのスタイルが今流行していると同時に美しいものであることをも要求するのだとすれば、鼻ピアスや唇ピアスはファッショナブルに見えるだけかもしれない。そうだとすると、客観性についてのより堅固な考え方が、あるスタイルが客観的にファッショナブルであるためには必要になるだろう[26]。

ある慣行が貶価するという判断の客観性の説明にとって、客観性の最小限の考え方では不十分である第三の理由は、この事柄についての合理的な不一致を説明できないことにある。コニー・ロザッティはこの点について、客観性についての最小限の考え方が法に関して不十分である理由を説明する際、次のように主張している。

> 第一に、司法的多数派主義は主観主義と同様に、合理的な見解の不一致を説明するための資源を欠いている。法について博識とされる批評家が、ほとんどの裁判官が法を誤解していると主張しているのを聞くのは稀なことではない。裁判官の多数派は、死刑は憲法違反ではないと判示する見込み

が高いし、かつての最高裁裁判官の多数派は実際にそうだった。しかしこの事実は、ウィリアム・ブレナンとハリー・ブラックマン裁判官をして、反対の議論を展開することを止めなかった。だが、もし法とはまさしく裁判官の多数派がそういうものだと述べているものなのだとすれば、あるいは、法とは彼らが是認するであろうものなのだとすれば、このような論争を私たちはどう理解すればよいのだろうか。もし司法的多数派主義を採用するならば、ブレナンとブラックマンは、法とは何であるのかについて他の最高裁裁判官たちとの真正な不一致に関わっているのではなく、むしろ、この二人は裁判官の多数派が是認していることを誤解していたか、あるいは法的事実とは何かを理解していなかったのだ、という疑わしい命題を受け入れなければならないことになる[27]。

たしかに、特定の慣行が悪質な仕方で差別しているかどうかについては、人々に一致があるわけではない。私が論じているように、もしこの不一致を、区別する慣行が貶価するかどうかについての不一致として言い直すことができるとすれば、私たちに必要となるのは、このような不一致の本性を捉えることのできる、判断の客観性についての考え方である。単一の性に特化したトイレはジェンダー自認が曖昧な人々を貶価するかどうかについての不一致の場合、私たちが見解を異にしているのは、ほとんどの人々がこの慣行を貶価するものとみなしているかどうかについてではない。むしろ、この慣行が悪質な仕方で差別しているかどうかに関する不一致を特徴付ける最善の方法は、この不一致を真正な不一致として記述することである。

ライターとコールマンは最小限の客観性を、彼らが強い客観性と名付けるものと対比している。ある事実が強い意味で客観的であるのは、それに対する人々の反応や、人々の知覚から独立して、真または偽である場合である。[28] たとえ世界に人間が一人も存在しなかったとしても、強い客観性をもつ事実は真または偽であるだろう。それは端的に物事が存在するその仕方だからである。客観性に関するこの考え方は、社会的慣行についての解釈的判断にとっては不適切だと思われる。というのも、まさしく、この判断は社会的慣行についての判断であり、したがって私たちに関与するものだからである。性別で分離するトイレは、誰がどの文脈や状況でこの慣行の意味を解釈しようとも、客観的にジェンダー自認が曖昧な人々を貶価するなどと述べることがどうしてできるだろうか。貶価することは規範的な側面をもつが（この側面は、客観性についての最小限の考え方を不適切にするものの一部であるが）、貶価することは慣習的な慣行や規範に依存してもいる。私があなたに話しかける際に両手の指を組み合わせたとしよう。私の心のなかでは、このジェスチャーはつばを吐きかけるのと同等のものだったとする。そうだとしても、私はこのようにすることであなたを貶価することはできない。両手の指を組み合わせることは私たちの文化では何の意味ももたないので、私がそのようにしてもあなたを貶価することはできないのである（私たちがこのジェスチャーに意味を与える何らかの複雑な物語を語っている場面でもない限り）。貶価するためには、尊敬の欠如を示す慣習的な方法に依拠する必要がある。かくして、慣行Xが貶価するという事実は、強い意味で客観的に貶価するということではありえない。なぜなら、この事実は、誰かが何らかの文脈でこの行為を解釈する仕方にかかわりなく、真であることはできないからである。[29]

穏当な客観性に対する穏当な提案

コールマンとライターは、法にとっての客観性について、彼らが穏当な客観性と名付ける考え方を説明し、擁護している。彼らはそれを次のように定義している。「穏当な客観性によれば、「理想的な認識条件」下で正しいと思われるものが、何が正しいのかを決定する[30]」。この考え方が穏当なものであるのは、次のような意味で、この考え方が最小限の客観性と強い客観性の間にあるからである。最小限の客観性の場合と同様に、真理や物事の真の本性は人間の経験や知覚から完全に独立しているわけではない。しかし他方では、強い客観性の場合と同様に、知覚された物事の本性について誰もが間違っていることは可能である。しかしながら、フィリップ・ペティットが指摘するように、この穏当な客観性はかなり堅固である。倫理的価値の客観性を擁護する際に、ペティットは、色もまたそれが通常人々に知覚される仕方から独立に真の本性をもつわけではないことを指摘している。だが、私たちは、色は客観的なものだと考えているし、色についての言明（「この椅子は赤い」）を真または偽でありうると考えている。倫理的価値に関してペティットが述べているように、「倫理学の客観性を信じる人々にとって、価値があったり価値がなかったりすることは、たとえば色と同じようなものだと論じることができれば、それは重要な戦利品になるだろう[31]」。社会的慣行についての解釈的判断にも同じことが言える。こうした解釈的判断の客観性を信じる人々にとっても、その客観性は色の客観性と同じようなものだと論じることができれば、重要な戦利品になるだろう。客観性は、それが意味をもつために人々の経験や知覚からの独立性を要請する必要はない。解釈的判断が色についての判断と似た仕方で客観的であるとすれば、それはかなり望ましいことである。

穏当な客観性はどのように成り立っているのか。この点に関するコールマンとライターに特有の着想——理想的な認識条件下での知覚——は魅力的ではあるが、問題がないわけではない。倫理的判断、法的判断、あるいは社会的慣行の解釈的判断にとって理想的な認識条件とは何かを特定することは、簡単な課題ではないからだ。法的判断にとっての理想的認識条件に関するコールマンとライターのリストは、コニー・ロザッティが指摘しているように、彼らがおそらくそう考えているほど自明なものではない。たとえば、コールマンとライターは、理想的な裁判官について、数ある規準のなかでも、「最大限に共感的で想像力に富んでいる」べき、という規準を挙げている。[32] だが、最大限に共感的であるとは何を意味するのかを特定するのは容易でない。この点をロザッティは正確に指摘している。[33] この批判点を目下の問題に立ち戻って適用して、単一の性に特化したトイレはジェンダー自認が曖昧な人々を貶価するかどうかを決定するための理想的認識条件を、私たちはいかに特定すべきかを考えてみよう。最大限の共感は、ジェンダー自認が曖昧な人々の立場を採用するように要求するのだろうか。その人々の立場を無批判に採用することを単純に要求することはできないはずだ。さもなければ、穏当な客観性は、理想的認識条件下での判断ではなくなり、虐げられた当事者側の判断に――その判断にどんな利点があるにせよ――なるからである。この見解を採るならば、悪質な差別に関する訴えはどんなものでも正統だということになるだろう。だが、これは客観的であるようには見えない。むしろ、一つの特定の観点を採用しているだけである。

この問題をどう切り抜けるかについての私のおおまかな考えは、虐げられた人々の観点にはきちんとよく耳を傾けるべきだが、同時に常にその価値については独立した評価を行わねばならない、というものである。これは最大化された共感だろうか。あるいは穏当な共感だろうか。このようなラベルを貼り付けることが役に立つようには私には思えない。人はどれくらい共感するべきであるのか。そして、おそらくはもっと重要なことに、この共感的反応をどのように扱うべきなのか。これらを特定することは容易でない。

客観的判断を生み出す理想的な認識条件を十全に特定することに関するこの困難さは、先に確認した客観性の第一の意味に関係している。この章を始めるにあたって私は、社会的慣行に関する解釈的判断が「客観的」でありうるかどうかを評価するために重要となる、客観性の二つの意味を挙げた。第一に、ある人の判断が客観的であるのは、その人がバイアスから自由であり、決定を下す際に関連性のある規準だけを採用しているときである。この意味での客観性は不偏性にかかわっている。第二に、ある判断や主張が客観的であるのは、それらをテストするための事柄に関する本当の真実が存在するがゆえに、それが真または偽でありうるときである。ここまで私たちが探究してきたのは大部分、解釈的判断が第二の意味、つまり形而上学的な意味で客観的である仕方についてである。これらの判断は、物事が実際いかにあるかについて、それが真または偽でありうると主張しているのだろうか。この問いに答えるために、私たちは客観性に含まれると思われる三つの意味（最小限の客観性・強い客観性・穏当な客観性）を探究してきた。私たちはここまで、解釈的判断がいかに客観的でありうるのかをうまく把握するやり方を提供できないという点で、最小限の客観性と強い客観性を退けてきた。客観性に関する穏当な考え方に暫定的にではあるが解決を求めるなかで、私は、客観的真理を単なる多数派主義に還元することもなければ、人間の経験からの完全な独立性を要求することもない仕方で、これらの主張が客観的でありうる方途を探求すべきだという点に同意しようとしている。穏当な客観性の一つのバージョンは、客観的な判断を、理想的な認識条件の下で誰かに採用されるはずの判断として定義する。どのような条件が含まれるのかという問題に取り組む上で、私たちは、第一の意味での客観性、つまり、適切な規準だけを用いて不適切な規準は用いていないような決定としての客観性に立ち戻っていることに気づく。したがって、客観性についての方法論的な考え方と形而上学的な考え方はどちらも、客観的な判断に対する適切な規準を特定することを要求している。

私たちがひとまず落ち着くところは次のようになる。社会的慣行についての解釈的判断が客観的であるためには、これらの判断に関連性のある規準とそうではない規準を識別することができなければならない。それによって、社会的慣行を解釈する人々が（方法論的な意味で）客観的であることを確実にすることができ、また、人々の判断が（——客観性に関する穏当な考え方を用いた——形而上学的な意味で）客観的であるかどうかを述べることができるのでなければならない。こうしたことは可能だろうか。完全にではないが可能である。他者の観点に共感することが重要だという点について、コールマンとライターはたしかに正しい。また、理想的な認識条件についての彼らのリストには、理想的な裁判官は、「いずれの立場に賛成するのか反対するのかについて、個人的バイアスから自由」[34]であるべきだという項目がある。これは、法とは何であるかを判断するための理想的な認識条件に対する規準だが、この規準を社会的慣行の解釈に関する状況に当てはめることは簡単にできる。理想的な「裁判官」は、人々を区別する政策の影響を受ける人々の側に立つかそれとも反対の側に立つのかに関して、その人々が誰であろうと、個人的バイアスからは自由でなければならない。こうした規準は、関連性のある規準を関連性のない規準から区分けするのに役立つ。人々を区別する政策によって影響を受ける人々の主観的経験は関連性がある。この政策によって影響を受ける個々人に解釈者が感じるかもしれないような、好悪の個人的感情は関連性をもたない。これが出発点である。

だが次のような見解を抱いている人については、何を言うべきだろうか。ジェンダーを変えることは道徳的に間違っているとか、いずれかのジェンダーの明確なアイデンティティをもたないことは不健康だ、といった見解である。こうした見解は、ある決定を客観的でないものにする個人的バイアスとみなされるのだろうか。あるいは、次のような見解についてはどうだろうか。そういう立場（ジェンダー自認が曖昧な人の立場）があることとは分かるが、死活的な事柄が問題になっていないのであれば、多数派のプライバシーと安全性へのニーズが少数派のニーズよりも優先されるべきである。そして、この場合は死活的な問題ではない。このような見解は十分な共感の欠如を示しているのだろうか。これらの見方はいずれも、人が単一の性に特化したトイレを貶価するものとして知覚するかどうかに影響しうる。これらの問いやこれらに類似した問いに答えることは容易ではない。私たちは、適切な規準と不適切な規準の対立についてある程度分かっているが、しかし、両者の間には広いグレーゾーンがある。

私はこの結果に驚きはしないし、解釈的判断の客観性の可能性をあきらめようともしていない。それはいくつかの理由がある。第一に、穏当な客観性という理念は有望だからである。解釈的判断についての客観性は、（ある慣行が貶価するかどうかについて）誰もが間違っている可能性を許容し、また、（人々が何を考えているかについての単なる不一致ではなく）見解の理に適った不一致を認識可能にするはずである。同時に、解釈的判断についての客観性は、どんな条件下で誰がどのように社会的慣行を知覚するかにかかわらずに、その慣行は貶価するかしないかだという要求はできない。それゆえ、穏当な客観性についての基本的な着想は、私たちを正しい方向に導くものだと私は考えている。第二に、私たちは、どの慣行が貶価するのかについて（他者との会話や、共感的な思考実験などを通して）より多くを学ぶにつれて、こうした判断を下すための理想的な認識条件とは何かについてもっとはっきりわかってくるだろうと思えるからである。最初にこうした条件をしっかりと把握して、その後、どの解釈的判断が貶価しているのかを決定するためにそれらの条件を用いるというようになっているのであれば、それは素晴らしいことだろうが、私はこのように事態が進むとは考えていない。解釈上の事柄についての客観的判断にとって理想的条件とは何かに関する最善の理解を用いることによって、私たちは、何が貶価するものとみなされるのかを学んでいくだろうし、同時に、どの慣行が貶価しておりどの慣行は貶価していないのかについて多くを学ぶにつれて、そうした理想的な認識条件とは何かについて学んでいくだろう。(35) この二つの探究は連動して進んでいくものである。

第三に、社会的慣行についての解釈的判断の客観性に関するこの説明の限界は、この領域だけに特有のものではない。むしろ、その限界は、法や道徳の客観性に関するありふれた哲学的懸念である。ペティットが考えたように、色がそうであるような意味で価値も客観的だとみなすことができるなら、それは重大な成果になるだろう。同じように、もし社会的慣行についての解釈的判断が、客観性という点で法や道徳の領域よりも大きな問題を抱えるわけではないとすれば、それも悪いことではないと、私は論じたい。つまるところ、本書は差別についての本である。本書の目的は、何が差別を不当にするのかについての一つの考え方を説明して擁護することにある。私が提案している見解は、人々の間に区別を付けることは、そうすることで貶価している場合には、不当だというものである。この立場は、慣行Xは貶価しているという判断は客観的でありうるのか、という問いを生じさせる。本節が与えた解答は、暫定的な肯定――穏当な意味で客観的でありうる――である。しかし、おそらくもっと重要なのは、この客観性についての懸念は、より一般的に法や道徳の客観性について私たちが抱く懸念、少なくともこれまで提起されてきた懸念と同じものだということである。だが、社会的慣行についての解釈的判断の客観性にとりわけ関係するような理由、すなわち、法や道徳の客観性に対する主張にも及ぶような理由とは別のほかの理由はあるのだろうか。今やこの問いに取り組む必要がある。

客観性についての特別な懸念

慣行Xは集団Yを貶価するという判断は、客観的であることができるかどうかという点でとりわけ問題含みなのだろうか。言い換えれば、法や道徳についての主張の客観性について一般に抱かれる懸念とは別に、こうした判断の客観性について懸念すべき理由があるのだろうか。この問いに答えるためには、このタイプの判断が客観性に関してとりわけ問題含みだと考えられる理由を特定しなければならない。第一に、人々を区別する特定の方針（policy）や慣行が、貶価するような仕方で区別しているのかどうかについては、大きな不一致が起こりやすいという点を挙げる人がいるかもしれない。第二に、人々を区別する社会的慣行が貶価するのかどうかは、当の文化の内部にいなければ知ることができず、したがって、そうした慣行についての判断にはどれも何らかのバイアスがあるか、どれも限定されたものだという懸念を抱く人もいるかもしれない。第三に、どの慣行が貶価するのかについて、真だとみなされることになる見解は事実上、多数派または支配的集団の見解になるので、したがって、このアプローチを採用することは、どの慣行が悪質な仕方で差別しており、どの慣行はしていないのかに関して、欠陥のある歪んだ判断を導くことになるだろう、という懸念を抱く人もいるかもしれない。そうだとすると、ここで私が提唱している理論は、権力者側の人々による正当化のための道具になり果ててしまうかもしれない。

見解の不一致

以上の懸念を個々に検討していこう。最初に、不一致が生じやすいという懸念から始める。人々を区別する多くの慣行が貶価するような仕方で区別しているのかどうかについては、論争的な慣行の場合についてはとりわけ、論争的でない慣行についてさえも、しばしば重大な見解の不一致が生じやすい。このことはたしかに真実である。アファーマティブ・アクションは、その優先措置によって援助された黒人学生を貶価するのだろうか。男性や女性に特化したカレッジは女性あるいは男性を貶価するのだろうか。保険における遺伝子差別は、疾患にかかりやすい遺伝的変異をもつ人々を貶価するのか。単一の性に特化したトイレは、ジェンダー自認が曖昧な人々を貶価するのだろうか。他方で、いくつかの慣行の意味については、見解の一致がかなり広範に生じやすい。公共の水飲み場の使用を人種で分離することは、黒人を貶価する。（法律などの）特定の専門職への女性の就業を妨げることは、女性を貶価する。

人々を区別する特定の政策が貶価するかどうかについての重大な見解の不一致が生じがちである一方で、広範な見解の一致が生じることも多い。では、不一致が生じる見込みが高すぎるということなのだろうか。高すぎるとはどれくらいのことなのか。他の多くの倫理的問題についても重大な不一致は存在する。たとえば、人工妊娠中絶は道徳的に許容可能かどうか。自殺や終末期の患者に対する自殺幇助はどうか。この節では、特定の慣行が貶価するという判断の客観性を気にかける特別な理由があるのかどうかを問おうとしている。これまで提示された第一の理由は、そうした事柄については重大な不一致が生じがちであるということだった。そうだとして、その不一致が、より一般に道徳的問題に関して生じる不一致よりもより広範に生じがちである（少なくとも重大な差がある）ようには私には思えない。したがって、不一致という事実は、社会的慣行についての解釈的判断の客観性に特別に当てはまる問題を提起しているわけではないだろう。

さらに、ある慣行が貶価するかどうかに焦点を当てることは、不一致を生み出すいくつかの事例においては、議論を変化させるのに役立つ。アファーマティブ・アクションが適切な例を提供している。今日、アファーマティブ・アクションに関する議論は（法的文脈でもそうでなくても）人種に基づいて人々を異なった仕方で扱うことが許容可能なのはどんなときなのか、あるいはそもそも許容可能なのかどうかという点に焦点を当てる傾向がある。このように問う代わりに、この実践はその影響を受ける人々の誰かを貶価するかどうかを問うならば、もう少しのところで職を得られなかったり、学校に入れなかったり、契約を結べなかった白人の候補者からなされる、アファーマティブ・アクションは悪質な差別だという主張は、かなりの程度まで掘り崩されるだろう。一例としてカレッジや大学について考えてみよう。アファーマティブ・アクションのプログラムは好成績を収めた白人学生が入学を許可されないという結果をもたらすかもしれないが、アファーマティブ・アクションの実践は、白人を白人であるから軽視するということを表現してはいない。この社会的実践の最善の理解についてはたしかに見解の不一致がありうるだろうが、それが白人を貶価するという主張に説得力はあまりない。ロナルド・ドゥウォーキンは、カリフォルニア州立大学理事会対アラン・バッキ事件（*The Regents of the University of California v. Allan Bakke*）における連邦最高裁判決に関する一九八五年の論文で、まさにこの点を主張している。バッキが大学に対して提起し得た申し立ての本質を精査するなかで、ドゥウォーキンは次のように問う。「彼［バッキ］は医学部から自らの人種を理由に締め出されたと述べている。彼は、彼の人種が偏見や軽蔑の対象であるがために締め出されたと言わんとしているのだろうか」。ドゥウォーキンは「このような連想は馬鹿げている」と結論している。[36] 白人が白人であるから排除されるという歴史は存在しないということが、この解釈に説得力を与えている。これよりもっともらしい主張としては、学部の決定は、黒人に低い合格基準を設定することが、黒人たちは知的に劣っているというステレオタイプに従っているように見えるがゆえに、黒人を貶価しているという主張がある。あるいは、学部の決定は、経済的地位の低さを能力不足のせいにするような能力主義的理解に適合するので、下層階級の白人を貶価しているという主張である。[37] このようにして、本書の理論は、論争的な政策に関する比較的良い論拠と悪い論拠を——たとえば、下層階級の白人に関する主張と、白人としての白人に関する主張——特定するのに役立つ。貶価するような仕方で区別を付けることを悪質な差別とする理論は、論争的な慣行についての見解の不一致を除去するわけではないが、こうした不一致を別の（私の見るところ、ずっと実りの多い）方向での探究に向かわせるだろう。

だが、ある慣行が貶価するかどうかに焦点を当てることは、侮辱にあまりにも敏感な人々、あるいは、人々を区別する慣行によって容易に傷ついてしまう人々を招き寄せることにならないだろうか。これは「不平不満を流通させる」[38] ことになるのではないか。もしそうなるとすると、このことは、私たちの共同体のように多様な共同体は一つの市民の徳という厚い皮をまとうことを奨励すべきである限り、深刻な懸念になるだろう。しかしながら、法や政策にこの説明を当てはめることが不平不満を流通させるという仮定の下では、この欠点は、悪質な差別に関する本書の説明が理論的に間違っていることを示唆するわけではない、という点にも注意すべきである。あるいはむしろ、それはこの説明を実践に適用すべきでないこととの一つの理由を提供しているのかもしれない。正しい理論とは何かという問いと、この理論を実践に適用する最善の方法とは何かという問いは、二つの異なった問いである。とは言っても、この説明が苦情の文化を促進するという点については、実践的な適用のレベルにおいてさえ、それを疑う理由が存在する。[39]

第一に、悪質な差別に関するこの説明は、ある個人や集団が貶価やスティグマを感じるかどうかではなく、ある実践が客観的に貶価するのかどうかという点に道徳的な不当性を基礎づけている。したがって、この説明が人々を特に過敏になるよう奨励するということはない。むしろ、この説明は、人々が貶価しているとみなす慣行について抱きうる不満を説明できるようにし、それと同時に、そうした慣行によって価値を低められていると感じなくなるような性格の強化にも資する。何らかの慣行によってある人や集団が貶価されたと感じているという事実は、その慣行が貶価するものとして最も良く解釈されるかどうかにとっては――関連性はたしかにあるが――決定的なものではない。

第二に、他者の苦しみへの共感的反応は、人々がその苦しみを乗り越えることを可能にするし、逆に、共感の拒否はその苦しみを増大させる原因になりうる。そうだとすると、何らかの慣行が貶価するような仕方で人々の間に区別を付けていると信じるとき、それはどのような仕方で信じられているのかを人々が説明できるようにする理論は、貶められているという感覚から人々を解放することになるだろう。この理論がひとたび人々の耳に入り知られるようになれば、この理論は人々が感じた不当さを概念化する方法を提供するのだから、人々は他の見解をもつ人々の立場を理解できるようになるだろう。多様な社会では、そうした理解の道筋が付くように働きかけることは決定的に重要である。

内部にいる人だけがアクセスできる

もしかすると、社会的慣行についての解釈的判断は、そうした慣行はその内部にいなければ理解も解釈もできないという理由で、客観的であることができないのかもしれない。そうだとすると、これらの判断は万人にアクセス可能なものではないし、アクセスできる人々にこれらの判断が提供できるのはバイアスのかかった判断か、偏りのある判断だけだ、というように反論は続く。この反論には二つの部分がある。第一に、その文化の外部にいる人々は、その文化のなかで区別を付ける慣行のどれかが貶価しているかどうかについて何も言うことはできないだろう。たとえば、ムスリムでない人々は、ヴェールをかぶるという慣行と、その文化的・社会的な重要性を真に理解することはできず、それゆえ、厳格なムスリムの女性がヴェールをかぶることが女性を貶価するかどうかを判断することはできない、と考える人もいるかもしれない。第二に、内部にいる人々の意見は、その人々が、当の慣行が本当のところどうなのかを見るために、自分の個人的な見地の外部に出て外側から当の慣行を眺めることができないことによって、損なわれている。ある文化の参加者は、それが本当のところどんなものなのかを見るために外部に出ることはできない。なぜなら、外側からの視点は当の慣行を読み解いて理解するために必要な文化的知識を含んでいないからである。かくして、板挟みになって身動きできなくなる。

しかし、これは正しいのだろうか。ある文化の参加者は通常、その文化的慣行の重要性を部外者よりもより良く理解しているが、いつもそうだというわけではない。たとえば、何かにあまりに親しみすぎていると、それゆえにそれをよく見たり理解したりすることができないということがありうる。また、ある人がその文化の成員でなく、その文化の慣行や儀礼の参加者でないという事実は、その人が想像を介してその文化に入り込むことを不可能にするわけではない。ジョセフ・ラズが指摘するように、ある文化には外部の人はアクセスできないという主張は信じがたいものである。ラズの議論によれば、この主張は、「人々は一つの文化の概念だけしか獲得する能力をもたない」という「信じがたい想定」を必要とする。[40] よりもっともらしい主張とは、他の文化の慣行の意味を理解するには、時間、投資、開かれた態度が必要だというものだ。このことはたしかに真であり、自分たち自身とは異なる文化の慣行を解釈し判断するときには――健全な程度の謙遜に加えて――心に留めておくべき重要性な事実である。

では、内部の人はどうなっているのだろうか。文化的な意味を帯びた慣行に外部の人はアクセスできないという考えに反対する議論も、内部の人の判断がいかにバイアスのかかった偏ったものになりうるかを強調する。外部の人の判断もおそらく似たり寄ったりであり、いずれにしてもど、こ、か、ら、の、見解である。トマス・ネーゲルが述べたように、もし客観性がどこでもないところからの眺めであるとすれば、[41] 客観性なるものはその意味では達成不可能なものになるのではないか。

社会的慣行(それが私たちのものであれ、他者たちのものであれ)の理解は、文化や慣行について私たちが知っている事柄を当てにすることを要求する。その限り、それはどこでもないところから知りうるような種類の知識ではありえない。文化的慣行は、現実にあるいは想像の上で、それらの文化的慣行に自ら入りこむことを通じて、理解される。想像的移入であっても、自分が知っており慣れ親しんでいる概念や文化的慣行とのアナロジーや類似性を当てにする必要がある。繰り返しになるが、私は、このことは文化的慣行についての判断の客観性にとって必然的な問題だとは考えていない。人が知り理解しなければならないのは、文化、歴史、物事を行う仕方である。これらの詳細な知識が、文化的慣行が何を意味するかについての判断の形成を可能にするのである。

このことは、ある慣行について下される――たとえば、その慣行は貶価している、という――道徳的判断が、当の文化やその伝統に何らかの仕方で相対的である、ということを意味するわけではない。当の慣行が何を意味するかということは、もちろんその文化に相対的である。帽子を脱ぐことは異なる文化では異なった意味をもつ。しかし、他者に尊敬を示すことにはどこであろうが道徳的価値がある。

文化的ヘゲモニー

最後に、支配的文化の慣行はほとんど問題にされることがなく、従属的文化の慣行は貶価するものとして判断される見込みが高いのではないかという懸念を抱く人もいるかもしれない。このようなことは、ある文化の成員が他の文化の慣行を検討する場合や、ある文化の支配的な集団の成員がマイノリティ集団の慣行を検討する場合に、起こりうる。そうした偏った判断の原因に悪意は必要ない。たとえば、単一の性に特化したトイレは自分たちを貶価しているという、トランスジェンダーの人々による主張は、その慣行が誰かを貶価しているとは端的に思わない非トランスジェンダーの人々によって即座に退けられてしまうかもしれない。後者の人々は、このトイレを、大部分の人々のプライバシーに関する選好に配慮するための理に適った方法だとみなしている。人々を区別する方針というものは常に勝者と敗者を生み出すものなのだから、ある人々の選好に配慮が払われていないという事実からその慣行が非難されるいわれはない。ここで重要な問いは、差別的な慣行が敗者を貶価しているかどうか、あるいは単純に、価値ある何かをその人々に拒んではいないか、である。(支配的集団や支配的文化に属する)権力をもった人々による解釈的判断は、マイノリティ集団の主張を、それがこの集団の利益になるものであっても、繰り返し拒否するという風に、いつも決まって欠陥を抱えたものなのかもしれない。

解釈的判断の客観性に関するこうした留保について銘記すべき第一の事柄は、この留保が提起している反論は、このタイプの解釈的判断の客観性ではなく、特定の解釈的判断の客観性に対するものだ、ということである。ポステマによるタイプ客観性とトークン客観性の区別を思い出そう。タイプ客観性は、問題になっている種類の判断が客観的でありうるかどうかに関するものであり、したがってポステマの用語では「適格性概念」である。対照的に、トークン客観性は、何であれ――客観性が可能なタイプに属する――特定の判断が実際に客観的でありえているかどうかに関わっており、したがって、ポステマの用語では「成功概念」である。[42] マイノリティ集団の慣行に関する支配的集団（ある特定の文化のなかで意思決定を左右することができる人々）による判断にはバイアスがかかっている見込みが高いと主張する場合、これらの判断が客観的であることに成功しているかどうかについての主張がなされている。したがって、この反論は、当初思われたよりも、もっと限定された、もっと内側に向いた（すなわち、この主張が正当かどうかを決定するためには特定の判断を注意深く見る必要があるという意味で）ものである。

　とはいえ、この反論をより詳細に検討してみよう。これは、私が提唱しているような理論が現実の世界のなかでどのように展開する見込みが高いかという点について、重要な実践的懸念――つまり、支配的集団の支配を強化する見込みが高いという主張――を提起している。第一に、本当にそうなのだろうか。私は、差別はどんなときに不当になるのか、あるいは差別は不当なのかどうかに関する理論が、それがどんな理論であれ、どの程度まで支配的社会集団の支配を激化させたり、あるいは改善したりするのかという点については、懐疑的である。支配的集団が権力を譲るためには、その集団は、自分たちがしていることが不当である場合には、それが不当であることを認識しなければならない。たしかにこの理論はその不当性をもっと明確にするかもしれない。けれども、人が自らの考えを変えるためには、自らの行為を評価するためにどういう理論を用いるにせよ、物事を違った仕方で見る能力が必要である。

第二に、さらに重要なことに、たとえ私の見解を採用することが支配的社会集団による支配をもっと悪質なものにする見込みがあるとしても、その事実はこの理論を理論的なレベルで拒否する理由を与えるわけではない。客観的ではありうるが、判断が粗末なものになりやすいという場合には、政治や法の意思決定者が公共政策を決定する際に用いるテストを別のものに置き換えるべき理由がある[43]。もし（何が悪質な差別に数え入れられるべきかについての）別のテストが、ある分類が貶価しているかどうかを直接検討するように意思決定者に問うよりも、正しい結果に至る見込みが高いのならば、このことはその別のテストを採用する理由になる。しかし、この見方を採用するためには、何が正しい判断とみなされるのかについての考え方を先にもっていなくてはならない。この考え方は、置き換えられたテストと同時に採用されるような決定ではありえない。それであれば、循環に陥ってしまうからである。その考え方は、差別がどんなときには許容可能であり、どんなときには許容できないのかについての正しい理論を使った正しい決定でなければならない。この理論の価値は、人々がそれを間違って適用する見込みが高いかどうかという観点からは評価されえない。

　最後に、ある分類が貶価しているかどうかに焦点を当てるように人々に求めることが、解釈的判断へのわずかな余地しか認めない代わりのテストよりも、より不正確な決定を生み出すことになるとは、私は思わない。特定の慣行がその影響を受ける集団のいずれかを貶価するかどうかという問いに直截にかつ明示的に焦点を当てることは、支配的な立場に欠陥がある時にはその欠陥を明らかにするのに役立つだろう。そのことは、支配的集団の見解――代わりに用いられるテストをこの集団がどのようにして採用するのかに影響する見解――に対する批判を促すことになる。したがって、このアプローチを用いることは、最終的には、支配的集団が、差異化を含んだ自らの慣行を認識し理解するその仕方に、より現実的な動きをもたらすことになるかもしれない。

　要約しよう。人々を区別し、人々を異なる仕方で扱うことは、どんなときに道徳的に不当なのだろうか。この差異化が貶価する場合である。人々は、実際のどの慣行が貶価するのかについてはなかなか一致しない傾向がある。この不一致を完全に消し去ろうと望むことは、どんな理論にもできないだろうし、そのように望むべきでもない。私が提唱する理論は、この不一致を正しい問いに向かわせるのに役立つ。もちろん、私たちは、一つの社会として、不一致――差別がどんなときに不当であるのかについての不一致であれ、それ以外のどんな不一致であれ――に対処するためのメカニズムを必要としている。私たちの社会では、それらの方法には民主主義的で法的な意思決定が含まれる。

第Ⅱ部　差別の難問に対する別の解決案を検討する

第II部への序論

差異化する行為はどんなときに悪質な差別になるのか。第II部では、私の見解とは違う仕方でこの問いに答えようとする、三つの別のアプローチを検討する。それらの見解は互いに競合しており、包括的な代替ヴィジョンとして提示されることはないだろう。しかしながら、それらの見解は、差異化する行為が悪質な仕方で差別しているかどうかを評価する際には、私が提示した原理以外にもいくつかの原理が関連していることを示唆している。そうだとすれば、これらの見解は、第I部で提示した理論に対する異論を唱えるものでもある。

第四章で、私は実績の概念を考察する。実績をきちんと尊重していない区別は悪質であると考えたり、あるいは、実績に応じて区別が付けられる限り、そのような区別は少なくとも仮定の上では妥当だと考えたりする人はいるだろう。では、なぜこのように考えるのだろうか。次のように人は考えるかもしれない。すなわち、私たちが、人格の同等な道徳的価値へのコミットメントから出発するのであれば、別様にふるまうべき十分な理由がない限り、おそらくこの道徳的価値の平等が人々を同じように扱うことを要求するだろう。そうだとすれば、実績はそのような十分な理由を提供するものである、と。第四章で私は、実績はむしろ不確かな考え方であることを論じて、こうした見解に反対する。実績は、従業員を雇ったり学生に入学を許可したりする人物や組織が（例としてこうした文脈を挙げるとすれば）求めているものにすぎない。したがって、そうした選好に道徳上のパスを与えるべき理由などない。

しかし、ではなぜ実績に基づいた選抜は賞賛に値するように——悪質な差別とは対極的であるように——思われるのだろうか。一つには、歴史的説明があるだろうと私は考えている。たとえば、実績に基づく雇用は、悪質な差別であった慣行、つまり、黒人、女性、宗教的・民族的少数派を雇用することを拒んでいた慣行からの脱却の一部である。しかし、このことは、実績に基づきさえすれば雇用に関する慣行が正しいものになるということを意味してはいない。実績に基づく雇用への移行は、貶価する悪質な差別から離脱するための一路を提供するにすぎない。第二に、場合によっては、貶価せずに差異を付けることと実績に基づいて選抜することとに結びつきがあることももちろんある。実績を成り立たせる規準によっては、これらの規準に従った決定はたいてい、選抜された人々に侮蔑ではなく尊敬を表わすことになる。それゆえ、実績に基づく選抜は、ほとんどの場合、貶価するものではない。この重なり合いは、どんなときに差別は不当であるのかについての評価になぜ実績が関連しているように見えるのかを部分的には説明する。しかしながら、この説明において実績に基づく特定の選抜が許容可能だとされる理由は、それが貶価していないということにある。この点を強調することは重要である（もっとも、その選抜が貶価するものでない理由の一部に、それが実績に基づいていることが含まれるということはありうる）。さらに、この見解において、実績に基づく選抜は、実績に基づいているにもかかわらず、貶価することがありうる。そして、実績を無視した選抜でも貶価していないことがありうる。それゆえそうした選抜は悪質な差別ではない。

第五章はこの点に関連する見解を考察している。人々を道徳的に平等な者として扱うためには、人々の間に区別を付けることに何らかの理由（それも明らかに悪い理由ではないような理由）が必要になるし、それゆえに恣意的な差異化は道徳的に悪質だ、と考える人もいるかもしれない。第五章で、私は、恣意的であること自体は、平等への配慮を根拠とする不正ではないことを主張して、この見解に反対する。この見解は、特定の組織（なかでも特に国家）には、自らが影響を与えたり支配したりする人々を恣意的な仕方で扱うことがないように要求される、という可能性を残している。しかし、そうした要求があるとすれば、それは組織や役割に内在的な要求であって、人々を道徳的に平等な者として扱うべきだという道徳的要求に由来するものではない。

では、別の仕方で考えるのはどうだろうか。なぜ恣意的な分類が悪質な差別の明白な事例だと思われるのだろうか、と。一つには、恣意性は平等にとって問題になるという直観は、理由を欠いた決定、とりわけ人々に重大な帰結をもたらす決定に対して私たちの誰もが感じる、ごく自然な憤りに由来する。たとえば、候補者の誰を雇用するかを選別している人が、火曜日はTの日だから、名前がTから始める候補者を雇うことにしようとその日に決めた、と言うとしよう。この場合、私たちは、そのような決定が生みだす無駄とそれが具現化している馬鹿馬鹿しさに強い印象を受けるだろう。応募書類の選別という文脈で生じる無駄と馬鹿馬鹿しさへの憤りは、悪質な差別だという主張に好都合な拠り所を見いだすことになる。あるいは見いだせるように思える。第二に、恣意性が重要だと思われる理由の一部には、恣意的かどうかを識別することがしばしば、さらに問題を含んだそれ以外の規準の使用を炙り出すための手っ取り早い方法だということがある。名前がTで始めるという理由でトム・スミスを雇ったという雇用者は、本当は、彼が男性であるという理由で（あるいは、それ以外のさらに問題含みの規準を使って）トムを選んだのかもしれない。第三に、恣意的に行為することは、時として別の理由のために実際に重大な道徳的不正である。たとえば、教師には、学生たちがどれくらい良く課題をこなしたか（あるいは、どれくらい進歩があったか、どれくらいの努力が注ぎ込まれたかなど、学びの目標に関係する何らかの規準）に応じて学生たちの成績をつける責務がある。教師にとって成績を恣意的につけることは不当である。しかし、それは学生たちを悪質な仕方で差別しているからではない。むしろ、恣意的に成績をつけることは、それが教育上の任務の規範や価値観に背くために不当なのである。

第六章は別の見解を検討している。すなわち、少なくともある程度までは、問題なのは、法律、政策、慣行を採用する人物の意図や動機だ、という見解である。この見解は、とりわけ法の領域で影響力を誇ってきた。第六章で、私はこの見解に反対する。そして、行為者の意図によっては、当該の政策や慣行がどういうものであるか（たとえば、人種に基づいて区別を付けるものであるかどうか）も、特定の文脈における差異化が不当であるかどうかも決定されない、と主張する。だが、なぜそう考えないのだろうか。この見解はなぜこれほどまでに影響力を誇ってきたのだろうか。

差異化が悪質であるか許容可能であるかを判断するには意図が重要だ、という見解が頑強であることの理由は複雑である。それらの理由の全ての目録を作って説明し尽くすことは望めない。それでもとりわけ重要な二つの理由を指摘したい。第一に、人々の間に区別を付けることはしばしば、それを行う行為者に自由裁量があるような文脈で生じる。たとえば、誰を雇うかを決定しようとしている雇用者は、道徳的な観点から一人の特定の候補者を雇うことを要求されているわけではない（第四章で議論されるような、強いかたちの実績論を信じているなら話はまた別だが）。この雇用者の決定に影響を与えている規準（つまり、彼が考慮に入れた候補者の特徴）が何かを知ろうとするなら、私たちはこの人物の頭の中に入り込む必要がある。この事実のために、問題は当の人物の意図や動機であるかのように思われるのだ。混乱は、部分的には、裁判所などで意図という用語がしばしば、ずいぶんと緩やかに使用されているという事実に起因している。おそらくそうした場合、行為の評価は、人々の間に区別を付けるために実際に使われた規準を知ることでなされる、とだけ思われている。しかし、その規準が現にどういうものであるのかは、当の人物がその規準をどういうものだと考えるつもりなのかとか、その人物が何に動機づけられて特定の規準を採用しているのかといったことと同じではない。

第二に、ある政策や実践が悪質な仕方で差別しているという判断は、その政策や実践を定めた人物が道徳的な非難に値することを示唆している。非難に値するということは、その人に行為を制御する力があったことを示唆している。すると、当の人物の意図や動機が問題だということも示唆される。悪質な差別の多くは、意図的に採用されていたり、最も酷い場合には差別される人々を傷つけたいという願望に動機づけられていたりするので、道徳的な非難に値する。しかし、全ての悪質な差別がそうである必要はない。敵意ゆえにアフリカ系アメリカ人の労働者は雇わないと決める雇用者と、自分でも気がついていない人種的なステレオタイプに影響されている雇用者の間には違いがある。しかし、両者のうちの一方が道徳的に責められるべきであり、他方は責められるべきではない（あるいは前者ほどには責められるべきでない）という事実から、（人種に基づいて求職者の間に区別を付けるという）両者の行為の一方は悪質な差別だが他方はそうではない、と結論付けるように導かれる必要はない。

第Ⅱ部のこの序論の狙いは、悪質な差別を不当にしているのは何かという問いについて最もよく目にするこれらの代替的見解の魅惑を説明し、それに診断を下すことにある。以下の各章ではこれらの見解に反対する論拠を示し、第Ⅰ部で提示した見解に対して読者が抱いている最も頑な留保に願わくは応答したいと思う。本書は、よくある説明に代わる一つの別の説明を明確に表現し、その基本的な輪郭を描き出すことを狙ってはいるが、すべての疑問、異議、留保に答えられるなどという幻想を私は抱いていない。むしろ、以下の論述によってこのプロセスは開始される。それぞれの章はどちらかといえば独立して成り立っている。各章は、人々の間に区別を付けることはどんなときに悪質な仕方で差別しているのかという問いに関して、（実績、合理性、意図という）これらの要因のそれぞれの道徳的重要性に反対する議論として読むことができる。こうした意味で、これらの章は、第Ⅰ部の議論に心を動かされなかった読者にも興味深いものでありうるだろう。

第四章　実績・権原・功績

『テヘランでロリータを読む』という回想録のなかで、アーザル・ナフィーシーは、イラン革命の後、入学許可や雇用に関する大学の方針がどれほど変化したかを描写している。学生や教員は、学業成績や学問上の有望さに基づいて選ばれるのではもはやなかった。その代わりに、革命への熱意が受け入れのための支配的規準となった。[1]

「一九九二年以来、社会的責任のためのビジネス（Business for Social Responsibility（BSR））は、倫理的な価値観、人々、コミュニティ、そして自然環境の尊重を行動で示すようなやり方で成功を収めるために、あらゆる規模と業種の会社を援助してきました。[2]」

公立学校の英才教育プログラムや多くの私立学校の場合、入学を志願する三歳から四歳までの子どもには知能テストを受けることが求められる。入学が許可されるかどうかは部分的にその子どもの

得点に基づく。(3)

どんなときに、人々の間に区別を付けることは許容でき、あるいは、許容できないのか。この問いに関するよく知られた見解の一つは、実績の概念に依拠するものである。大雑把に言えば、実績とは、志願者を選別する企業に貢献すると思われる特性のことを指している。「出世の道は才能に開かれている(careers open to talent)」――実績原理の古典的定式化――は、その仕事を最も良く行うことができると思われる人々を諸々のポジションのために選別するように要求している。道徳的含意を何ら伴うことなしに、実績に基づく雇用原理を支持するということもありえよう。ある会社の長には、実績に基づく雇用を支持する十分な理由――たとえば、自分の会社の利益――がある。これは実績に従うことの賢明な理由である。しかし、会社社長は実績に基づく雇用を採用するように道徳的に要求されているとか、そのようにすればその人は道徳的非難から免れるといったことが必然的に伴うわけではない。

実績原理には、道徳的な効力をもつ原理としての役割を、弱いかたちか強いかたちかで割り当てることができる。実績による選別が道徳的に命じられているのか(実績の道徳的原理の強いかたち)、あるいは、実績による選別によって人々の間に区別をつける方針は道徳的批判から守られるのか(実績の道徳的原理の弱いかたち)、という二つの役割である。

実績の道徳的原理の強い見解によれば、イランの大学が政治的な熱意のほうを優先して学術的な有望さを置き去りにするとき、大学は学術的に最も優れた学生たちの受け入れを拒否する点で不当にふるまっている。学生の学術的な実績は学生に大学における地位への権原を与える(entitle)ものだ。しかし、大学側は、受け入れの規準として実績を現に採用している、と答えることができるのかもしれない。大学は、実績に関してアーザル・ナフィーシーとは異なる――政治的な所属先を最高位におく――考え方をもっているだけなのだ、と。このような回答には問題があると思われるなら、先に挙げた「社会的責任のためのビジネス（BSR）」の企業ミッションのことを考えて欲しい。ビジネスの文脈においては、実績に基づく雇用の手続きが、仕事を最も良く行うことのできる従業員を選ぶことを会社に要求するだろうと思われるかもしれない。けれども、地元コミュニティを配慮するがために、会社は、地元に求職者がいればその人をいつでも雇用するという方向に向かうかもしれない。実績に基づく雇用からこのような逸脱が生じた場合、この逸脱は許容不可能なのだろうか。「価値観」へのコミットメントゆえに、仕事をうまくやれなくなった病気の従業員に代えて最も有能な人物を雇い入れるよりも、元の人物を雇い続けることが正当とみなされることもあるだろう。このような実践――BSRの原理はこの考えを支持しているように見えるのだが――は、許容不可能なのだろうか。強いかたちの実績に基づく原理は、許容不可能だと示唆しているように思われる。

強いかたちの実績原理は、実績を功績（desert）に結びつけることによってもっと強くすることもできる。ただし、その説得力は減少する。より強くなった実績原理の定式化によれば、人々は実績に応じて扱われるに値する（deserve）のだから、実績原理からの逸脱は道徳的に不当である。この見解に特に説得力がないように思われるのは、実績の基礎となる特徴――仕事、学校、スポーツなどにおいて、物事をうまく成し遂げる能力――が、生まれつきの頭の良さや運動能力のように、しばしば努力なしに得られた特徴の結果だからである。(4)

弱いかたちであっても、実績の道徳的原理は問題含みでありうる。弱いかたちの実績原理に従う限り、標準的な知能テストの計測の結果として高いＩＱをもつとされた学生が一般に、ＩＱがより低い学生よりも学校でより良い成績を収めるのであれば、英才教育向けの公立幼稚園、私立の幼稚園以前プログラム、あるいは私立幼稚園への入学に関して、最もＩＱの高い生徒を選ぶということは道徳的に許容可能ということになろう。しかし、多くの人は、それほどまでに幼い子どもたちをテストして、そのテストに基づいて学校としての判断を下すという発想に対して、憤慨しないとしても、ためらいがちな反応をする。このことは、実績による選別が常に許容できるわけではないことを示唆しているのだろうか。

本章で、私は、実績による選別は道徳的に命じられているわけではないし（強いかたちの実績の道徳的原理）、人々の間に区別を付ける方針を道徳的批判から守るということもない（弱いかたちの実績の道徳的原理）という議論を展開する。そのために、冒頭で挙げた三つの事例をその他の事例とともに用いることにする。この議論は、第Ｉ部では未決定のままにしておいた懸念に関係している。第Ｉ部で、私は、人々の間に区別を付けることは、人格の同等の道徳的価値を尊重し損ねる場合に道徳的に悪質になると論じた。加えて、私は、貶価するような区別は、人々を道徳的に平等な者として扱い損ねているために悪質であると論じた。ただし、貶価することのない差異化でも人々を平等な者として扱い損ねることがありうるのかどうかという可能性については、未決定のままにしていた。先に特定したような、強いかたちの実績原理（人々には実績に応じて判断される権原がある、あるいは人々はそのように判断されるに値する）は、貶価することのない差異化が人々を道徳的に平等な者として扱い損ねるのはいかにしてなのか、またなぜなのかに関して、一つの説明を提供しうる。この強い実績原理が擁護可能なのだとすれば、実績を無視した選別規準は、人々を、それへの権原をもつ者として、またそれに値する者として処遇していない、ということになるであろう。すると、人々を道徳的に平等な者として扱い損ねるに等しいということになりうる。

あるいは、弱い実績原理が正しい——したがって、実績に基づく選別規準は批判を免れる——とすれば、この原理は、第Ⅰ部で提示された悪質な差別の説明に異議を唱えることになるだろう。弱い実績原理によれば、選別規準が実績に基づいているという事実によってその選別規準は道徳的批判から守られる。したがって、実績に基づく雇用であれば、貶価するものであっても、道徳的に許容可能だということになるだろう。これは、一見したところ、第Ⅰ部の説明によって拒否された見解のように思われる。

実績とは何か

実績の概念は論争的なものである。本章の最初に挙げた事例に対する反応のそれぞれには、実績についての相異なる考え方が示されている。別の言い方をすれば、先に言及したような選別規準が道徳的に許容されるかどうかについてのさまざまな見解は、実績についての異なる考え方への執着を反映しているにすぎないのかもしれない。この事実から、実績は有益な概念ではないという結論に至る論者もいる。実績の概念の意味は厳密さをあまりにも欠いており、物事を明瞭にするよりも不明瞭にする程であるから、実績そのものの概念を使用するよりも、実績についてのそれぞれの考え方を生み出している実質的な問題について論じるほうが好ましいだろう、と[5]。

クリストファー・マクラッデンは、次の四点を探究することを提案している。彼の見解では、これらの探究は、実績に関する考え方のなかでも影響力のあるいくつかの考え方の輪郭を描くために有益である。

1.「実績は何から成り立っているかという点に関わる限界や制限についての相違[6]」がどうなってい

るか。たとえば、労働者が地元のコミュニティの出身であるという事実は、実績の一側面でありうるだろうか。別の言い方をすれば、「実績」を構成している特徴は社会的に有益な特徴でなければならないのだろうか。あるいは、どんな特色を含んでいてもよいのだろうか。

2.「「仕事」とはどのようなものだと考えられるのか、という点についての相違」がどうなっているか。マクラッデンの焦点は雇用の文脈における実績の概念にあるが、この規準は他の文脈――つまり、ポジション（学校やスポーツチームでの仕事や地位などを含む）とはどのようなものだと考えられるのか、という点についての相違――にも拡張されうるだろう。たとえば、この問いは、大学教授の仕事や大学生の役割には何があるのかという問いへと注意を喚起するだろう。この問いは、雇用者や学校が自分自身で定義できるようなものなのか、それとも、その定義には外側から課される制限が存在するのか。ビジネスの役割とは単に金銭を稼ぐことであるのか、それともそれ以外のコミットメントによってこの目標が抑制されてもよいのだろうか。

3.「仕事と実績規準との間の「適合」はどの程度であるか、という点についての相違」はどうなっているか。四歳児には協調性がある日とそうでない日があるという事実は、この集団に対する知能テストの信頼性に著しく影響を与えるように思われる。（これが本当だとすれば）四歳児のＩＱテストの得点を実績の一側面とみなしてよいかどうかという問いにとって、この事実は重要だろうか。たとえば、賢い四歳児でもテストの前日によく眠れなかっただけで、ＩＱテストではうまくできないことが多いとすれば、このテストの得点は学業能力を不十分にしか予測できないだろう。

4.「実績にはどのような地位が割り当てられるべきか、という点についての相違」はどうなっているか。私たちが実績とは何かを特定したとして、そのとき、この主張によって何が認められることになるだろうか。ある四歳児は別の四歳児よりもＩＱテストの高い得点を取っているという事実ゆえに、その子どもには何らかのプログラムや学校への入学を許可される権原があるのだろうか。このことは、その子どもが入学を許可されるに値するからだろうか。その子どもは入学を許可されるに値しないにもかかわらず、その権原はあるという場合がある。その場合、その子どもに権原があるのは、単に、ＩＱテストが入学許可を決定することになると、その学校あるいはプログラムが公表したからにすぎないのか、あるいは、何か別の理由があるのだろうか。権原は、単に正統な予期に相関しているにすぎないとしよう。その場合、大学の入学許可に関する方針が今後は明示的な革命的熱意をもつ志願者を優先するという、イランの革命政権の明快な政策表明によって、学術的に優れているのに入学を拒否された学生の権利要求は無効になるのだろうか。同様に、熱心な革命支持者に大学の教職員と学生全体に座席を占める権原が与えられることになるのだろうか。

〈常識的な意味での実績〉対〈構築された実績〉

第一の問いと第二の問いに対する答えには実績についての考え方が見いだされる。それらの考え方は、常識寄りのものとして記述されるか、あるいは、むしろ構築されたものとして記述されるかのいずれかが可能である。常識的な実績ということで、私は、実績という語が日常的に使用される仕方に適合した実績の意味を示唆しようとしている。しかしながら、実績のこの意味が常識的な語の使用法を反映しているという事実は、この意味がそれゆえに正しいということを意味するわけではない。むしろ、私は、実績の常識的な考え方は不確かなものであり、この考え方の根底にある論拠は、結局、実績についてのより構築的な考え方のほうを導くことを論じる。この点は実績に基づく議論にとって一つの問題である。というのも、実績の構築的な意味は、直観的にはあまり道徳的に訴える力をもたず、それゆえに実績は権原や功績を必然的に伴うという議論を正当化できないからである。

　実績を構成する特徴を社会的に有益なものに限定する考え方は、実績という語の常識的理解に最も良く適合するように思われる。技能や能力は、人々が一般に実績を構成するとみなしているものである。社会的に有益でないような特色――たとえば、その人がどこに住んでいるか――も実績を構成することができると述べることは不自然に思われる。というのも、実績は一般的に積極的な何かだと理解されているからである。ある人物ＸがｍのためにポジションＹにふさわしいとすればZ、それは、ｍがＸについての何か良いことだからである。何かにふさわしいとは一般に賞賛の言葉である。ロバート・フーリンワイダーとジュディス・リヒテンバーグはこの点に同意して、実績という用語を技能と才能に限定すべきだと論じている。というのも、それが「私たちの日常的な語り方に実にぴったりと適合している」からであり、また、私たちは技能と才能というこれらの特徴をその他の関連性をもちうる特徴から区別することをなおも望むだろうと彼女たちは考えるからである。またそれゆえに、「私たちは、「個人的な技能と才能」（「実績」と呼ばれていたもの）を、大学が考慮するかもしれないその他の規準から区別するために、競って新しい用語を発明しようとしていることに気がつくはずだ」とも考えるからである[7]。（彼女たちの議論は、大学への入学許可の文脈における実績に焦点を合わせている。）マクラッデンにとっても同様に、「普通の「常識的」な実績」と彼が呼ぶ実績の考え方においては、実績を構成する特徴は社会的に有益なものでなければならない[8]。

問題になっている特定の職やポジションに関して一層限定的な概念を用いた実績についての考え方もあるが、これも、私たちが実績について一般に語る仕方によく合致している。そのため、この両者（社会的に有益な特徴と、限定的に定義されたポジションの記述）によって、私が実績についての常識的な考え方と名付けるものは定義される[9]。たとえば、ジョニー・デイモンはレッドソックスのために二〇〇四年のシーズン（この年、レッドソックスはワールド・シリーズを制した）を戦ったが、そのとき、彼はその野球の技能だけでなく、その容姿のために目立ってもいた。その長い髪と髭ゆえに、彼のファンたちは彼を「原始人」と呼んだり、まるでイエス・キリストのようだと言ったりした。レッドソックスのファンは、「WWJDD」と描かれたTシャツを着ていた。この文字は「ジョニー・デイモンならどうするだろう？（What would Johnny Damon do?）」を意味しており、キリスト教原理主義者の「イエス様ならどうなさるだろう？（What would Jesus do?）」を明らかに真似たものである。レッドソックス球団が、デイモンの人気は部分的には彼の容姿によるものであり、その人気のおかげでチケットの売り上げがあがったと判断したと想定してみても不当ではあるまい。そうだとすれば、彼の容姿は野球選手としての彼の実績の一側面だということになるのだろうか。実績についての常識的な考え方によれば、答えは否だろう。この考え方によれば、プロ野球選手の仕事は、打ち、走り、守ること（あるいは、ピッチャーを雇っているのであれば、投げること）が上手にできることによって定義される。もちろん、これらの技能の間の（たとえば、打撃と守備の）適度なバランスについての問いは残る。とはいえ、プロ野球選手の仕事はチケット売り場の収益を伸ばすことではない。したがって、デイモンの容姿と、その容姿がチケット売り上げの増加という目的に果たした貢献は、重要な関連性をもたない。実績についての常識的な考え方によれば、彼の個人的な魅力は、野球選手としての彼の実績の一側面ではないのである。

しかしながら、実績についてのこの考え方は不確かなものである。それはたしかに私たちが実績という語によって言わんとしているものではあるだろう。けれども、なぜ、実績を形成すると認められる特徴は私たちが通常、社会的に有益だとみなしている特徴でなくてはならないのか。あるいは、なぜ私たちは、職に関する記述を慣習的な境界内に制限しなくてはならないのか。これらの点を理解することは難しい。実績についてもっと厳密に考えていけば、これ以外の特色が文脈によってはいかに有益であるか、また、人々が活躍する仕方が、その役割に関する狭い考え方を超えていかに著しい影響力をもつかを、私たちはきっと理解することになるだろう。

実績についての常識的な考え方が一見、実に賢明であるように思われる事例として、いくつかの例を考えることにしよう。例として医師を取り上げよう。医師として雇われるべき、あるいは、医学部に入学を許可されるべき人物に関する実績として、何が数え入れられるべきだろうか。医師にとっての実績として数え入れられるべきは何かを確認するためには、まず、医療の目標は何であり、腕の良い医師は何を行うのかを決定しなくてはならない。実績とはこのように、多くの事柄に関係する概念である。単純明快な実績なるものは存在しない。たとえば、医師にとっての実績は理容師にとっての実績とは異なる（もっとも、かつての医師はしばしば理容師でもあったので、常にそうとは言えないが）。医師の目的とは、常識的な考え方によれば、病人を治療することであり、少なくとも危害を与えないことである。(10) 医療の目標は、病人を治療し、医療エラーを回避することであるとすれば、医師にとっての実績は、医学的知識、（外科医のように、患者に物理的処置を施すことが求められる医師にとっては）専門的技能、あるいは、知識を個別のケースで十分に活用したり、診断が標準的な医療カテゴリーに当てはまらない場合に創造的に思考したりすることを可能にするような種類の知性から成り立つことになるだろう。

医師の役割についてのこのような単刀直入な説明と、こうした説明に適合する実績についての考え方は、少し考えてみるだけでも、あまりにも狭いことが判明する。病気の適切な診断と治療はたしかに医師の役割にとって中心的であるが、診断と治療だけが医師が全うしている職分だというわけではない。必要な場合には、苦痛の緩和も重要である。さらに、医師は、患者に対して、十分的確に、かつ思いやりをもって、治療の選択肢について説明することができなくてはならない。最後に、仮に医師の役割が病気の診断と治療に限られていたとしても、知識・技能・知性から成る実績の三つ組では、医療の目標の達成に関連性のある素質を汲み尽くしたことにはならないだろう。正確な診断に関連性のある情報を引き出すために、医師の個人的な話し方や態度が助けになったり、あるいは妨げになったりするかもしれないのである。タフツ大学医学部でかつて学部長を努めたルイス・ラザーニャは、ヒポクラテスの誓いの現代版において、以下のように書いている。すなわち、正しく理解されるならば、医師の役割には、「科学だけでなく医療の術が存在することや、温かさ、共感、理解が、外科医のメスや薬剤師の薬よりも重要になるかもしれない」ということ、そして、腕の良い医師は「「知らない」と言うことを恥じることはないだろうし、他の人の技能が患者の回復のために必要となれば、同僚に必ず助けを求めるだろう」ということを「心にとどめておく」責務が含まれる、と。(11)

医療の目的についてのこの広いほうの考え方は、実績についてもこの考え方に適したより広い考え方を生み出す。謙虚さと思いやりが中心にある。さらには、医師の役割についてのこの広いほうの考え方も依然として個々の患者を治療する際の医師の職分に焦点を合わせているが、このような考え方で落ち着くことができるわけでもない。医療サービスが行き届いていない人々に医療を提供しようとする意欲を、医師の役割に含めても不合理ではない。とりわけ、医学部への入学許可の文脈においては不合理ではないし、のみならず、さまざまな専門領域の研修プログラムを受ける許可をどの医師に与えるかを選ぶ場合や、さらには、診療所や病院で経営側につく医師を選別する場合でさえ、不合理でない。そうすると、遠い田舎のコミュニティや、都会でも医療サービスが行き届いていないコミュニティ、あるいは訓練を十分に受けた医師が少ない発展途上国での実習をやりそうな医師あるいはその志望者は、そうした場所での実習をやりそうでないほうの人たちよりも、実績があることになるだろう。では、満たされていない医療ニーズを満足させそうだと思われる人々、それゆえに、部分的にはこの理由で当該のポジションにふさわしい人々とは誰のことなのだろうか。たしかに、人々が実績のこの側面をもっているかどうかを識別するのは難しいことではあるだろう。しかし、いくつかの戦略がある。医学部や研修プログラムは、医療サービスが行き届いていないコミュニティに医療を提供するために特定の年数を費やそうとしている志願者を優遇することができるだろう。あるいは、これらのコミュニティ出身の志願者は平均的な志願者よりもコミュニティに帰って実習をやりそうだという説に基づいて、コミュニティ出身の志願者を優遇することもできるだろう。この代理指標はたしかに完全ではないが、しかし、実績のより伝統的な側面の証拠——たとえば、知性と知識を予測する指標としての医科大学入学試験（MCAT）——も同様に完全ではない。

要約すれば、実績についての常識的な考え方においては、社会的に有益な特徴だけが実績の側面とみなされ、また、実績を構成する特徴とは、問題になっているポジションについての狭い考え方を満足させるのに役立つ特徴のことである。しかし、この常識的な考え方は不確かなものである。ポジションについてここで検討している考え方はどれも論争の的になるだろう。良い医師であるとは、病気を診断し治療することに還元されるのか、それとも、人との思いやりのある触れ合いや、苦痛緩和への配慮、不愉快なものであっても本当の病歴を聞き出すような話し方、医療サービスが行き届いていないコミュニティへのコミットメントも要求されるのか。これらの構成要素の一部が良い医師であることに含まれるのであり、すべてが含まれるのではないのかどうか。そして、それぞれの構成要素は良い医師であることにとってどれくらい重要なのか。これらの問いにどのように答えるのかによって、どういった特徴が医療研修や医師のポジションへの志願者にとっての実績を構成するのかが決定される。これらの問いは、医学部、研修プログラムを請け負う総合教育病院、医師を雇用する診療所や病院が、候補者を選ぶときに答えようとする問いにほかならない。別の言い方をすれば、特定のポジションにとっての実績をどの特徴が構成するのかという問いは、人物が選別されようとしているそのポジションや役割とは何であるのかについての論争を組織内部で繰り返させることになる。医師であることは何を必要とするのかという問いを解決する方法はないのだとすれば、その限り、候補者Aはポジションにふさわしいという主張に依拠した議論のほとんどは、ポジションBの役割についての最善の考え方は何かについての議論に取りかえることができる。したがって、実績論は本当の作業をしているわけではない[12]。

今述べたこの主張は、役割についての考え方があまり練られていない仕事の場合には、もっと強くなる。結局のところ、医師の役割についてであればあまり激しい論争にはならないだろうと思った人もいるかもしれない。では次に、会社における労働者のポジションについて考えよう。この場合の役割は、職務明細書が課しているタスクをこなすことができることとして最もよく理解されるのだろうか。機械の部品を作る場合であれ、食べ物を調理する場合であれ、正確な会計記録をつける場合であれ、従業員を管理する場合であれ、そうなのだろうか。あるいは、こうした人々の仕事は、生産的な従業員であること——この場合、生産性は会社の収支によって定義される——として最も良く理解されるのだろうか。快活な料理人は接客係とうまく付き合えるだろうが、結局は、このことが従業員の離職率を低く抑えることになり、さらにそのことがレストランの収支に寄与するかもしれない。あるいは、ポジションが、雇用者に戻ってくる利益だけでなく社会的利益を含んでいることもありうる。たとえば、家庭の責務を負っている従業員たちの管理者が、パートタイムの仕事や在宅での仕事の機会を提供しているとする。この場合、管理者は、会社の利益を上げるのにごく普通に役立っていると同時に、子どもや依存的な大人の世話というどんな社会にも必要な重要な仕事を可能にしている点で、全体として実に生産的だとみなされるかもしれない。会社が自らの務めをこのように社会的責任を帯びたものとみなす場合、その会社は、社会的責任へのはっきりとしたコミットメントを含むものとして実績についても考えるのではないだろうか。

会社、病院、大学のいずれであっても、団体は自らの役割と務めを定義する。純粋に利益第一の会社なのか、社会的責任を負う会社なのか。これらの団体が自らを定義するやり方のいくつかに私たちは異論を呈するかもしれない。しかし、その異論はこの団体の役割に関する議論に基づいている。役割に関するこの議論が実績への影響を与えるのであって、その逆ではない。テヘラン大学が革命への情熱に部分的に基づいて学生に入学を許可しはじめたときに、これらの学生には実績が欠けているとか、知的に才能のある競争相手たちのほうが入学を許可されるにふさわしいといった主張をしても、実のところ、本当の議論に何も付け加えてはいない。つまり、本当の議論とは、大学とは何であるのかということについての議論である。アーザル・ナフィーシーの見解では、大学の内在的な価値（知識の探求、学生への教授など）は、この新しい入学許可規準によって損なわれている。要するに、彼女が議論しているのは、大学の本質を根本的に変更することなしに、入学許可規準を何であれ自由に採用するような権限は大学職員にはないということである。ナフィーシーの見解は、大学であるということには、どういった入学許可規準（および教職員の雇用と在職期間延長の規準）ならば許容可能であり、どういった規準ならば許容不可能であるかについて一定の制限が伴うと主張するものと解釈できる。政治的な所属先を規準として採用することによって、大学はその本質を劇的に変更することになり、結果として大学ではない何か――紛い物の大学と呼ぶことにしよう――になってしまうと、ナフィーシーは論じるだろう。実際、この大学は最終的に大学とはまったく違うものになっていく。彼女にはこのことがよく分かるわかるからこそ、大学教員としての自らのポジションを辞さざるをえないと感じるのである。

実績についての議論は、そのポジションやそのポジションがその一部を占めている組織の役割や務めについての議論として、より良く理解できる。この事実は、Xはmのためにポジションにふさわしいという主張から何が帰結するのかに影響を与える。実績論によって権原が与えられるのだとすれば、それはどのような権原なのか。この問いに、私たちはここで目を向けることにしよう。

実績と権原、あるいは功績

これまで論じてきたように、実績についての議論（実績とは何であり、特定の文脈で誰が実績をもつのか）は、当該のポジションについてどのように考えるのが最良のやり方であるかについての論議に還元できる。そうだとすれば、このことから、権原や功績についての主張に関して何が帰結するのだろうか。とりわけ、人物Xがmのためにポジションにふさわしいという場合、（1）XにはYの権原がある（entitled）のだろうか、（2）XはYに値する（deserve）のだろうか、（3）XがYに就いていることは道徳的非難を免れるのだろうか。1と2の提案（XにはYの権原がある、XはYに値する）は、本章の最初で私が、強いほうの実績に基づく主張と呼んだものの二つのかたちである。3の提案（XがYに就いていることは道徳的非難を免れる）は、弱いほうの実績に基づく主張である。1と2について最初に検討することにしよう。

　権原と功績という用語によって何を意味するつもりなのかを特定することは重要である。時として、権原についての主張は、正統な予期が、実績についての特定の考え方によって判断される権原を人に与えるのだ、という主張に基づいている。この種の権原は重要であるが、こうした権原は実績に基づく議論に依存しているわけではない。結局のところ、ある体制の内部で長きに渡って定着していた雇用方針は、政治的な所属先に基づくものであっても、正統な予期を引き起こすことができる。人が依って立つ方針が明白に不正である場合を除いて、それらの方針が正統な予期を引き起こすかどうかを決定する要素は、個人が特定のポジションにふさわしいかどうかに影響する要素とはまったく異なるだろう。前者の要素に関しては、以下のような事柄に人は注意を向けるだろう。現行の方針はどれくらい長く定着しているのか。雇用方針は過去にどれくらいの頻度で変わったか。雇用規準の変更に関する組織の自由裁量について何が言われてきたか。過去に重要な関連性をもった適性を得るために志願者はどのような投資をしなければならないのか。雇用規準の変更に関する組織の自由についてその社会にはどのような背景的規則があるのか、等々である。これらの要素は、志願者が、新しい規準ではなくこれまで雇用を支配してきた従前の規準によって判断されることへの——正統な予期の主張に基づいた——権原を得たのかどうかに影響を与えるだろう。もし得たのであれば、その人にはポジションへの権原があるが、しかし、この権原はその人がこの仕事にふさわしいという事実から帰結するものではない、と結論することが許される。むしろ、この権原は、その人にはある程度の期間に渡って雇用規準を維持させる権原があるという仕方で、その人が以前に告知された雇用規準を当てにしたという事実から帰結したのである。

実績に基づく権原論は、既定の規準から逸脱した不届きな意思決定者に対する反論になるわけでもない。公式に採用されてきた規準によって判断される権原が人にあるということはもっともである。しかし、あらためて強調すると、この主張は実績とは特に関係がない。(当の団体によって規定された)実績に乏しい志願者にも、公式に採用された雇用規準によって判断される権原がありはするだろう。実績についての特定の規準によって判断される権原は、正統な予期から生じるか、あるいは、団体によって採用されているコミットメントと、公表された規準を管理・運営する人物の役割上の責務から生じるかであろう。したがって、組織と手続きこそが、時として、権原を生みだしているのである。このような権原が、実績についての一定の考え方によって判断される権原へと形を変えることはあるかもしれない。しかし、そのことは、当該のポジションへの権原を人に与えるものは実績だということを意味してはいない。

実績それ自体が権原を生むことはできるのだろうか。Xはmのために Yにふさわしいという事実から、XにはYの権原があるということが生じるだろうか。ポールは、部品工場で働く、仕事の速い部品製作者だとしよう。彼は工場で一番速く部品を作る人物であるために、ボーナスをもらったとする。別の言い方をすれば、ポールはその速さのためにボーナスを得るにふさわしい。このことは、ポールにはボーナスへの権原があることを意味するだろうか。ここで問われているのは、過去の慣例からして最も速く部品を作る者にボーナスが支払われるだろうという正統な予期をポールが抱いているかどうか、ではない。また、会社が最も早い者にボーナスを支払うと発表したという事実がポールにボーナスへの権原を与えるかどうか、を問うているのでもない。これらは先に議論したばかりの権原のかたちである。つまり、この権原の規範的な効力は、ポールの実績には由来していないのである。

加えて、私たちは、目下の問いと、権原についての主張がなされるときのよくあるもう一つの重要なやり方を注意深く区別しなくてはならない。権原の主張は、ポールが彼の技能と才能から得た金銭に課税しようとする国家の主張に反対するものとして提出されることが多い。リバタリアンは、素早く部品を作るがゆえに支払われたボーナスへの権原がポールにあるのであれば、所得税のかたちでこの金銭の一部を取り上げる場合、国家は不当にふるまっている、と論じる。[13] 課税に反対するリバタリアンのこうした議論はそれ自体興味深いものであり、この立場を支持したり批判したりする膨大な文献を産んできたが、[14] 権原に基づくこの主張はここでの私たちの関心の的にはない。私たちは、国家がポールに課税するのは許されるのかという問いではなく、むしろ、会社は仕事の速さに対する報酬をポールに与えるように道徳的に要求されているのかという問いを吟味しようとしている。仕事の速さは実際には重要でないと会社が最終的に判断したとして、その場合でもポールはボーナスに対して権原があるのだろうか。彼の「実績」それ自体が彼にボーナスへの権原を与えるのだろうか。

その翌年も最も速く部品を作ったのはポールだったとしよう。しかし、この年、会社は、仕事が速いと同時に愛想も良い従業員にボーナスを提供すると決定した。この方針は早い時期に前もって発表された。そのため、正統な予期に基づく権原の主張は力を失っており、正式に公表された方針が適用されることへの権原に基づく主張にも効力はない。前年からこの年の間に、会社はあるビジネス・コンサルタントを雇用していたが、その人物が、愛想の良い従業員は会社の生産性を、確認しがたい仕方ではあるが実に著しく促進することを証明したのだ。愛想の良い従業員は、他の従業員も仕事中に楽しい気分になることに役立っている。それによって従業員の離職率は下がり、仕事の遅い従業員からはより高い生産性が引き出されることになる。別の言い方をすれば、愛想の良い従業員は、最も仕事の速い者でなかったとしても、他の従業員がより速く仕事をすることに役立っており、したがって、全体としてみれば、最も速く仕事をする従業員と同じくらい、あるいはそれ以上に生産性を高めているのかもしれない。この新しい規準に従って、最も生産的な従業員のためのボーナスはスーに与えられることになった。ポールには不平不満をこぼすべき理由があるだろうか。彼にボーナスへの権原があったのだろうか。規準はこれまでと同じだろうという正統な予期に基づくことができない以上、ボーナスへの権原があるのは自分だとするポールの主張は、根拠がなく、馬鹿げてさえいるように思われる。会社が、仕事の速さと愛想の良さが、仕事の速さだけよりも、生産性を高めるのだと決定したのであれば、ポールに賞金を要求する権利はない。彼は、会社が採用した規準を満たさなかったのであり、賞金制のボーナスに関して会社に特定の規準を用いさせる権利はもっていない。彼は、会社がある種の規準を用いることを避けるように要求する権利はもっているかもしれない（本書の第I部では、こうした規準が何であるかについての理論を明確にした）。しかし、たまたま自分の才能に報いるような規準をボーナス授与のために使うように要求する権利はもっていない。

ポールがボーナスへの権原をもたないのは、仕事の速さだけよりも仕事の速さと愛想の良さの結びつきに報酬を与えるほうが生産性の向上に実際に役立っているという事実に起因するのではない、という点には注意が要る。ビジネス・コンサルタントが勘違いしていたことが判明したとしよう。愛想の良い従業員が他の従業員が生産的になることを促進している一方で、仕事の速い従業員に報酬を与えるという慣例はすべての従業員になるべく早く仕事をしようという気にさせる。会社が、仕事の速さに対するボーナスを、仕事の速さおよび愛想の良さに対するボーナスに切り替えるならば、会社は、生産性に関して得るところよりも失うところのほうが多い（ということにしよう）。このことの理由の一部は、愛想の良い従業員はボーナスがあってもなくてもやはり愛想が良い傾向があるが、他方で、従業員たちは仕事の速さに対するボーナスへの期待によってより速く仕事をするように動機づけられる、ということにある。そうだとすれば、ボーナスを与えるための規準を変更したとき、会社は——生産性を高めるという点に関して——間違った選択をしたことになる。この事実は、本当はポールにボーナスへの権原があるということを意味するのだろうか。そうではない。会社は、できる限り生産的であることへの道徳的責務を負っているわけではない。経営者が最善でないビジネス上の決定を下したときにはいつでも、労働者たちはもっとましなビジネス上の決定から恩恵を被ったはずであり、理想的決定が下されていたならば受け取っていたはずの報酬への権原が労働者たちにはある、と述べることは実際、奇妙であろう。理想の雇用規準によって判断される権原が労働者にあるわけではない。企業経営者が馬鹿げたことをしているとすれば、それは不幸なことであるが、それ以上のことではない。

　さらに、会社が生産性だけではなく他の事柄も評価することを選んだのであれば、自由にそのようにするべきである。単にある人がビジネスを営んでいるというだけのことから、その人は利益を生むことだけに導かれていなければならないということにはならない。「社会的責任のためのビジネス（ＢＳＲ）」の運動は、会社の収支以外の事柄を評価するようにビジネスリーダーたちを説得することを目指している。生産的な従業員には、会社が生産性だけを評価したとしたら支払われたはずの分を支払われる権原があると主張するのであれば、ＢＳＲの目標は容認できないことになるだろう。これでは、会社は、収支だけに集中するように道徳的に要求されていることになってしまう。これは苦しい議論であるように思われる。公開会社の場合には最もそれらしく聞こえるが、その場合でさえ、会社の目標を明瞭に説明した通知では、財政的および社会的な見返りのために投資していることを株主に知らせるはずである。[15]（第Ⅰ部で明らかにした限界の内部で）何を評価するのかを決定するのは団体であり、その上でその会社には自らの価値観に応じて従業員に報酬を与えることが許されている。ＸがｍのためにＹにふさわしいという場合、このことが私たちに告げているのは、会社が仕事の速さを評価しており、それゆえにポールにはボーナスが与えられるということに尽きる。しかし、会社が他の価値観を採用することは道徳的に許容される。この意味で、ポールにはボーナスへの権原はないのである。

実績と効率性

どういった反論がありうるだろうか。生産性を高めることはそれ自体で良いことなので、会社やその他の団体は、効率性や生産性を高める特徴に報酬を与えるべきだと、論じる人もいるかもしれない。[16]最も早く部品を作る者にボーナスを支払うほうが、それなりに仕事が早くて愛想の良い労働者にボーナスを支払うよりも、労働者の生産性を高めるのであれば、会社は最も速く仕事をする労働者に報酬を与えるべきである。その人の技能が生産性を高めるという事実が、その人にボーナスへの権原を与えるのだ。これは、（効率性を高める特徴として定義された）実績が志願者に当該のポジションへの権原を与えるという議論である。

この議論に従えば、ある人がその仕事にふさわしいということは、単にその人が団体の求める技能や能力（構築された実績の意味）をもっているということではない。そうではなく、むしろ、その人がその仕事にふさわしいのは、その人にはその仕事への権原があるからなのである。なぜだろうか。生産性を最も高める特徴をもっていることとして実績が定義される場合、その仕事にふさわしい人物には、生産性の向上が重要で価値ある目標だという理由で、その仕事への権原がある。[17] この議論には注意しておくべき二つの重要な事柄がある。第一に、問題なのは効率性であり、なぜ特定の志願者が特定のポジションへの権原をもつのかを説明し正当化するのが効率性なのであれば、その人物の効率性だけに焦点を当てる理由はない。ノーマン・ダニエルズが説明しているように、候補者がある特定の仕事のために選別される場合、どの候補者が最も多くをもたらす見込みがあるかという点だけに焦点を当てるべき理由は見当たらない。仮に生産性が実績の規範的な力を根拠付けているのであれば、どのように人々をポジションに配分すれば全体として生産性を総合的に最大化できるかを、なぜ問わないのだろうか。ダニエルズは、この考えを「生産的な仕事の割当の原理（Productive Job Assignment Principle）」または「ＰＪＡＰ」と呼んでいる。[18] 以下は彼によるＰＪＡＰの説明である。

「ジャックとジルはともにＡとＢの仕事をやりたいと思っているが、二人ともＢよりもＡのほうがずっと良いと思っている。ジルは、ジャックよりもＡかＢのどちらかをうまくやることができる。しかし、ジルがＢをやってジャックがＡをやるという状況（Ｓ）は、ジャックがＢをやってジルがＡをやる状況（Ｓ'）よりも、ジルの不満足が生産性に与える効果を含めて考えても、より生産的である。ＰＪＡＰはＳ'ではなくＳを選ぶ。なぜなら、そのほうが、ミクロな生産性ではなくマクロな生産性を考慮するとふさわしいからである。すなわち、「全体として仕事のパフォーマンスを最大化するように、仕事の人員は選別せよ」というわけだ[19]。」

別の言い方をすれば、生産性が重要であるから実績が重要になるというのであれば、問題になっている実績とは、この仕事をもっともよく行うことのできる人物の実績なのではなく、全体として生産性を最大化できる仕事割当のセットのことである。この種の実績原理は、ダニエルズが提出したジャックとジルの例のように、直観に反すると思われるような、仕事に対する従業員の選別のいくつかを正当化することになるだろう。ダニエルズは、実績に関するこうした考え方――特にその社会的な次元――の反直観的な特徴を認識している。つまり、その特徴とは、「私たちが関連性のある能力に焦点を当てるのはその効用ゆえであって、それらの能力をもつことに内在的に実績に値する何かがあるからではない[20]」、というものである。

人には実績に応じて判断される権原がある、という主張を効率性に基づいて支持する議論（そこでは実績は効率性に準拠して定義される）の二つ目の重要な特徴は、この実績には効率性それ自体と同等の価値しかないということである。いくつかの文脈で他の価値観が効率性に勝ることになれば、そうした場合には、効率性を最も高めると思われる技能や才能をもった人物に当のポジションへの権原があるわけではない。効率性に基づいた議論の例として、公立ないし私立学校のエリート教育プログラムへの入学許可規準として、就学前のＩＱテストを用いることを考えてみよう。私立のエリート校の入学選考担当者が、このテストを主な規準として（唯一の規準ではないとしても）用いるという慣行を、四～五歳児のＩＱテストの成績はＳＡＴ〔大学進学適性試験〕の成績とよく相関することを根拠に、擁護するとしよう。大学がＳＡＴの成績に大部分依拠しているのだから、それらの子どもたちはアメリカ合衆国のエリート大学に入る可能性がかなり高い。さらに、エリート大学に通うことは、さまざまな領域――ビジネス、法、医療、公共政策――においてリーダーシップを取ることとよく相関する。私はこのお話を純粋に仮定の上での正当化として提出しているわけだが、仮にその通りだとすると、ＩＱテストの成績に実質的に基づいた入学許可手続きは、多くの領域で将来的にリーダーになる可能性の高い子どもたちを選抜することに成功していることになる。そのようにエリート校やエリート向けのプログラムは主張する。学校は、自らの教育が卓越していると信じており、自らの影響力がこれらの将来のリーダーに及ぶようにしたいというわけである。

　このお話から、今ではもちろん、（生産性を高める性質として定義された）実績が権原を生むという主張の正当化に使われる、生産性という考え方に含まれる問題が明らかになる。生産性を高めるものとして何が挙げられるかを述べることは難しい。国家の将来的なリーダーたちがより見識を備え、より賢明で、より思いやりがあり、より創造的になることが（エリート教育の影響とはこのことを決定付けるものなのだと想定――大それた想定ではあるが――するとして）できるのであれば、ＩＱテストの成績を使って子どもたちを選ぶことは、ダニエルズの用語でマクロ生産性として理解される意味での生産性を高めることになる、という学校側の言い分はおそらく正しい。他方で、高いＩＱをもつ子どもたちは、どちらかといえば平均的な同級生や、ともすれば質の低い教育しか受けることのできない数多くの子どもたちよりも、卓越した教育を必要としているわけではない。（どのみちそれなりに良い学校に行くことになる子どもたちよりも）平凡な成績の子どもや、ともすればひどい教育を受けることになる子どもたちを受け入れるほうが、マクロ生産性を最も高めることになるかもしれない[21]。しかし、こうした懸念については、今は脇に置いておこう。

少なくとも部分的にIQテストの成績の高さに基づいて生徒を選抜する入学許可方針のおかげでマクロ生産性が高まるという主張に関して、私立のエリート校が正しいか、あるいは少なくとも理に適ったことを言っているということにしよう。そうだとしても、生産性が重要な事柄のすべてではない。生産性がすべてではないのだとすれば、生徒たちの「実績[22]」は彼らに入学許可への権原を与えるべきではない。では、再び、仮説的ではあるが不合理にはならない限りで、小さな子どもを試験するという実践が子どもたちに有害な帰結をもたらすと想定してみよう。子どもによっては、自分が評価にさらされているということや、親にとって重要な事柄は自分がどれくらいうまくやるかどうかにかかっていることを理解しており、それゆえに、ストレスを感じているかもしれない。親によっては、子どもたちが、自分が評価にさらされていると知ることがないようにうまくやるかもしれない。それでも、試験は子どもたちに依然として影響を与えるだろう。親が成績を受け取るならば、この成績が、親が子どもを見るあり方に影響する可能性は高い。子どもたちのあるがままの姿を認めようとどんなに試みても、親は、子どもが賢いとか、良い成績を取ったとか、大きな潜在能力を秘めているとか、そういったことを理由に子どもを評価し始めるかもしれない。成績があまり良くなかった子どもの場合には、親は残念がって、多くを期待しないようになるかもしれない。きょうだい間の関係や、家族内の力関係にも影響があるかもしれない。きょうだいよりも良い成績をとった子どもは、より高く親から評価されていると感じ、悪い成績をとったほうの子どもは、より低く評価されていると感じるかもしれない。これらすべては、子どもたちが、あるいは親たちでさえ、それが試験結果によって引き起こされていることを知ることも認識することもなく、起こりうる。試験することがこうした影響を生むとすれば、試験結果に基づく子どもの選別が全体として生産性の向上をもたらすとしても、学校は子どもたちを試験すべきではないのかもしれない。親と子どもの関係や、子どもの自己肯定感が重要であることもまた明らかなのである。さらに、幼い子どもの教育者である以上、学校は、社会全体にとって最善であることではなく、子どもたちにとって最善であることを行う特別な責務を負っているようにさえ思われる。[23]

生産性に他の価値観が勝ることもありうるという議論は、公立学校の場合にはさらに強力になる。公立学校は、ケアを任された子ども一人一人を大事にすることを特にはっきりと責務として負っている。この任務は、それぞれの子どもが同じ教育を受けることを要求するわけではない。しかし、試験を行うことが子どもを傷つけるのであれば、試験を行うことが社会の生産性を高めるというのが事実であっても、ケアされる子どもの何人かへの害をこの事実によって埋め合わすことはできない。

したがって、実績が権原を与えるという主張が道徳的に訴える力をもつように、生産性を高めるという観点から実績を定義しようとしても、この訴えの力は限定的でしかないだろう。第一に、生産性を高めることは重要だという理由でこの主張が人に訴えかけている場合でも、このような正当化は、個人が特定の仕事において最も生産的でありうるかどうかに従って判断される権原を生むわけではなく、むしろ、最も生産的な仕方で人々に仕事が配分された場合（ダニエルズのＰＪＡＰ）にその人が受けもつはずの仕事への権原を生むのである。第二に、生産性は重要であるが、しかしそれが重要な事柄のすべてでないことは確かである。他の重要な価値観が問題となっているときには、生産性に基づく功績は、人に何らかのポジションへの権原を与えるわけでなく、他の価値観に道を譲らなくてはならない。

実績と功績

ある人がポジションにふさわしいという事実は、その人がそのポジションに値する（*deserve*）ことを意味するという主張を正当化することは、さらに難しい。権原から功績（*desert*）を区別するのは、功績は、人物の側の道徳的に価値ある行為に由来するという点である。たとえば、部品の素早い作り手であるポールは、部品の最も速い作り手にボーナスを支払うと会社が通知した場合に限り、ボーナスへの権原があるということになろう。これは、正統な予期に由来する権原であり、会社が自らの約束を守る責務に由来する権原である。しかし、彼はボーナスに値するのだろうか〔ボーナスは彼の功績なのだろうか〕。彼は生まれつき手先の器用さに恵まれていて、たいして努力することなく部品を素早く作ることができるのだとしよう。彼が生まれつきの能力をもつという事実が、彼がそれに値するような何かでないことは確かである。こうした主張に基づいて、彼はそれゆえこうした生来の才能から得ることのできる報酬に値するわけではないと、多くの哲学者たちは論じてきた[24]。

他方で、部品を素早く作るために膨大な努力をしているがゆえに、彼は部品を作るのが特別に速いということもありうる。そうであったとしても、哲学者のなかには——ロールズがその筆頭であるが——努力をするという能力も、人がそれに値するような〔功績のような〕何かではない、と論じてきた[25]。このような主張は実に論争的だと考える人たちもいる[26]。特定の結果を達成するためにその人が費やしてきた努力以外に、何が功績の基盤になるのだろうか、と論難する人もいるかもしれない。実際のところ、幼い子どもに対するＩＱテストに多くの人が見せる否定的反応の根底には、功績を努力と結びつけるということがある、と私は考えている。理論的に言っても、現実的に言っても、四・五歳の子どものＩＱテストの成績は、その子どもたちが一通りの技能を習得するために費やした努力を反映してはいない。試験の成績は、より恵まれた受験者のより豊かな教育環境を反映しているかもしれないが、試験によって測られ、把握されているのが子ども自身の努力でないことはたしかである。子どもたちが伸ばそうと努めている特徴ではなく、生まれつき与えられた特徴にもっぱら基づいて、その子どもたちを何らかの利益のために選抜することには、少なくとも、どこか間違ったところがあるように思われる。

ロールズに反して、努力することが功績の主張に基礎を与えると認めたとしても、実績の主張がなされるときのほとんど（すべての？）事例が依拠している技能と能力は、努力と生来の才能や所与の運との結びつきに、少なくとも部分的には起因する。ポールが素早い部品の作り手であるのは、部分的には、部品を早く作るために費やした努力ゆえかもしれない。他方で、ポールが最も速く仕事をすることに成功するのは、努力すれば最高賞を取ることができる程に、もともと十分器用だからである。他の人の多くは、ポールと同じ位、あるいは彼以上に努力しても、せいぜい平均的であることしかできないかもしれない。さらに、どういう生来の才能が社会から評価されるのかを決定するものも、それ自体、運の産物である。速さ以外の特徴や、（速さと愛想の良さのような）速さとそれ以外の特徴の結びつきよりも、もっぱら速さだけが生産性を高め、それゆえに、部品作りの速さだけが価値をもつ（したがって実績の基礎になる）のだとすれば、ポールは幸運である。彼がもっている技能は、他の誰かがもっている技能よりも、実績の基礎をなすということになるからだ。ただし、この事実が、彼がそれに値するものでない［彼の功績でない］ことは確かである。最後に、何らかの能力が価値をもつという事実には、その能力の希少性が働いている。バーバラ・フリードは、特定の才能の価値には希少性が働いているため、才能のある人物は、自らの才能の価値のなかでも、希少性に帰着しうる部分に関しては、それを所有しているわけではないことを――私が思うには、説得力ある仕方で――論じている。[27] したがって、その人は、自らの才能のなかでも希少性による価値が可能にしている利益には値するわけではない〔その利益はその人の功績ではない〕。

弱い主張――実績による報酬は常に道徳的に許容可能である

先に、私は、実績が人物にあるポジションへの権原を与えるという主張や、実績を有する人物はあるポジションに値するという主張を吟味し、拒否した。それでもなお、ポジションの配分に対する実績の関連性について、やや弱くなるが、依然として重要な主張をすることは可能である。この節では、実績に基づいて人物を各ポジションに配分しさえすれば、その道徳的な許容可能性は十分に確立されているのだ、という主張を考察する。この主張を言い換えれば、次のようになる。たとえ、特定の技能や能力をもつ人物が――他の特徴をもつ他の人が選別された場合に――不満を言うための根拠をもたないのだとしても、「実績」――そのポジションに求められる技能や能力についての何らかの考え方――に応じてそのポジションが配分されているのであれば、他の誰もまた不満を言うための根拠をもたないだろう、と。では、雇用が実績に基づいているという事実は、道徳的批判を寄せ付けないのだろうか。

この主張はいくつかの理由ゆえに信じがたいものである。それらの理由は、これまでの論点の多くを再述することになろう。第一に、何が実績を構成しているのかという問いや、関連する団体やポジションの役割はどうしたら最も良く定義できるのかという問いについては、多くの文脈で不一致が生じる見込みが高い。法律事務所での三年目のアソシエイトという職に関して、ジョンとジェーンという二人の志願者が候補になっているとしよう。二人とも、トップレベルのロースクールをクラスの上位四分の一に入る成績で卒業した。二人とも、現在勤務中の事務所からは熱烈な推薦状をもらっている。しかし、ジョンは以前の職で一年間に二一〇〇時間分の支払いをクライアントに請求していたのに対し、ジェーンは一八〇〇時間分しか請求していなかった。法律事務所のアソシエイトとしての職が、法律に関する高水準の仕事をすることにあるという限りでは、ジョンとジェーンは等しくこのポジションにふさわしい。けれども、その仕事が、法律に関する高水準の仕事を可能な限り多く仕上げることによって事務所に収益を生むこととして、より広く定義されるとすれば、実績に基づく雇用は、ジョンが雇用されるべきだと提案することになるはずである。このように、二人の候補者は等しくその職にふさわしいのか、あるいはジョンのほうがその職にふさわしいのかを決定するには、法律事務所のアソシエイトという職はどうしたら最も良く定義できるのかという問題を解決する必要があるだろう。

私たちが、アソシエイトの仕事は収益を生みだすことだという、より広い見方を採用するとすれば、法律事務所が評価する事柄の認定に道徳上のパスを与えるべき理由がどこにあるだろうか。ジョンは、より多くのお金を生みだすだろうからこの職にふさわしい、と言うにしても、こうした実績についての考え方に、道徳的に重要な事柄は何もない。ここでの実績は、選別している団体が欲しいと思っている特徴――この団体が自ら定義した任務を遂行するのに役立つような特徴――から成り立っているにすぎない。したがって、実績についてのこのように自己本位な考え方に特権を与えるべき理由はない。実績の概念は、構築されたものになればなる程、明確なものになっていくのである。

実績に基づく雇用が道徳的批判からあらかじめ守られているように思える理由の一つには、それがしばしば、縁故主義や地位に基づく選別といった類いの不適切な雇用と対照的に描かれるということがある。結局、歴史的に言えば、仕事や学校などでの実績に基づく選別は、実績ではなく富、家庭環境、特権に基づいていた従来の選別システムに取って代わるものであった。選別が実績に基づいているのであれば、富、家族、地位に基づいているのではないことが保証される。こうした意味で、実績に基づく選別は良い。けれども、実績に基づく選別は、使用されている規準が悪い種類のものではないことの十分な証拠を提供するだろう、というだけの理由で、実績に基づく雇用それ自体に道徳的に良いところがあるということにはならない。

ジョンとジェーンの話に戻ろう。ジェーンがジョンよりも少ない時間数の支払いを請求するのは、彼女が子どものケアに対する主要な責任を負った母親であるからだとしよう。他方、ジョンには子どもはいない。ジョアン・ウィリアムズのように、家族のケアに対する責務を負っていない人々の仕事のやり方が報われるような職は、家族のケアへの責務を負っている労働者の――たいていは女性の――仕事の機会を不公正な仕方で制限していると、論じる者もいるかもしれない。[28] ジェーンではなくジョンを優先した会社の選択が「実績に基づいた」ものであるという事実によって、こうした議論は直ちに断ち切られるのだろうか。雇用が「実績に基づいている」という事実は、使われている規準が、特別で、悪い種類のもの（縁故主義など）でないことの証拠を提供する。しかし、それだけである。法律事務所のパートナーたちは、より多くのお金を稼ごうとしている。このことに役立つ労働者を雇用したいというその人たちの欲求は、尊敬に値するような欲求だろうか。あるいは、道徳的批判からその雇用をあらかじめ守るような欲求だろうか。そんなことがあるだろうか。お金を稼ぐことには、この目標に役立つ行為は道徳的批判から免れるという程に、特に良い何か、あるいは価値ある何かがあるわけではない。私はウィリアムズに賛成したいと感じてはいるものの、彼女が完全に正しいと主張しようとは思わない。しかし、彼女の主張は聞くに値するものだと思う。重要な問題は、労働者が家族へのケアの責務を負っていないことをあらかじめ前提した「理想的労働者」の規範と彼女が呼ぶものは、ケアへの責任を負った労働者を不公正な仕方で不利にするのかどうか、である。そのような雇用の慣行は「実績に基づいている」という事実によって探求を打ち切るべきではない。

実績に基づいた選別が常に道徳的に許容可能であるのか（ここで、実績は、選別する団体が欲している当の特徴として広く理解されているのだが）についての議論は、次章での議論と部分的に重なり合う。次章で私たちは、分類の合理性は、その分類の道徳的な許容可能性に関連性があるのかどうかについて考察する。そのため、ここでは、この点についてはこれ以上深入りしない。

最後になるが、縁故主義でさえ常に悪いとは限らない。実績に基づく選別は、少なくとも地位に基づく選別――たとえば、友人、親戚、内輪の地位にある誰かを選ぶこと――からは一歩前進したものだと思われている。しかし、場合によっては、地位に基づく選別も道徳的に許容可能かもしれない。あるいは、望ましいかもしれないのである。大学は、（卒業生の子どもやきょうだいのような）親族や子息を優先するという慣行を、財政上の良好状態を保つために必要なことだとして擁護している。他方で、このような慣行は、富に基づく特権を再生産することに寄与する。今は、この論争的な慣行については脇に置いておき、似たような慣行ではあるが、似たような批判が集中することのなかった慣行について考えたい。先に見た私立学校が、きょうだいを優先しているとしよう。家族のなかの子どもが一人入学を許可されると、きょうだいには非常に簡単に入学できる時期がある。実績に基づく選別からのこのような逸脱は、古くて悪い縁故主義にかなり似ているように見える。しかし、利点についても多くのことが言える。第一に、同じ学校に行くことはきょうだいの関係を強いものにするだろう。第二に、すべての子どもを同じ学校に行かせることは家族にとって楽だろうし、車で過ごす時間が少なくなるだろう（このことはより安全である）。両親が出席する学校での会合が少なくなれば、仕事を休むことも少なくなるし、出席する学校行事も少なくなる。これらは、小学校の入学許可に関して、実績に基づく選別から逸脱することの十分な理由である。この種の縁故主義は、悪い種類の縁故主義と道徳的に等価ではない。実績に基づく選別から逸脱することには――実績が狭く定義される場合でも、広く定義される場合でも――十分な理由がたくさんある。

実績および、貶価する差異化と実績の結びつき

この章で、私は、Xにはその実績のためにYへの権原があるという主張や、Xはその実績のためにYに値するという主張に反論した。これらの主張は、実績の強い原理と私が呼ぶものである。さらに、私は、実績に応じた選別は道徳的批判を免れるという、実績の弱い原理も拒否した。そうであるならば、実績に基づく選別は、差異化が許容可能であるために、必要でもなければ十分でもない。では、実績に重要性はないのだろうか。

この節では、人々の間に特定の仕方で差異を付けることが貶価することになるかどうかを決定する際に、どのように実績が関連しうるのかを示したい。実績は、選別する側の団体のニーズ、欲求、目的を満足させる特徴をかき集めたものである。実績に基づく選別――ある団体の目的に役立つ特徴をもつ人々を選ぶこと――は、候補から外された個人を軽視する何かを表現するというよりも、ある団体の自己理解や目的を反映しているので、たいていは、貶価することはない。たとえば、あるカレッジが学生

を選別する場合、高校での成績が実績の一側面とみなされるかもしれない。この選択は、自らの任務に関するその組織の自己理解を反映している。そうであるがゆえに、たいていの場合、こうした規準に応じた選別によって、低い成績のためにその学校に入れなかった人たちが、貶価されるわけではない。このことは、カレッジがその教育上の任務にあまり明確に結びついていない規準を使っている場合でさえ、真である。そのカレッジは、運動能力も実績の一側面だとみなしているとしよう（これはよくあることである）。このようにみなすことは、その組織がどういう種類の組織なのかという点について何ごとか――高等教育の組織であるのみならず、運動競技に価値を置き、これを促進するような組織でもあるということ――を表現している。運動競技に価値を置くことは、それ自体としては問題含みではないし、自らの使命を定義しているということのために組織を批判するべき理由は（内部の人間からの批判を除けば）ない。そのため、選別規準として運動競技の実力を使うことは、結果としてその学校に入れなかった人々を貶価してはいない。もちろん、カレッジは運動競技に価値を置くべきなのかどうか、運動競技の実力をどれくらい実績の一側面として重要視すべきかについて、教職員、学生、同窓生が、自問するということはありうる。しかし、それらの異議は、自らの目的や任務に関するカレッジの自己理解に対する、内部からの異議申し立てである。

しかしながら、貶価するような仕方で人々の間に区別を付けることを禁じる以上、組織が用いることの許される選別規準には制限が加えられるし、したがって、実績に関して実行に移される可能性のある考え方についても、許容可能かどうかに制限が加えられる。実績に基づく選別は、たいていは、貶価することはないが、しかし、ときには貶価する。たとえば、ある街の財界人が、ビジネスマンたちのクラブを結成することを決心したとしよう。そして、会員になるための規準に、男性であることとその街で事業を営んでいることが含まれていたとする。そのクラブが自らをビジネスマンのクラブとして理解しているのであれば、新しい会員に入会を許可するときに、男性と女性の事業主の間に区別を付けることはたしかにもっともである。この意味で、男性であることは実績の一側面である。けれども、そのクラブが街のなかで権力の座につき、高い地位を占めているならば、この会員制の規準は、女性を、とりわけ女性の事業主を貶価することになるだろう[29]。このように、貶価するような仕方で区別を付けることを禁じることは、人々の間で選別を行う際に、実績に関して用いられる可能性のある考え方に制限を加えるのだ。

第五章　正確さと不合理性

二〇〇〇年、ハーバード・ビジネススクール教授のマイラ・ハートは、一九八一年、一九八六年、一九九一年のクラスを卒業した女性たちについて調査した結果、常勤職で働いているのはその内の三八%でしかないことを発見した。(1)教養ある「エリート」女性たちに関するリンダ・ハーシュマンの研究では、常勤職に就いている女性たちの割合は（一五%に満たないという）さらに低い結果になった。(2)ハーバード・ビジネススクールやその他の専門職大学院が、身につけた知識や技能を生産的に活用する見込みの低い女性たちを教育するのは無駄だという観点から、入学選考担当者は男性の候補者を優遇すべきだと決定するとすれば、どうだろうか。

分類の正確さは、道徳的に重要であるし、法的にも重要であるべきだという直観は、広く行き渡ったものである。たとえば、弁護士として働くためには司法試験に合格しなくてはならないという要求は、それほど異論を寄せ付けないものである。それは、この資格試験に通ることが、法律に関する能力を測定するための実に良くできた代理指標だと思われているからにほかならない。もっとも一定の範囲内では、この要求は論争の的にもなる。弁護士のいくつかの職務を弁護士の業務補佐員や法律事務所の秘書が遂行することを禁じるためにこの代理指標が使用される、といった場合である[3]。このことが論争の的になるのは、たとえば協議離婚の書類を作成するというような職務に関しては、司法試験への合格という規準を満たしているかどうかは法律の能力にあまり関係がない、という批判者たちの反論があるからである。したがって、複雑な訴訟事件に関しても書類作成の日常的補助に関しても、司法試験合格者と不合格者とを差異化することを批判する人とこれを支持する人は、司法試験への合格が、実際に、法律に関する能力を良く予測できる指標かどうかが道徳的に重要な問題だという点では、一致しているのである。高度に組織化されたものから、どちらかと言えば非公式なものまで、この直観には影響力があり、また根強いものである。三歳の子どもが、幼稚園クラスの四歳の子どもたちのグループは昼寝をするか静かに遊ぶかを選ぶことができるのに、その子のクラスでは昼寝をしなくてはならないことに不満を洩らしているとしよう。その場合、この子どもを納得させるように思われる答えは、このような仕組みになっているのは、ほとんどの四歳の子どもは昼寝をする必要がないのに対して三歳の子どもたちは昼寝をする必要があるからだ、というものだ。同様に、アメリカ合衆国の五〇州すべてにおいて、保険業は「保険数理上の公平」の原理によって統制されている。この原理は、もっぱら、次のような定率や塡補範囲のレベルのみを顧客に定めるように保険業者に要求する。すなわち、顧客間での違いは、それぞれの顧客が保険期間に支払いを請求する可能性に関する実際の違いを反映している必要があり、このことを示すデータによって証拠立てられている定率や塡補範囲のレベルだけが許される。

この直観は法理に反映されている。法理は、ある分類が憲法の保障する平等保護に違反しているかどうかを決めるためには、その分類がどれほどまでにその目的を達成しているのかを考慮しなければならないと教えている。その分類は、自らの対象に「緊密に適合している」のか、「実質的に関連している」のか、「合理的に関連している」か。これらの基準のそれぞれが異なる程度の分類の正確さを要求しているが[4]、最も寛大な基準——すなわち合理性審査——でさえも、分類が紛い物でないことは要求している[5]。

適合という用語は、憲法ではお馴染みのものである[6]。この用語はしばしば大雑把に使用されて、単に目的－手段の合理性だけを意味する。他方、この用語の重要かつ普及した意味には、分類の正確さという狭く限定された考えがある。法律や政策がXという特徴をYという特徴の代理指標として使用するならば、適合の要求によって、Xが実際にYの良い代理指標なのかどうかに焦点が当てられる[7]。

本章で私は、適合が道徳的に重要だという直観に異議を唱える。そのために、まず、道徳的に問題のある分類の多くは実に正確であることを論じる。第二に、不正確な分類であっても道徳的に問題はない場合があることを主張する。第三に、適合の度合いを改善しても特定の分類の問題含みの性格は改良されないことを示す。代理指標が、正確であるにもかかわらず問題を含むのであれば、正確さはその代理指標の許容可能性の十分条件ではない。また、代理指標が、不正確であるにもかかわらず許容可能なのであれば、正確さは許容可能性の必要条件でもない。最後に、問題のある分類の適合をきつくしてもその分類の問題が減るわけではないならば、このことは、分類の正確さと許容可能性の間には何の因果関係もないことを示唆している。

議論を開始する前に、いくつかの用語を定義しておくことは有益だろう。これまで、私は、正確な、合理的な、紛い物でない、効率的なといった用語を、大雑把に同義的に使ってきた。今やもっと注意深くならなくてはならない。合理性と効率性という概念の間には重要な違いが存在する。合理的な分類は、代理指標となる特徴がその対象の特徴と実証的に見て相関関係にあるような分類である。たとえば、車を運転するためには最低でも一六歳になっていなければならないという要求は、一六歳以上の人々は一五歳以下の人々よりも良い運転手である見込みが高い——あるいは、運転手に最低でも一六歳以上であることを要求することが、年齢制限がない場合よりも事故が少ないという結果を生んでいる——場合かつその場合に限り、合理的である。分類が合理的だということは、その分類がすべての事例において正確だということではない。疑う余地もなく、一六歳以上の多くの人々が良い運転手ではないし、一五歳以下の子どもたちのなかにも運転してみれば上手くできる者もおそらくいるだろう。合理的な分類は、過大に包摂的であっても過小に包摂的であっても良い。要求されているのは、分類に不正確な場合があっても、より多くの例において正確であることに尽きる。合理的であることと正確であることを私は互換可能な仕方で使うことにする。合理的な差別は正確な一般化に基づいている。

分類の効率性は、もっと複合的な発想である。分類のなかには、簡単で、それを用いるのにあまりお金がかからないものがある。年齢は良い例である。人の年齢を特定することは比較的容易である。個人的意見を含まないし、標準的な文書で確認することも割と簡単にできる。人々の間に区別を付けるために使われうる他の特徴は、もっとコストがかかる。ある人が、対人関係のスキルに長けている販売員は商品をもっと多く売ると信じているがゆえに、対人関係に関して高い技能をもつ販売員を雇用したいと思っているとしよう。誰が対人関係の高い技能をもっているのかを決定することは、当然のことながら、それなりにコストがかかる。候補者を面接することは良い方法かもしれないが、しかし、面接には時間もお金もかかる。分類の効率性は、この種のコストを考慮に入れる。ある分類が効率的であるのは、その分類を採用するための費用に便益が勝る場合である。対人関係の高い技能をもった販売員が実際にかなり成功している（分類は非常に合理的であった）のであれば、雇用する前に候補者に面接をすることは、その費用を考慮してもたしかに意味をもつだろう。

しかし、効率的な分類という概念はそれ自体両義的かもしれない。効率性という用語は、時として、効率性の包括的な意味を指すために使われる。その場合、費用と社会にとっての便益が全体として計算に含まれる。別の場合には、この用語は、分類を採用する個人や団体の観点から見た場合の効率性のことを指している。この二つの意味は一つにまとまることもあるが、たいていそうはならない。たとえば、遺伝的特徴に基づいて保険の加入者を差別することは、この特徴によって病気、障害、あるいは死亡が堅実に予測できるのであれば、生命保険会社や健康保険会社にとっては効率的だろう。しかし、保険に加入すると思われていた人たちが、健康保険や生命保険を失うことを恐れて、遺伝子検査を受けようとしなくなったらどうだろうか。それでいて、遺伝子検査こそがそれぞれの人の状態に適合した医療を可能にする情報を提供できるのだとしよう。こうした場合、遺伝子情報を使ってこれらの人たちの間に区別を付けることは、社会全体にとっては効率的でないかもしれない。つまり、健康が損なわれることになるかもしれない。人々の健康が損なわれることは、社会的観点から見られた場合には計上されるはずのコストである。しかし、保険業者の効率的な計算には関連しないだろう[8]。

したがって、三つの異なった概念が役割を演じている。まず、合理的／正確な分類。次に、分類を採用する個人や団体の観点から見て効率的な分類。最後に、社会全体の観点から見て効率的な分類。紛い物という用語は、何らかの一般化のことを指すのに通常使われる――差別は一般化の一つの様式である[9]――が、この用語は合理的でないような分類のことを指している。

不平等を永続させる——許容不可能、あるいは道徳的に問題のある合理的分類

議論の最初のステップは、私たちの誰もが——完全に許容不可能だ、とまでは言わないとしても——道徳的に問題があるとみなすような分類の多くが、合理的で正確な分類だという点を示すことである。本章で提示される議論は、第Ⅰ部で提示された積極的な議論からは独立に行われる。そのために、私はここでは、こうした分類の使用が悪質なのはそれが貶価するためだ、と主張することはしない。むしろ、悪質な差別だとして広範に非難されている例で、しかも貶価とは別の論拠に基づいて簡単に説明されていると考えられる例を引き合いに出そうと思う。このようにすれば、読者は、分類の正確さの道徳的重要性に反対する議論の強みを自分自身で判定することができる。一方で、この議論を受け入れることになれば、第Ⅰ部の積極的説明を受け入れるための重要な障害が取り除かれることになり、その積極的説明の論拠は強化されることになる。

今日、悪質な差別とされる最も明白な事例のなかには——現実のものと仮説上のものがあるが——（おそらくは直観に反することに）合理的な差別の例が含まれる。法的に正統な政策目標に人種が関連性をもつことはほとんどないと、裁判所は宣言してきた[10]。このことは事実であるが、それにもかかわらず、この主張は現実であるというよりも願望である。不幸なことに、人種はしばしば、それ以外の多くの特徴を予測するためのかなり良い指標である。たとえば、その人物は子どもの頃に貧しかったかどうか[11]、十分な教育を受けたかどうか[12]、慢性疾患や障害になると予想されるか[13]、投獄された経験をもつ見込みが高いかどうか[14]、などである。こうした特徴のどれかが正統な目的に関連性をもつのであれば、人種

は正統な目標を達成するための合理的手段だということになるだろう。次の例を考えてみよう。政府関連の大雇用主が、公務員に数学の基礎と作文の技能を求めており、高校の卒業証明はこれらの技能を予測するための良い指標だとされているとしよう。高校教育は質に関して相当にばらつきがあり、したがって授与される卒業証明も卒業生について何を述べているのかという点でばらつきがある。そうだとすれば、雇用者は——分類の合理性だけが考慮されるのであれば——白人の高校卒業生だけを雇用し、アフリカ系アメリカ人の高校卒業生は雇用しないという決定を合理的に下すということがありうるだろう。

もちろん、そのようにすれば、雇用者は技能に長けたアフリカ系アメリカ人の求職者を多く取り逃すことになり、技能に関して劣った白人の志願者を多く雇用するはめになる。なぜなら、代理指標となる特徴が現実の対象集団を過小かつ過大に包摂しているからである。それにもかかわらず、人種を代理指標として用いることは、人種のカテゴリーが適切または適切でない教育環境と実証的に見て相関しているならば、合理的である。さらに、雇用者の観点から見れば、ある人物の人種を特定するほうがもっと正確な代理指標を用いるよりも費用の点で相当に安くつくのであれば、この代理指標を用いることは、合理的なだけでなく効率的でもある。たとえば、すべての求職者に基本的技能の試験を実施することは、どの志願者が必要な技能をもっているかをより正確に予測するはずである(もっともこの場合も、求められている現実の技能に関して過小かつ過大に包摂的である見込みは高いのだが)。しかしながら、その職の志願者をふるいにかけるために試験を用いることは高くつくだろう。人種は技能試験よりも仕事の技能を不正確にしか予測できないかもしれない。しかし、試験を用いる費用がより優れた従業員の獲得という点で得られる便益に勝るのであれば、どちらかと言えば不正確であっても人種の代理指標を用い続けることは、雇用者にとって経済的に見て意味のあることかもしれない。

この方針には明らかに道徳的に問題があり、法的にも許容不可能である。人種は技能の乏しさの良い代理指標だとほのめかすだけでも無礼であるように思われる。分類の悪質さを強調したり説明したりするために、その分類の合理性を否定しようとする人もいる。しかし、そのようなやり方は、私たちの社会に関する重要な真理、すなわち、社会政策をデザインする時に光を当てることが重要になる真理を否定するだけである。人種は、まさに、多くの若いアフリカ系アメリカ人の通う学校が適切な教育を提供していないがゆえに、技能の乏しさを予測する有効な指標なのかもしれない。別の言い方をすれば、人種という代理指標を用いることが合理的であるという事実は不正義の結果だ、ということはもっともなのである。ただし、その代理指標の合理性が不正義の結果であるという事実は、差別を悪質なものにしているかもしれないが、しかし、その代理指標を代理指標として合理的でないものにするわけではない。

性別に基づく分類も、しばしば合理的である。男性と女性の間には「本当の違い」があるし、女性が限定的な機会しかもたなかったという歴史は女性や男性が発達させてきた特徴に影響を与えてきたし、私たちの社会は——特に職場においては——家族のケアの責任を負うことのない理想的な労働者を中心に今なお組織されているがために、性別に基づく分類がデータによって裏付けられることはたしかである。たとえば、軍隊が、性別を「扶養配偶者をもつ人物」の代理指標に用いているとしよう。その使用の根拠には、男性のほうが扶養配偶者をもっている見込みが高く、したがって、男性という代理指標はその標的が扶養配偶者をもつことと実証的に見て相関的だ、ということがあるとしよう。すると、軍隊は、既婚男性の軍人には特別手当を与える一方で、既婚女性の軍人には手当を与える前に配偶者を扶養していることを立証するように求めるという方針を、合理的に採用することになるだろう。この代理指標の使用は今日では合理的ではないかもしれないが、一九七三年にフロンティエロ対リチャードソン事件[16]（*Frontiero v. Richardson*）においてこうした方針の正当性が疑われたときには、性別はこうした扶養とかなり強く相関していたようである。

興味深いことに、ブレナン裁判官は、性別に基づく分類の使用を無効にする法廷意見を著すに際して、この分類は効率的でないがゆえに無効であると論じた。既婚男性の軍人の配偶者は扶養を受けているとただ想定すれば、経費の節約になるだろうと地方裁判所は認定した。これに反論して、ブレナン裁判官は、男性軍人の妻の多くは実際には扶養を受けていないのだから、軍が節約できるとすれば、手当を支給する前に配偶者の扶養証明をすべての軍人に要求することによってだと論じた[17]。興味深いことに、ブレナン裁判官が引き合いに出したデータは、彼の主張をうまく証明するように選び出されてはいない。大半の男性軍人の妻が夫の扶養を受けているかどうか（したがって、男性代理指標が、扶養している配偶者がいるという特徴と実証的に見て相関しているかどうか）を調べる代わりに、ブレナンは、労働市場において一般に女性が占めている割合についてのデータを引き合いに出している[18]。けれども、ひょっとしたら、男性の軍人の妻たちは他の人たちよりも伝統的なジェンダー役割を引き受ける見込みが高いかもしれない。彼女たちの夫の職は家族に頻繁な引っ越しを要求するので、彼女たちの雇用の選択肢は限定されているのかもしれない。もっと決定的なことには、ブレナンは、扶養に関する調査を実施するのにどれくらいかかるのかという点と比較して、どれくらいの金額を節約できるのかについてのデータを提示していない。すべての既婚の軍人を調査することによって全体として軍は節約することになるという主張をする限り、彼はこのデータを提示しなくてはならない。

このような脱落は何ごとかを物語っている。なぜなら、データに関するこうした脱落は、データが示す事実がどうであれ結果は変化しなかっただろうということを示唆しているからである。大半の男性軍人の妻たちが実際に扶養を受けており、それゆえ、既婚男性のそれぞれの事例を調査する代わりに、扶養については性別に基づく代理指標を用いることで、軍は節約しているのだとしよう。それでも、この分類の使用が少しましになるとはとても思えない。フロンティエロ判決での不当さは、不合理性や効率の悪さに存するようには見えないし、実際にその分類は不合理でも効率が悪かったわけでもなかった。キャサリン・マッキノンは、性差別に関するさらに古い事例であるリード対リード事件（*Reed v. Reed*）について論じた箇所で、まさにこの点をはっきりと主張している。[19] リード判決は、遺族の誰が遺産管理人を務めるのかについて故人が希望を表明していなかった場合、誰を遺産管理人とするかを決定するにあたって、女性よりも男性を優先していたイリノイ州法を審理した。マッキノンの見るところ、「ほとんどの女性が教育を受けておらず、商取引からも完全に締め出されているとすれば、男性のほうが女性よりも遺産管理人にふさわしいと仮定することは、さらに輪をかけて合理的で、事実に基づき、恣意的でなく、法の目的に実質的に関連してもいることだろう[20]」。

先述の例が証拠立てているように、明白に道徳的に許容不可能な差異化は、実のところ、合理的であることが多い。不合理な差別だけでなく合理的な差別も禁じている合衆国の差別禁止法は、この事実を反映している。サミュエル・バゲンストス[21]は、障害をもつアメリカ人法（Americans with Disabilities Act, ADA）が公民権に関するその他の制定法と実質的に違いはないことを説明する際、この点を強調している。差別禁止法と配慮義務の間の違いは見せかけにすぎないことを暴くためにバゲンストスが集めた証拠のなかに、差別禁止法の多くが不合理な差別だけでなく合理的な差別も禁じているという事実がある。彼は次のように強調している。「今日の重要な差別の問題のなかには合理的で統計的な差別がある。この差別においては、雇用者が、被保護集団に分類される立場を低い生産性の代理指標として用いている[22]」。

しかし、代理指標が依拠している一般化が正確であるかどうかにかかわらず、人種や性別を低い生産性の代理指標として用いることは法によって（正当にも）禁じられている。雇用者が人種的マイノリティや女性を害したいという欲求に基づいてふるまっていたり、不正確にステレオタイプ化したりしている場合だけでなく、自分のビジネスを最も効率的に行いたいと思っているだけの場合でも、同じである。[23]

多くの悪質な差別は合理的であるという見方に論争の余地はない。それにもかかわらず、このことはたいてい見逃されている。たしかに、たとえば、人種や性別を他の特徴に対する代理指標として使用することは不合理でありうるし、こうした分類を使用する傾向は敵意か欠陥のあるステレオタイプ化の産物でありうる。そのため、このような考え方やふるまい方を非難したり止めさせたりしようとする欲求が自然に生じる。しかし、こうした事例は重層的に決定されている。それらが不合理かつ悪質であるという事実は、それらが悪質であるのはそれらが不合理だからなのかどうかについては、私たちに何かを言っているわけではまだない。

ここで、バゲンストスは、繰り返し取り上げるに値する優れた分析を提示している。この章の議論はこの分析に依拠してもよいくらいである。バゲンストスは、雇用の文脈に焦点を合わせる。そして、雇用者の効率性への関心が要求する通りに被雇用者が扱われる権利を擁護する論者は実際にはおらず、そして賢明にもそうであることを指摘している。仮に、資本主義のそういう合理的方法で雇用者が被雇用者を扱うことを法が要求しているとしよう。その場合、「少なくとも職が希少である時には、企業がその社会的責任を果たそうとすればその度にこの権利に抵触することになるだろう」。そして、「資本主義の合理性に反する罪を私たちは市場が罰することを期待するかもしれない」が、「市場がそれを怠ったならば法が罰するべきだ」と論じることは奇妙だろう。[24] たとえば、雇用者が地元のコミュニティから従業員を雇うことを決定した場合、被雇用者の側は、資本主義の合理性（雇用者の観点から見た効率性）から逸脱しているという点に基づいて雇用差別を訴えたりはしない。そうすべきでもない。

要約すれば、バゲンストスは、憲法でも制定法でも、差別禁止法は現在、不合理な差別だけでなく合理的な差別も禁じていることを強調している。この事実自体には議論の余地はない。ただし、合理的差別の禁止の位置づけについては不一致が見られる。この禁止は差別禁止法の「心臓部」[25]を成しているのか、それとも、周縁部に位置する例外なのか[26]。さらに、本章の目的にとってはますます重要なことだが、こうした合理的差別が禁止されるべきだということについて――その見解のために持ち出される理由は非常に多岐に渡るかもしれないが――白熱した議論が存在しているようには思われない。先に挙げた例は、合理的な人種差別や性差別がしばしば正当にも禁じられていることを立証している。したがって、分類の正確さは、その分類が許容可能であることを確証するには十分ではない。

無能さと愚かさ――不正確さだけでは平等に対する侮辱にはならない

正確さは分類の使用を許容可能にするには十分でないという点には議論の余地はない。ほとんどの人は、正当にも禁じられている合理的差別の実例が存在することにただちに同意する。集団に基づく一般化を使用することが許容されるかどうかにとって、合理性以外の他の事柄も重要であることは明白だと思われる。もっと論争的になるのは、分類の正確さは分類の許容可能性にとって必要でないとか、不正確さや不合理性は道徳的問題を示唆しない、という主張である。たとえば、平等保護の原理は合理性を最低限の要件として扱っている。疑わしい特徴に基づく分類は合理的である以上のことが求められるが、疑わしくない特徴に基づく分類でも少なくとも合理的でなければならない。しかし、分類の不正確さや不合理性だけでその分類を許容不可能にすべきなのだろうか。

不正確な一般化に基づいて人々の間に区別を付けることは、その差別を不当にする別のいくつかの特徴を伴っていることがある。この点に最初に注意を向けることは重要である。私は、不正確な分類を用いることは決して不当にはならないと言いたいわけではない。むしろ、私が論じているのは、分類の正確さや不正確さは、人々を道徳的な平等者として扱うべきだという要求にその分類が抵触する理由にはならない、ということである。この主張の是非を判定するための方法は、不当さを生み出す特徴が不正確さ以外には見当たらないように思われる事例を吟味することである。

たとえば、ある大学が、卒業前に水泳のクラスを修了することを、数学と科学の専攻学生だけに要求するという方針を採用しているとする。大学の学生はそのような要求に関して同じように扱われるべきだというコミットメントからしてすでにただちに、学生に対して異なる卒業要件を課すことにはどこか不当なところがあるように思われる。このコミットメントは、どういう健康状態にあるかに関わらず、全員が健康保険に加入すべきだと主張するのにどこか似ている。かくして、これは、正義に基づいた議論であるか、大学に関する考え方に基づいた議論である。しかし、人々を道徳的な平等者として扱うことへの関心に基づく議論ではない。すべての学生は同じ卒業要件を課せられるべきだという主張は、簡単に擁護できるものではないように思われる。言語専攻の学生には語学コースを取ることを、科学専攻の学生には科学コースを取ることを、ライティングの技能が足りない学生には英作文のクラスを受けることなどを要求することに根拠がないだろうか。こうした要求の主張がどれくらい強力かはさておき、今後、私たちは、異なる卒業要件を課すことは概ね許容可能であると仮定しよう。では、数学と科学の専攻学生だけに水泳の試験に通ることを要求する方針には、問題があるのだろうか。

この方針の根底にある一般化は、数学と科学の専攻学生は、それ以外の学生よりも、泳ぐことが苦手である見込みが高いというものだとしよう。この一般化が誤りだったと判明するという想定は不当ではあるまい。数学や科学の専攻学生は、他の専攻の学生よりも泳ぐことができない見込みが高いわけではない。では、泳ぐことが上手な数学や科学の専攻学生の不満の本質は何だろうか。

一般化がその学生を間違った仕方で性格付けていても、このことは学生の不満の基礎にはなりえない。というのも、この主張は正確な一般化についても当てはまるはずだからである。[27] 結局、正確な一般化は、過小に包摂的であり、かつ過大に包摂的である見込みが高い。数学と科学の専攻学生の多くが、社会科学や人文科学の専攻学生に比べて泳ぐことができないとしても、数学や科学の専攻学生のなかには上手に泳ぐ者がいるし、社会科学や人文科学の学生のなかには泳げない者がいる。あるいは、学生は次のように言うかもしれない。一般化はしばしば避けられないし、正確な一般化であってもある程度は過大かつ過小に包摂的になるので、そのような一般化によって担わされる重荷も避けられない。けれども、不正確な分類に関しては、それによって担わされる重荷は避けることが――あるいは、少なくとも、減らすことが――できるだろう。責任者が、分類が不正確だという事実を確認しさえするならば、私が水泳のクラスを取る必要はなくなるはずだ、と。

これは、深刻な――法律や政策が同等の道徳的価値をもつ者として人々を扱うべきだという要求に違反しているという――不満なのだろうか。この問いに答えるために、大学はさもなければどういう方針を採用しただろうか、という問いを吟味することにしよう。大学は、代わりに、(a)泳ぐことのできない人たちに対する正確な代理指標を用いることができたか、(b)(全員に水泳クラスを取るように要求するか、あるいは、誰にも要求しないことによって）全員を同じように扱うことができたか、であろう。以下では、それぞれの可能性を検討する。

正確な代理指標を用いることの失敗

水泳能力を測定するために大学が代わりに用いたかもしれない正確な代理指標――たとえば、水泳の試験――が存在するとしよう。[28] 第一に、水泳の試験は、水泳の能力を予測するために学生の専攻を用いる場合に劣らず、集団に基づいた一般化に依拠していることを思い出すことが重要である。フレデリック・シャウアーは、ピットブル〔闘犬用の犬種〕の所有を禁じる規制と、すべての犬を危険性に関して検査することを要求する規制を比較している。その際に彼が説明しているように、どの試験も背景的な想定、すなわち、「試験や臨床状況の下での攻撃性によって、現実の生活での攻撃性に関して必ずではないにしても通常は示唆される事柄についての何らかの一般化」[29] に基づいている。このように、水泳試験という戦略は、試験に通る人は水泳の能力の高い人であり、水泳試験に通ることは水泳能力の正確な代理指標であるという一般化に基づいている。

学校が水泳試験のようなより正確な代理指標を用いるのだとしても、この（試験に通った人と試験に通らなかった人の間の）区別は、水泳の上手な先の学生が水泳のクラスという重荷を免れるという結果を必ずもたらすわけではないだろう。水泳試験そのものも――総体としては正確であるにもかかわらず――不完全なものである見込みが高い。試験に通った人々は、通らなかった人々よりも、有能な泳ぎ手である見込みが（はるかにずっと）高い。しかし、誰かがその試験を実施しなくてはならないし、その人は、水泳クラスの要件を免除されるのに十分なくらい泳ぐのが上手なのは誰かという点に関して判断を間違えることがある。さらに、学生は、試験当日、試験の延期を願い出る程ではなかったにしても、体調が悪かったかもしれない。その学生は、泳ぎを中断して休まずにはいられなくなり、プールの途中までしか泳ぐことができないかもしれない。言い換えれば、学校が正確な代理指標を使用することで、不必要なクラスを受けなければならない重荷を課せられる人が減ることにはなるだろうが、だからといって、どの特定の人物も間違った仕方で性格付けられることはないという保証が得られたわけではないのだ。

　第二に、大学が、水泳試験ではなく数学と科学の専攻を一般化の類型に使用することにはもっともな理由がある。水泳試験は費用がかかる。誰かが、卒業前の学生の一人一人をその学生がプールで泳いでいる間に評価しなくてはならない。とはいえ、これは、費用が安くついても正確ではない代理指標に代わる措置なのだから、有益なお金の使い方には違いない、という反論があるかもしれない。費用の総計を考慮したこの議論は、いずれも正確な次の二つの審査方法を比較するならば、納得しやすくなる。すなわち、費用は多くかかるがより正確な方法と、費用は少なくなるが正確さでは劣るような方法の比較である。両者を比較すると、なぜ、正確さでは劣るが費用は少ないほうの代理指標が好まれるのかが容易に理解できる。より正確な代理指標を使うのにかかる費用が、この代理指標を使用することによって得られる利得を超過する見込みが高いのであれば、正確さでは劣るほうの指標を用いることには意味がある。たとえば、ディベート大会における学生のスコアは、ＳＡＴよりも正確に、カレッジでの学生の高い学業成績を予測するとしよう。しかしながら、あるカレッジは、割に合わないかもしれない以上は、ディベート大会のスコアを用いることは賢明に避ける。こうしたディベートを企画し、点数をつけるためにかかる費用はあまりにも高くつく見込みが高い。それゆえ、入学許可に関するより良い決定によって生みだされる利得を損ないかねない[30]。

正確性では劣るが費用は少なくて済む代理指標を選ぶことにはしばしば意味がある。そうだとすれば、不正確だが費用は安くつく代理指標の内、利用者が採用した時にその不正確さに気が付いていないような代理指標を選ぶことが時にはある、ということも理解できる。不正確な代理指標であっても、一見したところでは無理のないものに見えることがあるだろう。それは、不正確である理由が、その代理指標が不完全なデータに支えられた一般化に基づいている場合か、ステレオタイプに由来する未検証の一般化に基づいている場合か、である。私たちが検討中の事例では、後者である見込みが高い。そこにはお馴染みのステレオタイプがある。数学と科学を専攻するようなタイプは、野暮ったくて運動のできないオタクたちで、他のカレッジの学生たちよりも泳ぐのが上手い見込みは低い、というわけだ。ステレオタイプは通常は非難されるので、未検証で不正確なステレオタイプに依拠することがこの分類を許容不可能なものにするかどうかを調べることは特に興味深い。もし、許容不可能にしないのであれば、欠陥のあるデータに依拠するという、もっと無害と思われる事例も許容不可能ではない見込みが高い。

提案された一般化が正確であるかどうかを検証することにはそれ自体費用がかかるとしよう。問題がそれ程大きくならないのであれば（結局のところ、必要のない水泳クラスを取ることを要求するとしてもそれはそんなにひどいことではない）、カレッジが未検証で不正確かもしれない一般化に依拠し続けることも理解できることかもしれない。もちろん、何らかのステレオタイプに依拠すること（女性は数学や科学は不得意だとか、アフリカ系アメリカ人は白人よりも犯罪者である見込みが高いとか）は道徳的に問題含みであることを、ここで明記しておくべきではある。しかし、本章で論じてきたように、これらが問題含みであることは、こうしたステレオタイプが正確であろうと不正確であろうと同じである。ある雇用者が、こうした一般化に基づいて女性やアフリカ系アメリカ人の雇用を拒否しようとしているとしよう。その場合、数学や科学の才能に際立って恵まれた女性はわずかだとか、犯罪者のなかでアフリカ系アメリカ人の割合は高いといった主張はデータによって裏付けられる。しかし、この事実がこの主張に正当な根拠を与えるということにはならないだろう。

しかし、その方針が依拠している一般化が、不正確であるばかりでなく、簡単に（少ない費用で）検証することができたり、不正確であることが知られていたりするなら、どうだろうか。こうした状況は、この方針によって誤った性格付けをされた人には不満を抱える確たる根拠があると結論するための最も強力な事例のように見えるだろう。しかし、この人にそのような根拠があるだろうか。こうした事例のいずれにおいても、大学はどこか愚かな、あるいは無能なことをしている。その方針は容易に評価できるのであり、それほど容易なのであれば大学はその方針を評価すべきである。数学と科学の専攻学生は他の学生たちと同じように泳げるとデータがすでに示しているのであれば、大学は方針を変えるべきである。しかし、ここではどういう意味でのべきが関与しているのだろうか。大学の観点からすれば、大学の目的からして、方針を変えるのは当然である。学生は、不満を漏らしているとき、「この方針によって害を被った」とか「大学の目的からしてみれば、これは馬鹿げた方針だ」などと言う。したがって、その学生は、大学は馬鹿げた誤りを犯しており、その誤りが不幸にも自分に影響を及ぼしていると述べている。しかし、これは、公正な処遇という規範に反しているという不満なのではない。結局のところ、馬鹿げた誤りを全然含まないような方針は不可能であり、そうした誤りの影響を受けることは、たしかに害ではあるが、私たちがそれを避ける権原を与えられているような種類の害ではない。反差別とは愚かさを修正するためのものではないのだ。

ここで問題になっている誤りは、人々に悪影響を与えうるもの、すなわち国家、機関、あるいは個人が犯すような誤りと何ら変わりはない。そうした誤りから真っ当な苦情が生まれることもあるかもしれないが、その苦情は平等には結びついていない。たとえば、ある大学（とその建築家たち）が新しい図書館を設計するときに本の重さを考慮し損ねたとしよう。[31] 結果として、大学は図書館の構造的な配置を修正するためにもっとお金を費やさなければならなくなる。こうした追加の資金を用意するために、大学は学費を上げるか、あるプログラムを止めるかしなくてはならない。どちらの選択肢によっても重大な影響を受ける学生は出てくるだろう。この場合、学生たちは容易に避けられた誤り――馬鹿げた誤り――によって否定的な影響を受ける。学生たちは必ずや責任者の未熟さについて不満を漏らすはずだし、その大学に利害関心をもっている人であれば誰であれ、このような大きな誤りが起こりうる意思決定プロセスを修正しようとするはずである。けれども、悪影響を受けた学生たちが抱えている不満の種が、何らかの権利、とりわけ、等しく道徳的配慮に値する者として扱われる権利の侵害とみなされるようなものだとは私は思わない。不幸ではあるが、これらは、私たちが折り合いをつけて――あるいは、そうした重要な決定は必ずきちんとした人が下すようにして、避けるなり改善するなり試みて――いくしかない類いの誤りである。

しかしながら、図書館の場合と水泳試験の場合とでは、同じ馬鹿げた誤りといっても、一つの違いがある。後者は明白に人々の間（数学と科学の専攻学生とそれ以外の学生）に区別を付ける方針に関係しているが、前者の場合にはそのような方針は問題になっていない。たしかに、このような違いがあるというのはその通りである。しかし、問題はこのことが重要な意味をもつかどうかである。図書館の場合の失態との類比を持ち出すことによって、私が説明しようとしているのは、二つの事例が一見してそう思われるよりもずっと類似しているということである。

同じポイントを――しかし、学生の間に区別を付けるという文脈において――突く別の例を考えてみよう。ある大学が、卒業前に外国語能力試験に通ることをすべての学生に要求しているとしよう。ほとんどの学生は自分が習得したい言語を選ぶことができる。しかし、政治学部の学生には、中国語かロシア語を習得することが要求される。これらの言語は、(フランス語やスペイン語のような)それ以外の言語のいくつかよりも難しく、そのため、政治学専攻の学生にとってこの要求は負担になっている。さらに、政治学専攻の学生は、どの言語がこの要求を満たすかという点についての選択の幅も小さい。これも負担である。

この方針が依拠している一般化は、ほとんどの政治学専攻の学生は、仕事で、あるいは大学院でのこの分野の研究で、中国語かロシア語を必要とするようになるというものである。スペイン語を学びたいと願っている政治学専攻の学生がいるとしよう(そして、スペイン語能力を証明することで語学の要件を満たして、中国語やロシア語のコースも取る必要はなくなればと良いと思っているとしよう)。この学生は、ラテンアメリカに関する問題に取り組むことに関心をもっている。この方針の根底にある一般化は、明らかにこの学生を誤った仕方で性格付けている。加えて、その方針は誤りに基づいていると仮定しよう(この仮定は不当ではあるまい)。つまり、ほとんどの政治学専攻の学生が就く仕事は、中国語やロシア語を必要としてはいない。むしろ、学生たちの将来の仕事や大学院での研究が要求する語学力の程度に関しては、スペイン語やアラビア語のほうがはるかに有益である。さらに、その方針が中国語とロシア語を要求し続けているという事実は、語学教育を管轄する教授たちが、この業界に入った頃からどのように世界が変化したかに気を配っていないという事実のためだ、と仮定しよう。その方針は（容易に修正できる不正確な一般化に基づいた）馬鹿げた誤りを生んでいる。学生と大学アドミニストレーターは方針を変更し、時代遅れの教授陣が変化するように働きかけるように努めるべきである。しかし、学生たちは、人格の同等の道徳的価値へのコミットメントを侵害する仕方で扱われてきたわけではない。

政治学専攻の学生は、他の学生よりも自分たちに多くを要求する方針によって悪影響を受けている。加えて、この方針は不正確な一般化に基づく――それも極めて容易に検証できるような――ものである。それは愚かな方針であり、その政治学部が実に脆弱で時代遅れであることを示している。けれどもそこには、私たちを悪質な差別に対して苛立たせるのに必要な何かが欠けているように思われる。私たちは、未熟さ（政治学部の教授陣は現在の政治的文脈でどの言語が最も有益かを知るべきである）に苛立つかもしれないが、不公正や平等な処遇の欠如について語るにはもっと多くを必要とするように思われる。水泳試験を要件とするという例でさえ、平等に関する事項へのつながりはわずかなものだった。私の見解では、そのつながりは、この事例に関与していた不正確な一般化の種類の内にあった。数学と科学の専攻学生はオタクっぽくて運動ができないという主張は、これらの学生たちを（あるいはそれが正確だったとしても）侮辱しているように思われる。私が思うには、一般化のこの側面が、悪質な差別だという主張を（あまり強い主張ではないにしても）可能にするのであり、不正確さについての主張だけではこれには足りないのである。

全員を同じように扱うことの失敗

大学には、不正確な代理指標を使い続けることに代わる別の可能性が二つある。つまり、(先に議論したような) 正確な代理指標に取りかえるのか、それとも全員を同じように扱うのか、である。そうした方針はいつでも、可能な限り、全員を同じように扱うべきだとなぜ言わないのだろうか。同じように扱うという方針は大いに異なった効果を生み出しうるのであり、その多くの仕方については豊富な文献が存在している。[32] そうした文献の多くは、全員を同じように扱うことに私たちが決めたとしても、その同じ処遇なるものがどういうものなのかについての問いは残るという点を強調している。たとえば、水泳クラスを要件とする場合、すべての学生が水泳クラスを取ることを要求するか、誰もそのクラスを取ることを要求されないと定めるかのどちらかが、大学には可能であろう。労働者の権利を定める法律であれば、子どもの誕生や養子縁組の後にはすべての労働者が育児休暇を取ることが認められるように雇用者に要求するのか、あるいは、そのような要求は完全になくすのか、のいずれかが可能だろう。[33] フェミニズムの批評家らは、私たちがどういう方針を採用するのかが重要な帰結をもたらす可能性を強調してきた。

さらに、異なる処遇をするために特定の個人を割り出すことにはしばしば十分な理由がある。全員を同じように扱う方針は、たいてい犠牲を伴う。たとえば、水泳クラスの文脈において、全員が水泳クラスを取るように私たちが要求するならば、不必要なクラスを取るように要求されることになる (おそらくは多くの数の) 人々が出てくる。逆に誰にも水泳クラスを取るように要求しないのであれば、泳ぎを学ぶことができたかもしれなかったのに結局学ぶことができなくなる学生が出てくる。[34] この二つの代替案のどちらもあまりにも高い犠牲を払わせる。そうであれば、差異化する処遇の方針のほうを選ぶことには十分な理由がある。この方針にもそれに特有な欠点はあるにしても。

それほどコストが高くならない場合には、同じ処遇のほうを優先する十分な理由があるかもしれない。フレデリック・シャウアーは、人々を平等な者として扱うことが異なる事例を同じように扱うことを要求することもあると主張して、このような優先を擁護している。シャウアーは、ギリシャ神話に登場する盗賊で、英雄だとはとても思えないプロクルステスを賞賛する。プロクルステスは、道行く人にベッドを提供したが、誰であれ自分のベッドにぴたりと合うように、その体を引き延ばしたり切り詰めたりした、とされている。シャウアーが語るところでは、「プロクルステス主義者」であるとは、したがって、「プロクルステスが、通りがかったすべての人を同じベッドにはめ込んだように、すべての状況を同じ鋳型にはめ込もうとして、不合理にも均一性にコミットする」ということだ[35]。シャウアーは、同じような事例は同じように扱われるべきだというそれだけの理由では、異なる事例は異なった仕方で扱われるべきだということには必ずしもならないと論じる。むしろ、彼は——プロクルステスとともに——異なる事例が同じように扱われるべき時があると論じたいと考えている。その議論の一部は、差別禁止法の多くがまさにそうしていることを読者に示すことにある。たとえば、合理的な人種差別や性差別を禁じている差別禁止法の箇所は、現に、私たちが異なる事例を同じように扱うことを要求している[36]。

これらの事柄のバランスを図る必要は、たとえば、空港の検査の文脈ではとりわけ重要である。一方で、旅行者たちはさまざまに異なる危険なリスクをもたらすかもしれないから、旅行者たちを異なる仕方で扱うことには十分な理由がある。特定の都市の間を行き来している特定の年齢の旅行者たちで、以前には特定の国々を訪れていたなどといった場合、この旅行者たちは、テロリストや麻薬の運び屋である見込みが高いかもしれない。他方で、全員に同じ検査手続きを受けさせることによって、すべての旅行者を同じように扱うことにも重要な理由がある。すべての旅行者に靴や上着を脱ぎ、手荷物をX線検査装置に通すように要求することで、私たちは、検査のために呼び出されることに貼付けられるスティグマを根絶しているのである。結局、検査という重荷は、不便さやプライバシーの侵害として部分的に働くにすぎない。他方、検査のために呼び出されることのスティグマに関する害は、何人かだけが調べられる場合には、疑いなくこの検査の最も厄介な側面になる。

しかしながら、全員を同じように扱うことには、しばしばかなりのコストが伴う。飛行機の乗客のすべてを細かく調べることは実行不可能なので、全員を同じように扱うこと（すなわち、精密な検査のために乗客を呼び出したりはしないこと）は、最も危険である見込みが高い人たちも細かく調べはしないということを必然的に含む。どの乗客が最も危険である見込みが高いかについての判断は一般化に基づいており、ほとんど確実に過大に包摂的であり過小に包摂的でもある。それゆえ、細かく調べられた乗客のなかには、危険ではない者が出てくる。おそらくほとんどの乗客は危険ではないだろう。それにもかかわらず、乗客のどの特徴が危険性と強い相関関係をもつかに関わる手持ちの情報を活用しないとすれば、相当なコストを払うことになる見込みが高い。現在の混合的な方針（全員を少し調べ、それなりの数の人を細かく調べ、わずかな数の人を徹底的に調べる）はおそらく、これらの問題のバランスを取ろうとしているのだろう。この混合的な方針は、それぞれの方針を少しずつ実行することで、これらの問題を除去しているというわけではない。むしろ、異なった処遇へのハードルをかなり高目に設定することで、妥協案を採用しているのである。

全員を同じように扱うためのコストがそうすることで得られる利益を上回る、もっと平凡な例がある。

つまり、運転手には一定の年齢以上であることと基礎的な技能試験に合格していることを要求する法律である。こうした法律は、最低年齢（たとえば一六歳）以上の年齢で試験に通った人々と、この年齢未満であるか試験に落ちた人々とを区別している。人々の間に区別を付ける（年齢と試験結果に基づいて差別する）よりも、全員を同じように扱う方針を私たちは採用できるかもしれない。区別を付ける代わりに全員を同じように扱うやり方として二つの可能性があるが、それらの可能性はこの文脈では受け入れがたい程のコストを要することになるだろう。まず、私たちは誰にでも運転することを認める――すなわち、一切の年齢と技能に関する要件を廃止する――ことができるだろう。あるいは、運転を完全に禁止することもできるだろう。どちらの代替案も魅力的ではない（地球温暖化、運転中の逆上、通勤に起因すると思われるストレス関係の疾患の増加を背景に、この結論を問い直す人もいるかもしれないが）。そうであれば、異なる事例を同じように扱う制度よりも、異なる事例は異なる仕方で扱うように試みる制度のほうに私たちが向かうのはなぜかを理解することは容易い。しかし、異なる仕方で扱うことは分類を必要とし、このことは不正確であるというリスクを冒すことになる。

最後に、全員を同じように扱うことが――そのほうが望ましいとしても――不可能な状況もある。たとえば、学校や会社で定員よりも多くの志願者がいる場合、全員を同じように扱うことは端的に不可能である。空いている就職口よりも多くの人々が職を求めて応募してくるならば、志願者の全員が職を得ることはできない。学校や大学への入学許可に関しても同様である。同じ規準――たとえば、最も高い成績の人々だけが入学を許可されること――ですべての人を判定することは、全員を同じように扱う（全員が職を得る）ことと同じではない。むしろ、同じ規準ですべての人を判定することは、その人々の間に、この場合は高い成績の人々とそうでない人々の間に、区別を付けることである。この方針は、高い成績の学生は（学校や仕事で）他の学生よりもうまくやる見込みが高いという一般化に基づいている。このように、空きが少ない状況では、全員を同じように扱うことは単純に無理であろう。人々がもっていたり、あるいはもっていなかったりする特性に基づいて、その人々を区別しなければならないのであれば、私たちは、そのようにすることはいつ許容可能なのか、あるいはそもそも許容可能なのかどうかという問題を扱わなければならない。この章は、この問いに答えることによって、分類の正確さの関連性に取り組むものである。

正確さを考慮する予防的理由

一般化の正確さが重要なのは、正確さ自体に道徳的な関連性があるからではなく、むしろ正確さの要求が予防的な目的に役立つからではないかと思われる。正確さを義務付け、不合理な区別を禁じることは、正確さ以外の理由で不当であるような区別の付け方を防ぐのにも良い働きをする。一体なぜそうなのだろうか。分類を行う人物や団体が、自らの目的を達成するために、その分類が、探し求められている特徴の正確な代理指標であることを確実にするのは当然のことである。時には、不注意や愚かさゆえに、関係者がこのことに失敗することもあろう。時には、もともとの一般化が、私たちの社会ですでに不利益を被っている人々を妨害するお馴染みのステレオタイプをなぞっているために、不正確さが残るということもあろう。人々が、自らの信念を確証するような観察を過大評価し、自らの信念に疑問を投げかけるような観察を過小評価するということには多くの証拠がある。(37) たとえば、上司が、女性はたいてい子どもが生まれると仕事を辞めるか、あるいは大幅に仕事を減らすという見解を抱いているとする。

その場合、この上司は、女性がまさにこの見解通りにする時には気がついて、このことを自らの見解を確証するものと理解する見込みが高い。しかしながら、他の女性が、子どもが生まれた後も働いている場合には、このことはこの上司にとってあまり目を引く出来事にはならず、もし気がついても特異な事例として理解する。正確さの要求は、いわゆる確証バイアスに抵抗することや、不正確であっても存続していく可能性のある誤ったステレオタイプに疑念を抱くことに役立つ。もちろん、正確さの重要性に関するこうした予防説が確かなものかどうかを評価するためには、区別を付けることのどういう事例が不当であるのかについての理論が必要である。それでも、正確さは予防的な理由のために重要であると判明するかもしれない。別言すれば、不正確な一般化を禁じることは、他の理由で不当であるような区別付けの事例を防ぐのに役立つ可能性がある。

正確さの要求を支持するこうした議論は、合理性や不合理性がなぜ重要であるように見えるのか、を説明するのにいくらか助けになるように思われる。それはそうだとしても、この議論について注意すべき第一の点は、この議論が、こうした予防規則がもたらすと予測される望ましい帰結に基づいているということだ。この議論は、不正確さは道徳的に平等な者として人々を扱えという規範に反しているという主張に基づいているわけではない。それゆえ、正確さの要求のこうした正当化は、正確さは分類の道徳的な許容可能性には関連性がないという私の主張に異議を唱えるものではない。むしろ、予防は、人々を平等な者として扱えという規範を法理に沿って特定の仕方で実現するための、あるいは意思決定者向けの賢明な指針のための論拠である。

第二に、正確さは予防的理由にとって重要だという主張は、評価することが困難な経験的想定に依拠している。正確な分類を要求する理論的スキームは、不正をもたらす特徴に直接的に焦点を当てるような他のスキームよりも、本当に不当な事例を防ぐことに成功しているのだろうか。私たちにできるのは推測することだけである。さらに、このスキームは不当でない事例も防止する（過大に包摂的）ことになるという事実は、不正確な分類だけが議論の的になっているので、問題ではないのかもしれない。しかしながら、この理論的スキームが、何らかの差異化が悪質な仕方で差別しているかどうかという問いに関連している問いや問題点への考慮を妨げるように働く可能性はある。

次の例について考えてみよう。グエン対移民・帰化局事件[38]（*Nguyen v. I.N.S.*）において、連邦最高裁判所は、未婚のまま国外でアメリカ合衆国市民の父に生まれた子どもは、合衆国市民の母に生まれた子どもよりも、合衆国の国籍を取得するために、高い証明基準を満たすように要求する法律を支持した。合衆国市民の母に生まれた子どもは、母が最低限の居住要件を満たしてさえいれば自動的に合衆国市民とみなされるが、これに対して、合衆国市民の父に生まれた子どもは、その子どもが一八歳になる前に、父が父子関係を正式に認知したという証拠を出さなくてはならない。このようにこの法律は定めている[39]。合衆国市民の親の性別は、子どもに関して求められる二つの特色の良い代理指標だという根拠に基づき、この法は擁護された。第一に、政府は、子どもと合衆国市民の親との生物学的な親子関係を保証することに関する利益を主張した。第二に、政府は、子どもと合衆国市民との親子関係の成立を保証することの利益を主張した。法律を支持して、ケネディ裁判官は、合衆国市民の親の性別はこうした特徴の良い代理指標であることを強調した。

グエン判決は、性別に基づく分類を含んでいるために、合理性を求めるだけにとどまらない、高められた審査基準をパスしなければならなかった。しかし、私がここで主張したいと思う点はこの事実には影響を受けない。多数派となるケネディ裁判官の法廷意見とオコーナー裁判官の反対意見は、性別に基づく代理指標と対象者に該当すると思われる人々の間の適合がどれくらいきついかという点にほとんどもっぱら焦点を当てている。では、代理指標とその対象となる人々の間の適合が、性別に基づく差別が許容可能かどうかを決定する際の不可欠の要素として扱われなかったとしたらどうだろうか。その場合には、この意見はおそらく他の特徴に焦点を当てることになるだろう。ケネディ裁判官の意見は、「出生時に……、母が子を認識することとその親子関係が事実であることが、未婚の父の場合には保証されていない仕方で確証されていることの承認」は「ステレオタイプではなく」——ステレオタイプということで彼はおそらく不正確な一般化のことを意味している——むしろ「真正」であり、それゆえ許容可能であることを強調している。[40] オコーナー裁判官の反論が指摘しているのは、不正確な一般化だけでなく合理的な一般化も法によって問題視されているということである。「当裁判所は、長きに渡って、……許容不可能なステレオタイプであっても、経験的に裏付けられた、したがってある意味で「合理的」なものかもしれないことを認識してきた」。[41] しかし、彼女は、正確なステレオタイプの内のどれには問題があり、どれには問題がないのかを判定するための、筋の通った根拠を代わりに提示しているわけではいない。

一方で、オコーナー裁判官は、「審査にあたった裁判所が、ある種の人々への「尊敬の欠如を示している」[42]」とみなした過度に広汎な一般化だけが」禁じられるという発想を拒否している。他方で、「当裁判所のこれまでの先例において、性別に基づくステレオタイプな分類を際立たせる典型的な特徴は、その分類が侮辱的であるかどうかにあるのではない。むしろ、性別が他のより適切な分類の基礎の代わりに代理指標として使えるという、単純で時代遅れの想定に依拠しているのかどうか、にあるのだ[43]」と、彼女は望みなくも指摘している。しかし、オコーナー裁判官は、ジェンダーはどんなときに代理指標として使えるのか、という問いを言い直しただけではないだろうか。彼女は、合理的な差別も禁じられることがあることを認識しているが、別の規準を提示することはためらっている。きつい適合の規準では、彼女の意見が強調している多くの事柄は抜け落ちるので、別の規準とはきつい適合ではない規準のことである。彼女は、尊敬を試金石とすることを明確に拒否しているが、それにもかかわらず、この発想を肯定する立場に接近した意見で、多数意見に対するコメントを締めくくっている。彼女は、多数派の議論を「それ自体が、男性は無責任だというステレオタイプを反映しているにすぎないかもしれず、このステレオタイプは、女性の「伝統的な」ふるまいのパターンについてのステレオタイプと同様に、分類の妥当性の基盤にはならない」ものとみなす。(44) しかし、生物学的につながりのある子孫に対して男性は無責任であり女性は責任をもつという一般化が、実際に、正確であるばかりか、(その分類が高く設定された適合の基準をもパスする程に)非常に正確であるならば、この一般化を問題含みにしているものは厳密には何なのだろうか。オコーナー裁判官は、鍵になるのは、一般化の正確さというよりもその内容であることを示唆しているように見える。しかし、正確さに焦点を合わせることがこの事実を――彼女自身にさえ――覆い隠してしまっている。

適合をきつくすること

これまでの議論の狙いは、正確さは、分類の許容可能性を確証するために必要でもなければ十分でもないことを示すことにあった。けれども、正確さはやはり重要な要素ではあるだろう。この節ではいくつかの例を用いるが、それらの例は、それらが悪質な差別を構成するということに私たちが同意するだろうと私が期待する例である。それらの例を用いるのは、適合をきつくすることがそれらの例の問題含みの特徴を改善するのに全く役に立たないことを示すためだ。しかし、なぜそのようになると考えるのだろうか。これまで私は、差別禁止法において、また、人々の間に区別を付けることはどんなときに道徳的に受け入れられるのか、そもそも受け入れられるのかについての私たちの共通理解において、なぜ正確さがこれ程までに際立った特徴であり続けているのかについて、ほとんど何も言ってこなかった。ここではただ推測できるだけだが、正確さにこのように焦点を当てることは、人種差別主義や性差別主義の歴史（つまり、悪質な差別の極めて本質的な実例であり、私たちの誰もがそこから道徳的な教訓を学んだもの）が不合理な差別の歴史であったという事実に由来すると、私は考えている。たとえば、投票することや陪審員になることを黒人に禁じる法律は、集団として見て、黒人には自制や思考に富む熟慮の能力が欠けている、という誤った見方に基づいている。専門知識の形成や財産の所有を女性に禁じる法律も、同じように、家庭の外部で発揮される女性の能力についての不正確な見方に基づいている。（この二つの集団を無力化する法律は、黒人と女性をその能力がどうであるかはともかく、これらの領域から遠ざけておくことを意図したものと見ることもできる。）こうした法律の根底にある一般化の不正確さは顕著であり、それゆえ、これらの法律を不当にしているものに関係しているように見える。

しかし、相関関係は因果関係ではない。三人の男がバーに行ったとする。一人目はスコッチと水を、二人目はウォッカと水を、三人目はジンと水を注文する。彼らはそれぞれ好みの飲み物をたくさん飲む。その夜の終わりには、彼らは全員酔っぱらう。私たちは、人々がどのようにして酔っぱらうのかについてあまり理解しておらず、水のせいに違いないと結論する。結局、全員が水を飲んだわけだし、全員が酔っぱらうことにもなった。差別禁止法の初期の頃もこの様子に似ている。悪質な差別の目立った実例が人種集団や女性についての不正確な一般化に基づいていたという事実に反応して、私たちは、この不正確さをそうした差別を不当にしているものの原因とみなすという誤りを犯してきた。

悪質な差別の二つの——一つは実在し、もう一つは創作した——例を見てみよう。それは、分類の根底にある一般化の正確さを向上させることによって、区別を付けることが以前よりも不当でなくなるように思われるかどうかを確かめるためである。もしそのようにはならないとすれば、正確さは差別の悪質さに因果的に関係しているのではないことが示唆されることになる。

一九九五年、保険業者が虐待を受けた女性の健康保険と生命保険に通常より高い保険料率を課しているという情報に、国民、弁護士、議会が反応し始めた。保険業者のこの慣行は、夫や恋人から暴力をふるわれている女性は、怪我をさせられたり、あるいは殺されさえしたりする見込みが平均的な保険加入者よりも高いのだから、合理的である。実際、保険業者は、虐待者のもとを去った虐待被害者とそのもとを去っていない虐待被害者の間に区別を付けていなかった。なぜなら、女性は虐待者のもとを去った直後に攻撃を受ける危険が非常に高いことが、データによって示されていたからである[45]。

私の見解では、そしてこの見解が共有されることを望むのだが、このような慣行は不当である。保険業者は、家庭内での虐待の被害者という立場を、その人を保険に加入させるか、あるいはその人にどういう保険料率を課すかを決定する際の規準に用いるべきではない。差別の基盤になる一般化が正確であるという事実があっても、やはり用いるべきではない。適合をきつくすること——一般化の正確さを高めること——は、この慣行について私たちが厄介だと感じる点を改善してくれるだろうか。私はそうは思わない。虐待被害者は、虐待者のもとを離れた後に、平均的な保険契約者よりも、保険プールから支払いを受ける見込みが劇的なまでに高いとしよう。正確さがこのように向上しても、それは重要なことでないように思われる。それどころか、不正義と残酷さの被害者に保険の販売を拒否することによって追い打ちをかけないことが必要だということのほうを際立たせている。とはいえ、基本的な論点は、正確さを高めることはその慣行の正当化に役立つようには思われないということにある。

第二に、ビジネス・スクールが過去一〇年間の卒業生に対する調査を行い、六〇％の女性の卒業生が有給の労働者になっていないことが判明したとしよう。ビジネスのリーダーを養成するというビジネス・スクールの使命に基づき、スクールはその入学許可方針において男性を優遇することを決定する。私の見解ではこのような方針は不当である。調査データが、今度は、八〇から九〇％の女性が有給の労働者になっていないことを明らかにしたとしよう。このことは私たちに何を語っているのだろうか。適合と許容可能性の間の因果関係が示唆するがごとく、男性の志願者と女性の志願者の間に区別を付けることの正当性を高めるのだろうか。私はそうは思わない。この新しい調査結果によって、私たちは最初の段階で女性に機会を阻むような方針を承認するようになるというよりも、かえって、なぜ女性が有給雇用から離れているのかを調べるように――そのように私は望むのだが――駆り立てられるはずだ。

この二つの例は、正確さは分類の許容可能性に因果的に関連しているわけではないことを示唆している。水を増やしても仲間がもっと酔っぱらうことはない。問題は水ではないに違いない。

純粋な恣意性

第一章で、私は次の例から出発した。ある雇用者が、名字がAで始まる人は雇用しないと決定する。その結果、アダムスは雇用されない。第五章における私たちの議論は、この種の事例の不合理性や恣意性を扱っていたのだろうかと思う人がいるかもしれない。本章で私は、ある区別の合理性や不合理性（そして、この区別が依拠している一般化の正確さや不正確さ）は、そのような区別を付けることが道徳的に許容可能かどうかに関して重要性をもたないことを論じてきた。しかし、不合理な差別でさえ（数学と科学の専攻学生は水泳試験に通らなくてはならない）何らかの理由には基づいている。（不正確だという意味で）悪い理由であったとしても。Aから始まる名字は駄目だという規準は、何の理由にも基づいておらず、悪い理由にさえ基づいていないように見える点で、異なっているように思われる。この種の純粋な恣意性について私たちは何を言うべきなのだろうか。これは悪質な差別なのだろうか。もしそうであれば、純粋な恣意性は貶価しているようには思われないから、悪質な差別とは貶価する差異化であるという私たちのテーゼに対する反例になるのだろうか。

ある決定が恣意的であるということは、したがって、（a）その決定は誤った一般化に基づいているということか、あるいは、次の二つの際立った仕方で、何の理由にも基づいていないかである。つまり、（b）くじ引きのような仕方か、（c）何らの理由にも、悪い理由にさえ基づいておらず、くじ引きの結果でもないような仕方か、である。三つ目の選択肢を記述する際にこうした選言的な言い方になる理由は、この三つ目の選択肢は、それが何でないかを言うという以外のやり方でそれが何かを言うことが難しいからである。（a）については先に論じたので、この節では――本章で私たちが「純粋な恣意性」と呼ぶ――（b）と（c）に焦点を当てる。

くじ引きにおいて効果を現すような類の恣意性から始めよう。限られた数しか分配できない何かがあり、しかも多くの人がそれを欲しがっているならば、くじ引きを用いることには時に意味がある。帽子のなかから（あるいは他のどういう手続きであれ）名前が選ばれた人々が、恩恵を被ることになる。別の言い方をすれば、私たちは、その名前が恣意的に選ばれたかどうかに基づいて、人々の間に区別を付けている。その人が選ばれるかどうかを決定するのにその人についての事柄は何一つ役割を演じていないという意味で、くじ引きは恣意的である。他方で、くじ引きは、人々を道徳的に平等な者として扱い損ねているわけではない。実際のところ、くじ引きは、その名が示している通り、各人が平等に選ばれるチャンスを提供するものである。その意味で、くじ引きはしばしば公正を具体化するものだと言われている。

三つ目の意味での恣意性――何の理由にもよらない決定であるが、くじ引きの結果でもない――についてはどうだろうか。この種の恣意性は道徳的に問題含みだろうか。私が本書の最初で取り上げた――名字がAで始まるという理由でアダムスを雇用しないという――例は、この記述に合致しているように思われるが、他方で、このような恣意的決定の本性とは何かを正確に把握することは難しい。その決定が本当に何らの理由にもよらないのであれば、くじ引きの恣意性に接近してくる。私たちが今、話題にしているのは、瞬間的にたまたま誰かの頭にひょいと浮かんだ選別手続き（Aから始まる名字は駄目だ）である。人々の間に区別を付けるためのそれ以外のやり方ではなく、このやり方が意思決定者の頭に浮んだのであれば、アダムスではなくベイカーを選ぶことは、実際には何らかの方針（Aから始まる名字よりもBから始まる名字を選好すること）に――無意識にであったとしても――基づいている。もしそうでないとすれば、つまり、Aから始まる名字は止めておくという決定が本当に思いつきなのだとすれば、Bから始まる名字は止めておく、Cも止めておく、Dも止めておくなどということも、ちょうど同じくらいありうることになり、したがって、くじ引きに相当することになるだろう。

選別のこうした方法は、思いつきの選別によるではなく、特定の規準を適用すべき理由が存在する場合に——くじ引き同様に——批判が可能になる。たとえば、ユビキタス法の専攻学生が「成績は恣意的だ」と不満を漏らしているとしよう。時としてくじ引きは公正であり、まさに公正さの範型でさえあるが、区別を付けるために特定の規準を用いることに重要な道徳的理由がある場合には、公正ではない。だから、「ある裁判官が別の裁判官に言った。「正しくあれ、それができなければ、ただ恣意的であれ(46)」」というウィリアム・バロウズの皮肉が面白いのは、まさしく、裁判官が用いるべき規準という点からすると、裁判官による恣意的な判断というのは、たとえ不公正でないとしても、正しいものではないからである。ロースクールの教授が、学生の成績を付けるためにくじ引き（最初に選んだ二人はA、次の一〇人はAマイナス、次の一五人はBプラスをもらう、など）を用いているとしたら、学生は真っ当な不満を抱くことになるだろう。しかし、不満の源泉に注意しよう。問題は、このような仕方で学生の間に区別を付けることが学生を道徳的に平等な者として扱い損ねているということではない。むしろ、問題は、大学の内在的価値が、学生の成績は学生が成し遂げたことを反映するように工夫して与えられるように要求していること、そして、そのように成績が付けられることを学生は知らされており、この約束事を信頼してもいたということにある。

学生は、どの学生にAの成績を与えるかを言わば気まぐれに決めている教授にも、似たような不満を抱くだろう。その決定が何らの理由にも基づいていないという意味で本当に恣意的なのであれば、教授は不当な行為をしている。教授としての役割が、何の理由もなしに成績を付けるのではなく、何らかのもっともな教育的な目標を満たすように工夫して成績を付けることを、その教授に要求しているからである。

しかし、この種の恣意性は常に禁じられているというわけではない。多くの役割や文脈において、特定の規準を用いることは要求されていない。さらに、前章で論じたように、機関にはその組織内部に適していると考える価値観を（貶価する区別付けの禁止によって設けられる限界内では）どのようなものであれ採用する自由がある。したがって、たとえば、大学は、どの学生の入学を受け入れるかを、成績と試験結果に基づいて選ぶのではなく、くじ引きを用いて決定することもできる。そうすることによって大学の性格は間違いなく（エリート機関から別の何かに）変化するだろうが、そうすることは自由である。実際、公立のマグネット・スクールのなかには、入学を希望する多くの学生を選別するのにくじ引きを使っているところもある。そうすることで、これらの学校は、特定の種類の機関として自らを定義しているのだ。

結論

本章で私は、（人種、性別、年齢、障害などの）特定の特徴に基づいて人々の間に区別を付けることは合理的な場合もあるが、しかし、そのような差異化は――アメリカ合衆国やそれ以外の国の差別禁止法に反映されているように――合理的であっても悪質な場合があることを論じてきた。悪質な差別が世界に及ぼしてきた影響に応じて、今ここに生きている人々の諸能力にも持続的な影響が及び続ける見込みは高い。さらに、人格の同等の道徳的価値へのコミットメントは、「違った仕方でできる」ことが明白な人たちにも及ぶ。子どもたち、障害のある人たちなどに影響する区別を付けることは、たしかに合理的でありうる。しかし、そのことは、そのような区別の付け方が、人格の同等の道徳的価値を尊重することへのコミットメントに適合しているかどうかについて私たちに教えるわけではない。さらに、そしてますます論争的になると思われるが、不合理で恣意的な区別を人々の間に付けることは、人々を道徳的に平等な者として扱うことにおのずと失敗する、というわけではない。影響を受ける人たちにとっては、不運だというだけで、それ以上のことではない。機関や担当者は、その任務や役割に由来する特定の責務を担う場合があり、その任務や役割ゆえに、人々の間に区別を付ける際に特定の規準を採用するように要求されることがある。これらの規範に従うことを怠ることは不当だが、しかし、それは悪質な差別の不当さではない。

第六章　問題は思想にあるのか

ウォルマートで働く女性従業員たちが、会社を性差別のかどで訴えている。彼女たちは、誰に昇進の申請をするように求めるかについてマネージャーに広い自由裁量を認める会社の方針は問題含みだと主張する。マネージャーたちは、女性の能力に関して、とりわけ女性が転勤（それはしばしば昇進のために要求される）に前向きかどうかという点に関してステレオタイプに依拠しがちである。女性たちとその弁護士たちは、ウォルマートのマネージャーたちが意図的に女性を差別していると主張しているわけではない。むしろ、この昇進システムが、無意識的なステレオタイプが意思決定のなかである役割を果たすことを可能にしていると主張している(1)。

障害のあるアメリカ人法は反差別法の一つとして記述されるべきでないと主張する論者もいる。たとえば、当該の職を遂行することはできるが障害のある従業員を雇用しない雇用者がおり、そうするのはこの人を雇用すると高額な職場の改装をする必要があるからだとしよう。そうした場合、これは正確には「差別」（これらの論者にとって悪質な差別を意味する）として記述されるべきではない。というのも、雇用者はただ、最も費用対効果の高い雇用決定を下そうと意図しているだけだからである、と。

法律や政策を制定する個人または人々の意図が、その結果作られる法律、政策、慣行、あるいは行為が悪質な差別になるかどうかを決定するのに肝心であると、多くの人々が信じている。行為者の意図は、たしかに法的には重要である。だが、それは当然なのだろうか。差別の文脈において問題なのは思想なのだろうか。

この問いに取り組むためには、私たちはまず、行為者の意図が関連性をもちうる二つの異なる道筋を区別しておかなければならない。第一に、区別を付けるという個人の意図が、その人が実際に人々を特定の特徴に基づいて区別しているかどうかを決定する、と考える人もいるかもしれない。たとえば、ウォルマートの管理者は、女性を男性とは異なる仕方で扱おうと意図してはおらず、実際には、性別に基づくステレオタイプが単に無意識的に働いているだけなのだとしよう。仮にそうだとすれば、従業員を性別に基づいて異なる仕方で扱うような慣行にウォルマートが関与していることはありえない、ということになるのだろうか。

第二に、人々を特定の基準に基づいて区別することが不当であるかどうかを決定する際、意図はその決定に関連性がある、と考える人もいるかもしれない。良き理由のために人々を異なる仕方で扱っているのであれば、それは、悪しき理由でそうするのとは大きく異なる。あるいは、少なくともそのように考えられよう。この見解は、差別的意図（*invidious intent*）と名付けられるものを、憲法が保障する平等保護に抵触するかどうかにとっての試金石とみなして重視する、アメリカの憲法原理の基底にあるものである。米国農務省対モレノ事件（*U. S. Department of Agriculture v. Moreno*）でブレナン裁判官が述べたように、「『法の下での平等な保護』という憲法の考え方が何らかの意味をもつとするならば、それは、最低限以下のことを意味しなければならない。政治的に不人気な集団を害したいという議会のあからさまな欲求は、政府の正統な利益を構成することはない、ということである」[2]。たしかにそうだろうが、ではこの正統でない関心というものは、その目的のためになされた行為の正統性を掘り崩すのだろうか。また、その逆はどうなのか。差別的意図がないことは、その行為を平等に基づく道徳的批判から免れさせるのだろうか。たとえば、ある雇用者が、障害のある従業員を雇うことを拒むのはコストがかかるという理由によるという事実は、この行為を道徳的に許容可能にするのだろうか。本章の焦点は、こうした問いと、これらの中心的な懸念に関連するその他の問いにある。

以下でまず、私は、行為者の意図は、その行為者が実際に特定の特徴に基づいて区別しているかどうかを決定するものではないことを論じる。ウォルマートの管理者が従業員を性別に基づいて区別しているかどうかを決定するために、私たちは、この管理者たちの心理を理解したり、あるいはこうした言い方のほうがお好みであれば、管理者たちの頭のなかをのぞき込んだりする必要があるかもしれない。だが、実際に特定の特徴に基づいて区別しているという結論に至るために、管理者たちの意図を調べる必要はない。従業員の性別は、管理者たちの決定に、たとえ管理者たちがそのことに気づいていなくても、ましてや性別がある役割を果たすことを意図していなくても、関連性をもつだろう。第二に、行為者の意図は、特定の文脈で特定の基準に基づいて区別することが、実際に不当であるかどうかを決定することもない。私はここで、二つの点で、意図の重要性に強く反対する立場を採る。特定の集団を「害したいという「あからさまな欲求」は、この意図に由来する行為を不当にするために必要でも十分でもない、と論じる。さらに、無害な目的のための手段として特定の集団を標的にするような意図にも道徳的な重要性はない、と論じる。

意図とは何か

これから私が意図という用語を使う場合、行為者の意図とは、当人が目指している何かのことである。G・E・M・アンスコムはその古典的な研究において意図の三つの意味に言及しているが、これはそのうちの第三の意味である。「人が「私はしかじかのことをしようとしている」と言う時には、非常に多くの場合、私たちは、それは意図の表現だと言うべきである。私たちはまた、ある行為について意図的だと言う場合がある。さらに、私たちは、ある事柄がどんな意図でなされたのかを問うこともあるだろう」(3)。アンスコムによって特定された意図の第一の意味は、意図が未来の行為を導き制約する仕方に焦点を当てるものである。第二の意味は、意図的行為を、知らずに行われる行為や非自発的な行為と対比している。第三の意味は、そのように行為する行為者の目的や目標を特定するものである。意図についてのこれらの意味はしばしば混同されたり相互に連関したりしているのだが、私たちがここで焦点を当てたいのは第三の意味である。その行為は差別しているのかどうか、もしそうだとすれば、その行為は悪質な仕方で差別しているのかどうか。これらを決定する際、行為者がそうしようと目指していることは重要なのかどうか。本章では、こうした問いについて考察する。

私は、行為者の動機もある行為の道徳的許容可能性に関連性はないと考えているが、目的としての意図は動機とも異なる。意図という用語と動機という用語は裁判所の判決においてしばしば同義語として使われているが、動機が指示するのは欲求状態――つまり当の行為者を行為するように実際に動かしたもの――である。[4] あるいは、アンスコムが説明するように、「ある人の意図とはその人が目指すものまたは選択するものであり、動機とはその目的や選択を決定するものである」。[5] かくして、問いは、行為者がそもそも人々を区別しているかどうかを評価する際や、その区別が道徳的に許容可能かどうかを評価する際、行為者の目的――行為者がすることを目論むもの――が問題なのかどうか、である。

行為者の意図は、その人が特定の特徴に基づいて人々を区別しているかどうかを決定することも、あるいは、そのように区別することが不当であるかどうかを決定することもない、と私は論じる。そう論ずることで私は、行為者の頭のなかで起こっていることは何であれ関連性がない、と主張しているわけではない。私の主張はもっと限られたものである。行為者の意図、すなわち、その行為者の目的または目標は、関連性を欠くものである。しかし、行為者の心的プロセスも同様というわけではない。このように主張をもっと制約してもなお、この主張は非常に論争的なものである。

意図と同一化

頻繁に引用される一節で、ホームズ裁判官は次のように主張している。「犬でさえ、躓かれることと蹴られることを区別している」。[6] この一節は、どのような種類の行為が生じているのかを決定するのは行為者の意図だと示唆しているように見える。行為者の意図は、その行為を、転ぶことの一例から蹴ることの一例へと変換する力をもっている。そして、私たちは、一般に、犬に躓いて転ぶことは道徳的に不当ではないが、犬を蹴ることは道徳的に不当だと想定しているのだから、この変換は重要である。とはいえ、この一節の意味[7]に関するこのありふれた理解は間違っているかもしれない。このありふれた理解に従えば、問題は、行為の受け手がどのようにその行為を解釈する見込みが高いのかではないことになり、そうであればホームズは結局、犬でさえも蹴ることと躓くことを識別できるという主張に悩めばよいということになる。もっとも、この一節の論理は実際には反対方向に働く。すなわち、犬でさえもこの違いを知っているのであれば、人はなおさらそれを知っていると期待されうる、と。したがって、ホームズは、その行為がどういう種類のものであるか、その行為を私たちはどのように判断するべきなのかを決定するには、その行為はどのように知覚される見込みが高いのか、そのあり方が問題なのだと、結論づけている。

私たちは、法律、政策、行為が何らかの特定の特徴に基づいて分類を行うものかどうかを特定するために、行為者の意図を知る必要があるのだろうか。意図が決定的な要因であるという主張の背後には、区別を付けることはそれ自体意図的行為だという発想がある。人は、分類しようとか区別しようといった意図をもってしか分類したり区別したりすることはできない、と。だが、本当にそうなのだろうか。

そうでないことを示唆する心理学的研究は膨大に存在する。[8] リンダ・ハミルトン・クリーガーが説明するように、「人種、民族、ジェンダーは、私たちの歴史によって、また、経済的・人口統計学的・政治的な配置の目に見えるパターンによって顕著に目立つものにされてきたので、人々はこれらに沿ってカテゴライズすることを今後も続けるだろう」。そして、それゆえに、「私たちは、異なる集団間の意思決定にバイアスをかける、カテゴリー化に関連した歪曲が、社会的な知覚と判断において結果的に生じることを予期できる[9]」。認知バイアスの程度は議論すべき主題だが、この種の無意識的な分類の可能性を否定するような人がいるとは想像し難い。だが、ここで無意識のバイアスという用語で私が何を意味しているのかを——クリーガーらが依拠している心理学的研究によって最近論争が提起されたので——はっきりさせておきたい[10]。ある人が無意識のバイアスを伴って行為しているのは、ある集団を他の集団とは異なる仕方で扱おうという意図はなく、いずれかの集団を害しようとする欲求もなく、他の集団と対比して当該の集団に否定的な感情を抱いてもいないのに、ある集団を他の集団とは異なる仕方で扱っている場合に限る。無意識のバイアスとは——私の用法では——人々を分類したり区別したりするためにある特徴を意図せずに用いることにすぎない。

では、もし無意識のバイアスが可能なのであれば、私たちはそれについて何を言うべきなのだろうか。たとえば、ジェンダーに関するステレオタイプが、雇用者が特定の従業員についてのデータを理解する仕方に影響を与えるとすれば、その場合、ジェンダーは——ほとんど定義上——意思決定プロセスに影響を与えている。だから、ウォルマートのマネージャーが——それが男性であれ女性であれ——、転勤を必要とする仕事への昇進申請を誰に勧めるかを考える際に、女性従業員を無意識のうちに度外視しているのであれば、従業員の性別は、マネージャーの意思決定プロセスにおいて——マネージャーがそれを意図していようがいまいが、あるいは、実際にそれに気付いていようがいまいが——ある役割を果たしているのだ。雇用者は性別に基づいて分類しているが、そのことを意識しておらず熟慮もしていないというだけである。私たちの記述的探求の理解から規範的評価をひとたび取り去ってみれば、人々を区別するためにある特徴を非意図的に用いることは、単に可能だというだけでなく、それが頻繁に起きている見込みが高いことも明らかである。

人は、特定の特徴に基づいて人々を区別することを、そうすることを目指すことなしにできるのか。

この問いに対する別のアプローチは、その行為をしようという意図をもってしかなされえないような行為とはどのような種類の行為なのか、というより一般的な問題を問うものである。結局のところ、行為者が特定の特徴に基づいて分類しているかどうかを決定するのは、その行為者の意図だという主張は、分類とは、人が分類することを目指している場合にのみなされうるような種類の行為だという主張に帰着する。第一に、私たちが銘記すべき点は、意図と行為のあいだにギャップがあるという主張に論争の余地はないということである。ある人が特定の行為をしようと意図するという事実は、この意図された行為が実際に生じることを保証しない。このことは、日常的な行為についても当てはまる。私が説得力のある本を書こうと意図するという事実は、この本を実際に説得力のあるものにすることを保証しない。そして、このことは分類についても言える。たとえば、私は能力に基づいて分類しようと意図するかもしれないが、さまざまな理由のためにそうすることに成功しないかもしれない。

では、反対の方向についてはどうだろうか。この場合もまた、行為の性質が行為者の意図に依存していないことはよくある。私は、そうしようと意図することなく誰かを殺すことができる。私は、そうしようと意図することなく、バスケットボールのシュートを決めたり、あなたの感情を傷つけたりすることができる。しかしながら、行為者の意図が構成要素になると思われるような行為もある。おそらく、人は、意図的にしか故殺することはできない。だが、このことでさえも全く当然だとは言えない。私の行為は自発的であるという意味では意図的でなければならないが、私は殺人を意図している必要はない。ところで、ホームズによる「蹴る」ことは、行為者の意図を理由に、躓かせることから区別されている。では、分類することはこうした事例のどちらに似ているのだろうか。私はどちらにも似ていないと考える。故殺は道徳化された概念である。故殺とは悪質な仕方で殺すことであり、そこでは、その行為を悪質にしているものの一部が行為者の咎められるべき心的状態に由来する。蹴ることも誤解を招きやすい事例である。蹴ることは、時として「(自衛のためか、癇癪を起してか、あるいは、水泳のバタ足を進めるためにか) 片足あるいは両足で打つこと」以上を意味することがある。[11] この種の蹴るという行為は、目的や意図をもってなされる必要はない。それでも、私たちが蹴るということで意味しているのは意図的に足で打つことだというのであれば、それは私たちがこの言葉を使う仕方のほんの一部でしかない。それは「意図的に足で蹴ること」の短縮型の一つである。そうだとすると、それは蹴ることについて深い意味を示唆しているわけではない。私たちは蹴るという言葉を意図的に打つことを意味して用いることができる、というだけのことである。

行為者が特定の意図をもっていることに依存するような種類の行為は、もちろん他にもありうる。では、なぜ分類することはそのような種類の行為だと思うのだろうか。むしろ、分類はそうした種類の行為ではないと考えるべき十分な理由がある。オーケストラは、オーディションを受けている演奏家を、目隠しの幕を使ってクリーガーが記述するような認知バイアスから守っている。あなたがオーケストラの音楽監督で、認知バイアス現象について知っており、それゆえこの現象を警戒しているとしよう。その場合、なぜ幕を使い続けるのだろうか。十分に熱意ある監督でも幕を使うことを選択するのは、知覚や判断における誤りを避けることが非常に困難だからだろう。認知バイアスを根絶することは難しい。というのも、そうしようと意図せずに分類してしまうことは容易に起こるからである。分類は、頻繁かつ容易に、意図せずになされる。

なぜ私とは別の仕方で考えるのか

ラリー・アレクサンダーは、先に私が提示した見解と相反する議論を展開している。彼は、ある行為が特徴XまたはYに基づいて区別しているかどうかを決定するのは行為者の意図だと考えている。その論拠を説明した複雑な論文「ルール、権利、選択肢、時間」[12]において、アレクサンダーは、私の見解を引き立てるのに役立つ議論を提供している。以下では、アレクサンダーの論拠を簡潔に述べた上でそれに応答する。

アレクサンダーは、人々を結果的に排除するようなルールでも憲法上は許容可能なものがたくさんあることを論じている[13]。たとえば、「プールは現在閉鎖中」というルールは、今泳ぎたい人々を排除している[14]。さらに、彼は、国家公務員が、こうした憲法上許容可能なルールのどれを採用するかについての考えを変えることも許容可能であると論じる。たとえば、「プール開場」とすることと「プール閉場」とすることはいずれも憲法上、許容可能である。しかしながら、異なるルールが特定の集団の人々に不利な影響を与える場合、憲法上許容可能なルールの間で故意に変更を行うことは問題含みの帰結を生むかもしれない。アレクサンダーは憲法上許容可能なルールに関して彼の論拠を提示しているが、その論拠は拡張して道徳的に許容可能なルールに適用することができる。ある町は、スイミングプールを開くことも閉鎖することも道徳的に許容されている。だが、特定の人々を締め出すためにプールを閉鎖することは、道徳的に問題含みである。

たとえば、町のプールをいつ開けていつ閉めるのかの決定に対して責任のある人が、常連の白人集団が近づいてくるのを見るとプールを開け、常連の黒人集団が近づいてくるのを見るとプールを閉めているとしよう。アレクサンダーは、ここで真の（*real*）ルールは、白人たちは泳いでよいが黒人たちは泳いではいけない、というものだと論ずる。彼の見方では、「これが、憲法の観点から「これに道徳の観点も付け加えることもできよう」評価の対象となる、実際に作動中のルールである」[15]。そして、ここに鍵となる主張、つまり真のルールを確定する唯一の方法は、行為者の意図に着目することだという主張が現れる。「憲法の観点から評価されるべき真のルールは、本質的に目標によって定義される」[16]。目標という語それ自体は多義的——目標はその人が心に抱いているものとしての個人の目的を指すこともあれば、特定の方針の目的についての客観的観点からの最善の理解を指すこともある——ではあるが、アレクサンダーは、彼にとって鍵となるのが行為者の内的な動機または目的であることをはっきりとさせている。彼は、重要なのは動機であると繰り返し語っており、ある方針がそのために採用される理由に強調点を置いている[17]。

これは重要な議論である。もし、憲法上許容可能な諸ルールのあいだでの無害な変更の例から先述の事例を区別するには意図が必要だとすれば、アレクサンダーは正しい。そして、問題なのは思想だということになる。だが、そうではない。以下で、私は、先述の事例を識別するには意図の分析が必要だというアレクサンダーの主張に対する二つの反論を提示する。

とはいえその前に、アレクサンダーの主張を、はるかに穏当な（そして、よりもっともらしい）二つの関連する主張から区別しておくことは重要である。アレクサンダーは、「真のルールは、本質的に目標によって定義される」と主張する[18]。言い換えれば、意図が行為の構成要素であるがゆえに、私たちは、そのルールがどのようなものかを知るためには目標に着目する必要がある、ということである。この見解は、より穏当な認識論的主張と混同されるべきではない。人種、性別、あるいはその他の特徴に基づいて分類を行っているのかどうかは、当人の意図からは独立に決定されると信じると同時に、行為者の意図を調べることはその行為の真の本性について知るための実に良い方法だと考える人もいるかもしれない。一般に人々は自分がそうしようと意図していることを行っているのだとすれば、このような考えは理に適っているとするのはもっともである。また、アレクサンダーの見解は、法理が違法な差別を申し立てるために要請するべき事柄についての主張とも混同されるべきではない。つまり、意図に基づくテストは、それ以外のよりもっともらしい代替案よりも正しい結論（ここで正しさは独立に定義されている）に至るという主張である。(19) 意図と分類のあいだの関係についてのアレクサンダーの主張は、これらの主張よりもはるかに基礎的かつ構成的なものである。

必要でも十分でもない

Xという特徴に基づいて区別しようとする意図は、ある行為者が実際にこの特徴に基づいて区別しているかどうかを確立するためには、必要でもなければ十分でもない。アレクサンダーは、彼がメタルールと名付けるもの（ここでは、白人たちは泳いでよいが黒人たちは泳いではいけないというもの）を決定するために意図の分析が必要だと論じている。アレクサンダーの議論について銘記すべき第一の点は、それが循環しているということだ。彼は、真のルールとは行為者が意図したことである、と想定している。それゆえに、彼は、白人たちが来たときには「プール開場」の掲示を出し、黒人たちが来たときには「プール閉場」の掲示を出すようにプール監視員は指示されていた、と読者に告げるのである。だが、仮にこの事例が、意図が関連性をもつ理由への論拠として提示されているのであれば、私たちは、真のルールとは何かについて何も前提しない地点から議論を始めるべきである。[20] この問題を提示するより公平な方法は、以下の三つのシナリオを考察し、その上でアレクサンダーが想定するように、意図が問題であるのかを自問することだろう。

シナリオ1．勤務中のプール監視員は、白人たちが泳ぎに来たときには「プール開場」を、黒人たちが泳ぎに来たときには「プール閉場」の掲示を出す。

シナリオ2．上記と同じ状況に加えて、この監視員は、黒人たちを締め出すためにルールを変更している。

シナリオ3．シナリオ1に加えて、この監視員は黒人たちを閉め出すためにルールを変更してはいない。

もしこれ以外にもっともらしい説明が提示されないのであれば（アレクサンダーの例が想定しているように）、これら三つの事例のすべてにおいてルールは同じになるだろう。ここには二つの論点がある。第一に、私たちは、メタルールを定義するために行為者の意図を知る必要はない。時として、それは、何が起こったかという点に基づいて決定される。第二に、真のルールは、行為者が意図していることとは異なりうる。シナリオ3において、行為者は黒人たちを泳がせないように意図しているわけではないかもしれない。しかし、この事実にもかかわらず、彼が依然として白人たちにはプールを開け、黒人たちにはプールを閉めるとすれば、真のルールは、このプールは白人たちのために開かれているが、黒人たちには開かれていない、ということである。もちろん、このシナリオは困惑させるものである。私たちは次のように問いたくなる。しかしなぜ彼は、白人たちが来たときにプールを開け、黒人たちが来たときには閉めるようなことをしているのであろうか、と。彼は、プールが混み過ぎていると思ったときにはプールを閉めようと意図しており、黒人たちが来たときにはプールが混み過ぎないように実際にプールを閉める、ということかもしれない。しかし、意識下では、彼は、もっぱら常連の黒人集団が来たときにプールを込んでいるものとして知覚し、常連の白人集団が来たときには(黒人と白人の集団客が同時に来た場合にも)プールをそれほど混んでいないものとして知覚している。

このような主張を行うことで、私はルールとは何かに関するテストとして――そしてしたがって何が悪質な差別とみなされるかに関するテストとして――「差別的効果[21]」を支持していることになるのだろうか。イエスであると同時にノーである。イエスだというのは、私がここで提示している分析において、問題なのは、行為、法、方針の特徴であり、差別的効果もまたそうした特徴の一つだという意味においてである。だが、ノーというのは、このアプローチを採用するからといって、私は、差別的効果が問題になる唯一の、ましてや中心的な特徴である、という見解にはコミットしていないからである[22]。もし人種が、行為者に意識されることなくその決定においてある役割を果たしているとすれば、そのことが、人種に基づいて区別しようとする意図がなくとも、真のルールを確立する。さらに、意識的なレベルでも無意識的なレベルでも、人種は決定において何の役割も果たしていないとしても、このプールが一貫して白人が泳ぎに来たときには開いており、黒人が泳ぎに来たときには閉まっているならば、そしてこのパターンに明白に十分な理由はないとすれば、「真のルール」――アレクサンダーの用語を使えば――は、このプールは白人には開かれているが黒人には開かれていない、というものになる。

アレクサンダーはこの批判に対して、より多義的な事例を強調することによって応答するかもしれない。ラリー・アレクサンダー（およびケヴィン・コール）が示唆に富んだ別の論文で引き合いに出している次のような事例を考えてみよう。[23] アメリカの中西部のプレーンズ平野の州で、州が運営するロースクールが、現地の受験者を優遇するという仮想事例である。そうするのはこの方針がマイノリティの入学を減少させるからであり、このスクールがその減少を望むのは、LSAT〔法科大学院進学適性試験〕がマイノリティの受験者の成績を過大に見積もっていることが判明したからだ、とする（これはたしかに奇妙な想定だが、アレクサンダーとコールが論文のなかで想定している事柄である）。マイノリティ学生の受け入れ数を減らすことで、このロースクールは学生の学業成績を向上させることができるとする。[24]

この仮想的事例から二つの問いが生じる。第一に、ここで真のルールは「地元の受験者を優先する」ことではなくて（意図分析から示唆される通りに）「マイノリティの受験者を制限する」ことだという点でアレクサンダーは正しいのだろうか。もし私たちが、意図が真のルールを定義すると想定しないのであれば、真のルールが「マイノリティを制限する」ことだということはまったく明白ではなくなる。ルールを、ルールを採用する理由から区別することが重要である。この事例を描写するより自然な方法は、次のように言うことだろう。すなわち、ルールは「地元の受験者を優先する」ことだが、このルールを採用する意図は、（学生の成績を全体的に向上させるために）マイノリティの受験者を制限することにある、と。この方針の外面的な特徴がその意図を顕在化していないところで、真のルールはそのルールがそのために採用される目標によって定義されると述べることは、単に彼自身の見解を断言しているにすぎない。しかも非常に反直観的な定式化をするという犠牲を払ってのことである。

この例によって提起される第二の問いはさらに深刻である。もし「地元の受験者の優先」というルールがマイノリティ学生の入学を制限するために採用されているのだとすれば、この理由それ自体が、この方針を許容不可能だとみなすべき根拠を提供するのだろうか、という問いである。この問題――法律、方針、決定に対する評価に、問題含みの意図が関連性をもつのかどうかという問題――は、本章で後に考察されるだろう。

表面的差別・差別的効果・意図

アレクサンダーにとっては、真のルールを決定するために重要なのは意図である。これによって彼が言わんとしているのは、ある法律や方針が疑わしい基礎に基づいて（すなわち人種や性別といった特徴、または法が法廷に厳密審査を要請するようなそれ以外の特徴に基づいて）分類を行っているかどうかを決定するためには、意図が必要だということである。アレクサンダーは（アファーマティブ・アクションが無害な差別としてしばしば記述される時のような仕方で）分類の動機に関心があるのではない。むしろ、彼が関心をもっているのは、真のルールが（いかなる理由であれ）疑わしい基礎に基づいて分類を行うものなのかどうかを決定するために意図を用いることのみである。その結果、アレクサンダーには、法理のなかで「差別的取り扱い」と呼ばれる事例と「差別的効果」と呼ばれる事例との間に、かなり明確な線引きがある。[25] 差別的取り扱いの事例は、法、政策、行為が法的に疑わしいと認識される特徴に基づいて明白に区別を付けるような事例である。差別的効果の事例は、法、政策、行為が疑わしい特徴に基づいてあからさまに分類を行っているわけではないが、この法、政策、行為の効果が不利益を受ける集団によって不均衡に、あるいは否定的に感じられるような事例である。

差別的取り扱いの事例は、アレクサンダーが焦点を当てているものではない。それはおそらく、こうした法律や政策においては、その法が疑わしい特徴に基づいて分類しているという事実は明らかなので、意図に関する探究は不要だからである。だが、アレクサンダーは、差別的効果と差別的取り扱いの事例を、このような杓子定規なやり方で区別することができるのだろうか。そして、意図分析の活用を差別的効果の事例に限定することができるのだろうか。もしそうできないのだとすると、そのことは、行為者の意図が真のルールとは何かを決定するという主張を擁護するアレクサンダーの論拠にはどこか問題があることを明らかにしているだろう。

差別的効果の事例において作用している「真のルール」をアレクサンダーが検出するやり方を、少し細かく見直すことから議論を始めよう。(人種に基づくアファーマティブ・アクションを禁止した)憲法改正発議二〇九号以後に、カリフォルニア州で多くの大学が多様性を促進するために採用している方針を論じるなかで、アレクサンダーは次のように述べている。

「人種的多様性を促進するため」に表面的には非人種的な入学許可規準を選択している大学アドミニストレーターは、法の抜け穴を通っているのではなく、法を侵害しているのである。アドミニストレーターは、人種的理由のために人種の緻密な代理指標を選択しているのであり、私たちはこの理由が長い間に渡って変わらずに保持されるならば、この代理指標は必要に応じて変わっていくと想定せねばならない。……真のルールは、「人種的多様性を促進するために入学を許可する」というものであり、それは禁止されているものである。[26]

真のルールを決定するために、アレクサンダーは行為者の意図に着目する。ある大学がマイノリティの受験者を一定の割合、入学させたいのだが、あらかさまに人種に基づいて分類を行うことは禁止されているとしよう。その場合、この学校は、人種の代わりに、表面的には中立的な方針、たとえば「すべての高等学校の成績上位一〇%に入る卒業生を入学させる」といった方針を採用するかもしれない。アレクサンダーは、この方針はそれ自体、人種的分類であると主張する。しかし、ここには、前節で際立たせたような、彼の見解の奇妙かつ非常に反直観的な含意がある。アレクサンダーは、この方針そのものによって提供されている証拠があるにもかかわらず、人種的分類が真のルールなのだと、いかなる基準に基づいて決定するのだろうか。ここで彼が、真のルールは「人種的多様性を促進するために入学を許可する」ことだと決定するのは、この目標を達成するために用いられる代理指標が時間とともに変わりうるがゆえである。言い換えれば、成績上位一〇%に入る卒業生というルールが維持される見込みは、多様性という目標に役立つ限りでのみ高い。それゆえ、私たちは、真のルールは「成績上位一〇%に入る者に入学を許可する」ではなく「人種的多様性を促進するために入学を許可する」だと結論すべきだ、というわけである。

しかし、この分析は、合理的な人種差別や性差別が、実はまったく人種差別でもなければ性差別でもないことを示すためにも使われうる。いわゆる合理的な人種差別や性差別とは、人種や性別がそれ以外の特徴と実証的に見て相関している場合に、人種や性別をそれらの別の特徴の代理指標として用いることを指している。たとえば、ある州の雇用者が女性の雇用を拒否するとしよう。そして、その理由は、一般的に言って、女性は当該の職が要求する長時間労働を断るからだ、というものだとする。ここで、性別は、長時間労働に対するやる気の代理指標として用いられている[27]。この方針は、求職者を性別に基づいて区別することの一例なのだろうか。アレクサンダーの分析は、答えは「ノー」だと示唆するように見える。憲法改正発議二〇九号の例と同じように、アレクサンダーは、ルールや方針を単に表面的に見ることはできず、「真のルール」を発見せねばならないと言うに違いない。アレクサンダーによれば、これを発見するために、行為者の意図をよく見るのだ。とりわけ、根底にある目標に合わせて「代理指標が必要に応じて変わりうる」かどうかを見るべきである。合理的性差別（または合理的人種差別）の場合、その根底にある目標は、最もコスト効率の高い従業員を雇用することである。したがって、アレクサンダーの分析は、真のルールは「女性は雇わない」ではなく「長時間労働に消極的な人々は雇わない」だということを含意することになろう。かくして、アレクサンダーの議論の論理に従えば、この事例は求職者を性別に基づいて選別するものでは全くないのである。

ここで問題になるのは、アレクサンダーの分析が、差別が許容されうるかどうかという規範的な問いと、いかなる種類の分類が用いられているか（彼の用語を用いるならば、何が「真のルール」であるか）という解釈上の問いを混同していることである。アレクサンダーは、女性は一般に長時間働かないだろうという理由で女性の雇用を拒否した雇用者は、性別に基づいて区別しているわけではない、と結論せざるをえないだろう。このことは端的に間違っていると思われる。分類の合理性が問題である――それが問題だとする論者もいれば問題でないとする論者もいるが――とすれば、この合理性は、たしかに当の分類の道徳的または法的な許容可能性には関係する。しかし、この合理性は、その分類がジェンダーの分類なのかどうかという点にはまったく関係がない。

これまでの議論のポイントを要約しよう。第一に、法律のなかで作用している真の《ヽヽ》ルールを特定するために、意図は必要ではない。行為自体についての証拠で、問題含みの事例を特定するには十分だろう。意図は十分でもない。黒人たちを排除し続けるという意図に動機づけられたルール変更のパターンは、そのような意図によって動機づけられていないルール変更のパターンと、必ずしも異なるわけではない。前者は後者とは異なると主張することは、作動中のルールを特定するために意図を調べる必要性について主張しているのでは実際にはなく、悪しき理由によって動機づけられたルールを評価するべき方法についての主張——この主張は以下で探求される——を行っているのである。第二に、「真のルール」を発見するためには行為者の意図をよく見る必要があるという主張は、合理的に差別する表面的には差別的な法（そして、おそらくは法以外のものも）が実は性別や人種に（または他のどんな特徴にも）基づいて分類していない、という直観に反する結論を導く。この見解では、真のルールは代理指標の標的（たとえば、最も生産的な従業員を雇用する）によって定義される。この説明は間違っていると思われる。差別的な取り扱いと差別的効果の事例において、何が真のルールかを決定するには行為者の意図が重要だとして、支持できない結論に導かれるのか、または、どちらのタイプの事例でもこの行為そのものについての証拠が真のルールを決定するかのいずれかである。

私的なバイアス

私が提示してきた説明にとって、ある種類の事例が厄介な問題であり続けている。つまり、行為者が、検出しにくいような仕方で人種または性別（あるいは問題を含んだそれ以外の特徴）を規準として用いている事例である。ある雇用者は、最も適格だと判断された求職者を雇用するという方針に従っているが、評価が同点の場合には白人の求職者を雇用しているとしよう。雇用者は、同点の場合に決着をつけるためだけに人種を用いるので、この方針ははっきりと、人種が役割を果たしているということを示唆するわけでないだろう。人種を決定要因とはしていない別の雇用者が、別の理由から、最初の雇用者と同じ候補者を雇用する選択をすることも容易にありうる。このような例について言うべきことは、その選別のプロセスで人種がある役割を果たしていることが「真のルール」だ、ということのように思われる。しかし、そのように言うために私たちは、アレクサンダーが想定しているように、行為者の意図を問わねばならないのだろうか。

この課題に答えるために、二人の異なる雇用者、AとBについて考えてみよう。雇用者Aは、二人の求職者に仕事に関連する同等の資質がある場合には、白人の求職者を優先しようと決める。この方針を採用することで、この雇用者は、人種が雇用の決定に役割を果たすように熟慮した選択を行っている。他方、雇用者Bは最も適格だと彼が考える候補者を選択する。しかし、Bは非白人の候補者の業績をいつも低く見積もっており、しかもそのことに気づいていない。このバイアスは小さなもの（このことは、このバイアスがB本人に自覚されないでいる理由を部分的には説明する）だが、長い間に渡って雇用者Aが選別する場合と同じ従業員が選別されるという結果をもたらしている。これらの事例において、Aは人種を意思決定の要因として意図的に使っているが、Bはそうではないと言うことは公平だと私は考える。Bは、人種が自らの意思決定プロセスに関連性をもっているという事実に気づいてさえいない。また、選別する行為の理由として非白人に対する選好を用いているなどということもない。アレクサンダーに従って、雇用者Aの事例における「真のルール」とは、「最適の候補者を選択するが、同点の場合には白人を選択する」というものであり、これが真のルールである理由はそれがAの意図したことだからだと言うとしよう。ではその場合、雇用者Bについては何を言うべきなのだろうか。Bによって用いられた「真のルール」は「最適な候補者を選択する」だと言わねばならないと思われる。それが雇用者Bの意図したことだからだ。けれども、これは正しいようには思われない。

この二つの事例において真のルールは、意思決定プロセスに関連性のある要因として人種を用いている。私たちは、行為者についての判断には行為者の意図が関連性をもつという理由で、雇用者Aは非難して、Bは非難しないだろう（この点に私は反対しない）。だが、このことは、行為者の意図が、どのような行為を行為者が実際に為したのかを決定する、ということを意味しない。AとBもどちらも、求職者の人種を自らの意思決定の要因として用いている。真のルールが何かを決定するために、私たちに必要なのは、人種が決定要因だったかどうかを知ることであって、雇用者が人種を決定要因にすることを意図したかどうかではない。人種は、Bにはそうする意図はなかったにもかかわらず、Aにとってと同様、Bにとっても決定要因であった。

この例は、最適な候補者を選別するが、同点の場合には白人候補者を選択するというルールと、最適な候補者を選ぶというルールのバイアスがかかった適用との間に違いはあるのか、という問いを提起している。違いがあるのかどうか、私にははっきりしない。もしバイアスのかかったルールの適用が（たとえば意思決定者が交代したために）一度だけ生じたとしたら、私たちはそれを、最適な候補者を選択するというルールのバイアスに基づく適用として描写したくなると思われる。しかし、意思決定者が日頃からバイアスにかかっているとすると、その人のルールは、最も適格な候補者を選択するが、同点の場合には白人候補者を選択するというものだと述べるほうが理に適っている。ルールの概念そのものが、何らかの規則性を要求しているからである。この議論はさらなる論点を提起する。もし人種の規準がとりわけ小さな役割しか果たしていないとすると、その役割はある地点からは些細なものだということになるだろう。

要するに、意図を特権化するアプローチは、行為者の意識的選択を、アレクサンダーの用語を使えば、真のルールの確定要因にすることを可能にする。しかし、行為者がやっていることは、（プールの閉鎖の事例のように）当人が意図したこととは異なりうるし、認知バイアスが知覚と判断に影響しうるがために、行為者の意図は当人が従っている真のルールを決定しない。

ただもちろん、重要な実践的問題は残っている。法廷は（あるいは誰であれ他者の行為について判断する人は）真のルールとは何かをどのように決定すべきなのか。AとBの両者にとって人種が意思決定の規準だったと、どのようにして知るのだろうか。この規準は私的なものであり、それを使っている当人にとってさえはっきりしないのにどうするのか、という問題である。この論点についてまず銘記しておくべきことは、そこでは、真のルールとは何かを決定するためにどのような要因が実際に問題であるかについての問いではなく、単に、法理の実現という次元の問いが提起されているだけだということである。本章の目的は、問題なのは実際に意図であるという主張に反論することだったので、この目的を果たしてさえいれば、ここで扱われている哲学的な論点にとっては十分である。

とはいえ、法理の実現をめぐる問題についても簡単に考えを述べておきたい。意図に焦点を当てる原理的アプローチは、何が真のルールかを実際に決定する要因に最もうまく接近する方法だと論じる人もいるかもしれない。つまるところ、多くの場合に、行為者が意図したことと行為者がなすことは同じだろう、と。このアプローチは一見もっともらしく思われるかもしれないが、見かけほど信頼できるものではない。第一に意図それ自体は非公共的なものなので、意図の解明を行う者にとってその課題を果たすことは難しい。したがって、このアプローチには管理可能性という法的な利点すらもない。第二に、意図された行為と実際の行為は頻繁に乖離すると考えるべき十分な理由がある。すなわち、認知バイアスが浸透しているという理由か、あるいは、人々が行為する社会的文脈がこの行為が実際に何であるかに強い影響力をもっているという理由である。

意図と評価

行為者の意図は、法律、政策、決定が、特定の特徴に基づいて分類していいるかどうかを決定しないとしても、もしかすると行為者の意図はある分類が悪質であるかどうかを決定するかもしれない。この主張は、先の主張よりも有望であるように見える。この論点を検討するために、私は、関連する論争を吟味することから始めたい。行為者の意図が、ある行為が許容可能かどうかに影響を与えうるという主張は、哲学の文献において二重結果の原理（Doctrine of Double Effect: DDE）としてよく知られているもののなかで主要な役割を果たしている。この原理――およびその根底的な主張――は、重要な論争を生み出してきた。この論争の大部分は、行為者の意図が当該の行為の悪質さを決定できるかどうかという点に焦点を当てている。それゆえ、ここでこの論争を詳細に検討することは有益だろう。

二重結果の原理によれば、害を引き起こしうる行為は、その害が意図されているのか、あるいは単に予見されているだけなのかに応じて、不当であることも不当でないこともある。二重結果の原理はカトリックの正戦論を起源としている。したがって、二重結果の原理を描き出すために最も良く用いられる例は、戦時における戦略的爆撃と無差別爆撃との間の対比である。[28] 戦略的爆撃は、正統な軍事的標的（たとえば弾薬工場）の爆撃を意図しているが、爆撃によって近隣の民間人も殺される可能性を予見している。それに対して、無差別爆撃は民間人の殺戮を意図している。行為者の意図以外の点では両者の事例を等しくするために、一般にこの例では、その戦争は正当な戦争であること、どちらの場合も民間人の死者数は等しいこと、さらにどちらの場合も民間人が死ぬ見込みは同じであると想定するように要請される。二重結果の原理によれば、戦略的爆撃は道徳的に許容可能だが、無差別爆撃は許容可能ではない。これは広く共有された直観だということにされている。なぜなら、戦略的爆撃は民間人が死ぬことを意図しておらず、単に死ぬであろうと予見しているに過ぎないが、無差別爆撃は民間人の死を意図しているからである。ジュディス・トムソンがこの原理（彼女はこれを二重結果の原則（Principle of Double Effect [PDE] と呼ぶ）を言い換えるところによれば、「PDEが私たちに教えるのは、その行為の良い結果が悪い結果に比して十分に良いならば、たとえ悪い結果を予見していても、良い結果だけを意図しており、目的としても（つまりそれ自体のために）また良い結果の手段としても悪い結果を意図していない限り、行為者はその行為を遂行することを道徳的に許容される、ということである」[29]。戦略的爆撃は、民間人の死を、目的それ自体としても、何か別の目的のための手段としても意図しているわけではない。だから、弾薬工場を爆撃することは許容可能である。民間人の死は、まさに巻き添え被害であり、残念ではあるが正統な目的の副次的な結果である。他方、無差別爆撃は民間人を殺すことを狙っている。その意図は民間人の死を引き起こすことにあるため、その行為は許容不可能である。

一対の事例の間に想定される道徳的な違いを説明し正当化するために二重結果の原理が用いられることは他にもある。その第二の、もっと論争的な種類の事例は、医師による自殺幇助の領域に見いだされる。自殺幇助の批判者たちは、死期を早めるための投薬と十分な苦痛緩和のための投薬との間の区別が重要だと主張する。苦痛緩和のための投薬では、死は予見可能な結果である（しばしばそれは「ターミナル・セデーション（終末期鎮静）」と呼ばれる）。この二つの事例には道徳的に意味ある違いがあると考える人には、二重結果の原理を使うことでこの違いは説明されるように思える。死を引き起こす投薬の事例では、行為者の意図は患者を殺すことである。他方、ターミナル・セデーションの事例では、行為者の目的は患者を苦痛から解放することである。患者の死は、苦痛緩和剤を注入することの予見可能な帰結ではあるが、正統な目標の一つの帰結に過ぎない。

レンキスト裁判官は、バッコ対クイル事件[30]（*Vacco v. Quill*）における判決理由の説明において、まさにこの説明に依拠した。そこで彼は、ニューヨーク州法による自殺幇助の禁止はターミナル・セデーションを違法にするわけではない、と認めた。法体系は一般に、諸行為を区別する方法として行為者の意図を用いていると主張することから、彼の議論は始まる。[31]この主張を裏付けるために、彼は、行為者の精神状態が犯罪の程度を決定するという刑法由来の事例に依拠した。また、バッコ判決は平等保護に関わる事例であったためか、彼は、人々の間に区別を付けることが許容不可能であるのは、ある方針が「意図されてはいないが予見された帰結「にもかかわらず」」採用された場合にではなく、そのような帰結「ゆえに」採用された場合のみだという、二重結果原理の主張に依拠した。[32]レンキストは、二重結果の原理をはっきりと引用して、国家には、「予見されているが意図されてはいない」「二重結果」として患者の縮命を伴うと思われる苦痛緩和ケアを［治療の］拒否に際して許可することが許される」という理由で、ターミナル・セデーションは自殺幇助とは重要な点で異なると論じた。[33]

二重結果の原理の批判者たちは、行為者の意図が道徳的な違いを生み出すという主張は、あからさまに馬鹿げているとまでは言わないとしても、奇妙に思われることを指摘して、対になった事例の間の道徳的な違いに関する説明に反論している。この反論は次のようなものになる。[34]ある医師が、患者に多量の鎮痛薬を投与することを検討しており、助言を求めてあなたのところに来るとする（あなたは病院の倫理委員会のメンバーという立場にある)。この医師は、あなたに、患者がその薬の投与を希望しており、この患者は苦痛緩和をもたらすに十分な量の投薬が死を引き起こしうることを認識していると告げる。この医師は、患者の状態が終末期であり、それ以外に有効な処置が存在しないということ(さらにこの患者とその状態に関するそれ以外の重要な情報)も伝える。あなたは、この事例について自分の意見を述べる前に、医師にその意図についてさらに問うべきだろうか。あなたは次のように言うべきだろうか。よろしい、その薬を投与するかどうかは医師としてのあなたの意図による、もしあなたが患者の死を引き起こそうと意図しているのであれば、薬を投与することは許されないが、単に苦痛を除去することだけを意図しているなら、薬を投与することは許される、と。

この反論は強力である。なぜなら、薬を出すことが許容可能かどうかは、それを投与する人の頭の外部にある要因次第であるように思われるからだ。むしろ重要なのは、患者とその状態についての要因である。すなわち、患者が薬を希望したのか、患者の状況は終末期であるか、患者は酷い苦痛のなかにあるか、などである。医師にその意図について聞くのは余計なことだと思われる。

これは、行為者の意図が、自殺幇助の道徳的許容可能性に関連性をもつという主張に対する、説得力のある反論である。とはいえ、一見したところ、この論点を差別の文脈に置き移すのは困難であるように思われる。差別は、候補になる複数の人々のなかから誰を選択するのか、またはどの方針を採用するのかに関わる自由裁量が行為者にある状況でしばしば生じるという点が違うからである。道徳的に要求されるか禁止されるかする(患者に医薬品を与えることと類比できるような)単一の正しい結果は往々にして存在しない。むしろ、複数の方針や決定が許容可能である。また、禁止されるのは、一つの特定の結果ではなく、意思決定における特定の規準の使用である。

しかしながら、差別が生じるのは行為者に自由裁量がある場合が多いという事実は、ある行為が悪質であるかどうかを行為者の意図が決定するということを示しているわけではない。その理由を説明するのに、二重結果の原理はどこで誤りに陥るのかについてのティム・スキャンロンの説明は有益である。スキャンロンにとって、道徳原理は、その内部に、この道徳原理の例外とみなされるような一連の理由を含んでいる。その原理に従っているなら、私たちは、その一般的言明に対する例外とみなされる諸理由を、自らの行為を導くものとして受け入れている。もし私たちがこうした理由を自らの行為を導くものにし損ねるなら（すなわち、これとは異なる意図をもって行為するなら）、私たちは不当な仕方で行為している。しかし、スキャンロンが説明するように、「私たちの行為を不当にするのは、行為を行った理由（すなわち私たちの意図）ではなく、むしろ、その原理がその行為に反対する決定的理由として特定する、行為の諸特徴とそれを取り巻く状況である[35]」。スキャンロンが付けている区別は少々微妙なものであるが、彼はこの区別を明確にするのに次の事例を提示している。

> 私があることをすると約束したとしよう。そして、この状況下では約束したことがそのことをする決定的理由とみなされるとしよう。とくに、私が約束を破ることから経済的利益を得ることができるという事実は、約束を反故にする十分な理由ではない。だが、私は、この利益を得ようとして、とにかく約束を破ってしまったとしよう。私の行為のどこに欠陥があったのかを記述するならば、その際、私は、自分自身の利益を約束を破るのに十分な理由とみなした点で、不当に行為したのだと、あなたは言うかもしれない。しかしより根本的なレベルでは、私の行為を不当にしているものは、私の行為が基づく理由ではなく、そのように行為することに反対するとみなされる理由である。

この行為が不当であるのは、私が約束したという事実が、その状況下では、私が当の事柄をすべきだと定めているからである。[36]

これに類比的な説明によって、悪質な差別の悪質さも同じように説明されうる。ある雇用者は白人の候補者のほうを好んでいるとする。彼は、意識的かつ熟慮的に、有色の候補者ではなく白人の候補者を選択する。スキャンロンの説明に従うならば、これを不当にしているのは、この雇用者が白人を雇おうと意図しているという事実ではない。むしろこの行為を不当にしているのは、肌の色は雇用に関する決定に影響を与える要因であるべきでない、ということである。関連性があるのは意図ではなく、その仕事の候補者の人種が、本来影響を与えるべきではない場面で決定に影響しているという事実である。[37]

では次に、この説明と認知バイアスに関する事実を組み合わせてみよう。前節で私たちは、人々は、そのようにしようと意図することなく、人種、性別、あるいはそれ以外の特徴に基づいて分類を行っていることを確認した。言い換えれば、人種や性別に基づく特徴は、認知的な自覚なしに意思決定に影響を与えることができる。さらに、ある行為を不当にするものは、人種が役割を果たすべきでないところで役割を果たしているという事実なのだとすれば、そうした行為を不当にしているのは行為者の意図ではない。むしろ、人種によるカテゴリー化が、意思決定のなかで本来果たすべきでない役割を果たしているという事実である。

この点に立ち止まることは重要である。というのも、悪質な差別についての主張の評価に意図が関連性をもつに違いないという見解は、認知バイアスに関わるこの種の事例に着想を得ているからである。ある行為が道徳的に要請されている場面で、たとえば溺れている人に救命具を投げることは、その人を救命するためになされるのか報償を受けることを期待してなされるのかにかかわらず、それが正しいという点には、ほとんどの人々が同意する。しかし、人々の間に区別を付けることは、これとは異なるように思われる。というのも、悪質な差別は往々にして、何らの特定の行為も要請されていない文脈で起こるからだ。雇用の文脈では、しばしば、特定の誰かがその仕事に最も適格だとはっきり言えるわけではないし、雇用者は最も適格な候補者を選択することを要請されているわけでもない。したがって、このような場合、禁止されているのは、(白人しか雇わないといった)特定の意図をもって行為することか、(人種差別のような)特定の動機から行為することのように思われがちである。スキャンロンの洞察――複数の許容可能な諸行為が存在する文脈を扱ったものではないが――は、こうした直観の背後には混乱があることを明らかにしている。複数の諸行為が許容可能だとしても、それらの行為のなかには――正しく記述されれば――禁じられるものもある。たとえば、(明確に定義された限定的な状況以外で)人種を従業員の選別の規準として用いる行為は禁じられる。

スティーブン・スバードリックはこうした考えに同意しない[38]。彼は、差別は、動機が道徳的重要性をもつような種類の事例の一つであると論じる。彼は、購入希望者が黒人であるという理由で自分の家を売ることを拒否する売り手を例に用いている。スバードリックの考えによれば、この売り手は別の理由(たとえば、信頼できる支払い能力に欠けるなど)で買い手に売ることも拒否できるし、単純に(再考した結果、やはり家をもっておくことに決めたために)家を売るのを止めることもできるのだから、自分の家をこの購入希望者に売る責務があるわけではない。それゆえ、行為者の動機が道徳的な違いを作り出す――すなわち、道徳的に許容可能な行為(後者の二つの別の理由で売ることを拒否すること)を、道徳的に不当な行為(購入者が黒人であるがゆえに売るのを拒否すること)へと変える――に違いない、と彼は考えるのである。だが、問題なのは本当に、（スバードリックが考えるように）行為者の動機あるいは意図なのだろうか。

複数の行為が許容可能な――たとえば、この買い手に売るか、売ることを拒否するかという――場面では、たしかに理由が問題になる。だが、どのように理由が問題になるのかをより詳細に見てみよう。買い手の人種が売り手の決定に影響を与えることは、道徳的に許容可能ではない。したがって、売り手は、無数に存在する許容可能な理由のために、売ったり売らなかったりを決定することが許されるが、しかし、買い手の人種を理由として売ることを拒否することは許されない。もし買い手の人種が売り手の決定に影響を与えるとすれば、不正が生じている。行為者が欲求しているかとか、人種に動機づけられているかは問題ではないし、また、行為者の目標が黒人の買い手に売ることを拒否することにあるのかも重要ではない。こうした意味で、問題なのは動機でも意図でもない。重要なのは、買い手の人種が実際に売り手の決定の要因であったかどうかであり、人種が要因になることを売り手が欲していたかどうかでも、そうなるように意図していたかでもない。人種が役割を果たしていたのであれば、その行為は悪質である。

悪質な差別をするにはそうしようと意図しなくてはならないという主張は、悪質な仕方で分類するためにはそうしようと意図しなくてはならないという主張に基づいている。だが、非意図的に分類することが人にはできるのであれば、悪質な分類は、特定の基準に基づいて分類する意図を必要とするなどとなぜ考えるのだろうか。行為者の意図の重要性に対する反論は、行為者の自律性と行為の悪質さとの間のつながりを断ち切る。私たちは、そうするつもりがなくても人々を不公平に扱うことがある。往々にして、問題なのは思想ではない。

差別的意図の関連性

差別が悪質であるかどうかにとって問題なのは意図であるという主張には、重要な多義性がある。私たちはしばしば特定の特徴に基づいて人々を区別するが、そのとき、この特徴を別の特徴の代理指標として用いている。この別の特徴を私は標的と呼ぶ。行為者が特徴Xに基づいて分類を行っている時、その意図は、特徴Yをもつ人々（つまり標的）を同定することにある、という言い方を私たちはすることができる。その場合、行為者の意図は、標的となる特徴Yをもった人々を選別することにある。さらに、行為者がYに狙いをつけることには理由がある。この理由は、行為者の目的として記述することもできるだろう。[39] 行為者は、特徴Yをもった人々を選り出すために、理由Zのために、特徴Xに基づいて分類しようと意図する。たとえば、ある州立のロースクールが、黒人学生の入学者数を減らし、学生の学業成績を向上させるために、地元の受験者を優先する方針を採用するとしよう。その場合、この学校は、学生の学業成績を向上させたい（これが目標または目的である）がために、「非黒人」に標的としての狙いを定め、「地元」という代理指標を用いている。[40] 雇用者が、会社の利益を高めるために、高い医療費がかかる従業員を雇うのを避けようとして、障害のある求職者の雇用を拒否するとすれば、この雇用者は会社の利益を高める（これが目的または目標である）ために、「高い医療費がかかる従業員」に標的としての狙いを定めて、「障害」という代理指標を用いているのである。行為者の意図がその行為の道徳的な許容可能性にとって重要であるとすれば、それは、意図された標的が重要なのか、[41] あるいは、目標や目的が重要なのか。以下では、この二つの可能性についてそれぞれ考察しよう。

標的

問題含みの標的に狙いを定めることは、ある法律や政策が許容可能かどうかという問いに関連性があるのだろうか。この問題を独立に論じるために、法が十分な（あるいは少なくとも許容可能な）理由のために問題含みの標的に狙いを定めて、無害な代理指標を用いている例から議論を始めたい。アレクサンダーによる、地方のロースクールがちょうどよい例を提供している。思い出してもらえると思うが、この事例で、大学当局は黒人学生の入学数を減らすために、地元出身者を優先する方針の採用を決定する。地元出身学生が非黒人という標的の代理指標として用いられているが、これは問題含みの標的である。しかしながら、この決定を動機づけている理由は無害である。この学校は、法科大学院進学適性試験（LSAT）が白人学生に比較して黒人学生の成績を過大に見積もっていることを（隣接州のロースクールの経験を通じて）発見していた。これらの事実は実際にはありそうにないシナリオだが、疑わしい標的の使用が問題になるかどうか、またどのように問題になるのかに関する私たちの直観をテストするのに役に立つ仮想事例である。

この方針が悪質であるかどうかの決定にとって、黒人を排除しようという意図が問題なのかどうか。この問いを判定しようと試みるならば、私たちはまず、この方針は望まれる結果をもたらさなかったと想定すべきである。この方針が上に記したような理由で採用されたが、二つの州の人口統計は、この地元優遇の方針が実際には黒人に否定的影響を与えないほどにかなり異なっているとする。この場合、代理指標の標的がこの法を許容不可能にするという考えを抱くことは、行為者の動機の純粋さに執着しているように思われるだろう。私たちが方針の立案者の徳を判断することに従事しているのでなければ、黒人を排除するというこの効果なき試みに関連性はないように思われる。より興味深くまた問題含みなのは、代理指標が望まれた標的——黒人入学者の数の減少——に実際にたどり着くようなケースである。このような場合、黒人の入学者数を減らすことを介して、学生の学業成績を向上させようとする意図は、この方針の許容可能性を評価する上で重要なのだろうか。

アレクサンダーとコールは、こうした事例では意図が決定的だと考えている。というのも、意図をよく見ることなしに、私たちはこの方針を、地元出身者を優先する方針の無害な採用から区別することができないからである。言い換えれば、アレクサンダーとコールは、彼らが「反差別原理」と呼ぶものを支持するのに、意図という基準が必要だと考えている。「反差別原理」ということで彼らが意味しているのは、ある種の合理的な人種差別や性差別は禁止されるというルールである。[42] もし、合理的な人種差別や性差別に対する禁止を、人種や性別の緻密な代理指標に置き換えることで回避できてしまうならば、これらの禁止は役に立たないものになってしまう、と彼らは論じる。したがって、アレクサンダーとコールは、意図原理は「反差別原理を容易に迂回することを妨げるために必要である」と論じるのである。[43]

だが、これは正しいだろうか。このロースクールが、(学生の学業成績を向上させるために)黒人の数を制限しようとして居住地に基づく分類を行ったかどうかを知る唯一の方法は、意図を調べることである。だがこれは分かり切ったことを述べているに過ぎない。この大学の意図を知るための唯一の方法は、この大学の意図をよく見ることである。これらの意図に関連性があるのかを擁護するための論拠として、これが役に立つ見込みはない。

この意図がロースクールの方針の許容可能性に関連性をもつべきかどうかについて考察を始めるため

に、アレクサンダーの事例のいくつかのバリエーションについて考えよう。この学校が地元出身の志願者を優先する方針を採用するのは、学生の学業成績を高めるためだが、なぜこれがうまくいくのかについては認識していないとする。しかし、後になって、地元出身者を優先する方針が学生の学業成績を向上させた理由は、マイノリティの入学者数を減らし、それが学生の学業成績を高めることになったからだと、調査によって示されるとする。さて、それでどうなるのだろうか。この学校はこの方針を廃止するべきだろうか。あなたはこの学校の職員で、どうすべきかを決定する責任があるとしよう。その場合、あなたはこの問いについてどう考えるべきだろうか。問題含みなのは、地方出身かどうかを人種の代理指標に用いようとする意図だという点について、アレクサンダーとコールが正しいとすれば、この場合、大学アドミニストレーターは何も懸念する必要はないと思われる。学校の政策はこのような意図なしに採用されたのだから、それは悪質ではないということになるからだ。ここで思い出して欲しいのは、私は、どのような種類の行為が実際の世界で訴えられやすいのかという問題や、予防的または防衛的な行為はどういうものであれば良識的ということになるのかという問題を考察しているのではないということである。むしろ、ここでの目的は、人々の間に区別を付けることはどんなときに悪質であり、どんなときに悪質でないのかを考察することである。

代わりに、スキャンロンに倣って、大学アドミニストレーターは次のようにこの問題を考えるべきである。学生の学業成績の向上は、この方針がマイノリティ受験者の入学数を減らすことでうまくはたらく場合でも、地元の受験者を優先する十分な理由になるのだろうか。もちろん、今の事例では、大学アドミニストレーターは、この方針はこのような仕方でうまくはたらくということを知らないので、この問題について次のように自問することしかできない。すなわち、学生の学業成績の向上は、地元の受験者を優先する十分な理由になるのだろうか、と。マイノリティの入学者減少についての知識の欠落は、たしかに、この人を称賛または非難するという私たちの人物評価に関連性があるというのはもっともである。しかし、この方針そのものの評価には関連性がない。学業成績を向上させるためにこの方針がはたらくのはマイノリティの入学を制限することによってだとすれば、このことは、方針を策定した行為者に知られているか意図されているかにかかわらず、この方針の許容可能性を評価する際には考慮されるべき特徴である。かくしてこの事実が明らかになった場合には、この方針の許容可能性を判断するアドミニストレーターは、この方針を廃止するべきかどうかを決定するために、自らの（または大学の）意図を調査するべきではない。むしろ、アドミニストレーターは先に挙げた一つ目の問いを問うべきである。すなわち、学生の学業成績の向上は、この方針がマイノリティ受験者の入学数を減らすことでうまくはたらく場合でも、地元の受験者を優先する十分な理由になるのだろうか、と。

だが、故意にマイノリティの入学者数を減らすことはより悪いのではないのだろうか。答えは「より悪い」という言葉で何を意味するかによる。この問いに対する解答が、マイノリティの入学者数を減少させる地元出身者優先の方針を通して、学生の学業成績を向上させることは不当であるというものだとすれば、法の目をくぐろうとすること（それは不当であるとともに不法でもあると想定するとして）は、この行為者の性格に何らかの卑劣さがあることを示している。この行為者は、自分は法を超越していると考えていることを示すような仕方で行為しているからだ。しかし、マイノリティの入学者数を減少させる地元出身者優先の方針を通して学生の学業成績を向上させることが不当であるとすれば、それを意図的に行うことも意図せずに行うことも不当である。いずれの行為も他方と比較してより悪いということはない。同様に、もしそうすることが許容されているのであれば、それを意図的に行うことも許容される。

アレクサンダーとコールは、迂回という用語を使うことによって、行為者をどう判断するべきかという問いと、行為をどう判断するべきかという問いを融合させてしまっている。この用語は、法の目を狡猾にくぐることを、それも行為者のなかにある不愉快な何かを暴くものとして示唆している。行為者に対する不愉快さがその行為の判断に流れ込まないように十分気をつけるならば、私たちは迂回の問題にもっと注意深く取り組むことができる。[44] 出身地域を人種の代理指標に用いること——そして、人種は学生の学業成績の代理指標になる——が、合理的人種差別の禁止を実際に迂回しているのかどうかは、合理的人種差別の禁止によって正確には何が禁じられているのかに依存する。

ここで、少なくとも二つの可能性が思い浮かぶ。出身地域を人種の代理指標として用いること、そして人種のほうも学業成績の代理指標に用いることが禁じられるべきか、という問いに対して、それぞれの可能性には異なった含意があるだろう。これらの論点を論じる前に、この例と議論は合理的人種差別に焦点を当てているが、同様の観察と探求は、合理的な性差別や障害者差別、それ以外の形態の合理的差別にも適用されるということは強調しておきたい。説明を簡略化するために、合理的人種差別に焦点を当てることにする。合理的人種差別の禁止は、人種に関する一般化を、たとえそれが有効なデータに裏付けられたものだったとしても、禁ずる。したがって、人種が、望まれる帰結（たとえば学校や仕事の成績）の代理指標として、学年や経験といった他の指標と同じくらい適切であったとしても、私たちはほとんどの場面で人種を代理指標に用いることは禁じることになる。しかし、そうすることで、私たちは正確には何を禁じているのだろうか。少なくとも二つの可能性が思い浮かぶ。私たちは、（a）人種を不利益につながる代理指標として用いることを禁じているのかもしれない。あるいは、（b）人種るのかもしれない。

を不利益につながる代理指標として明示的に用いること、あるいはほぼ明示的に用いることを禁じてい

合理的人種差別の何が禁じられているのか。この問いに関する二つの考え方のどちらを選ぶかは、合理的人種差別そのものがなぜ禁じられるべきだと考えられているのかに依存する。もし合理的人種差別に伴う問題が、私たちの社会の人種的ヒエラルキーを支え、定着させる傾向にあるという点にある――これは反差別規範の反カースト的理解である[45]――ならば、合理的人種差別の禁止は、(a)を禁じているということになる。他方、合理的人種差別の問題とは、人種に関する一般化が、人種カテゴリーを具現したり人種的マイノリティに対する軽視を表現したりする傾向にあるのだとすれば[46]、合理的人種差別の禁止は、より狭い範囲のもの、(b)のような何かを禁じていることになる。なお、これらの考え方は単に例示されたものにすぎず、網羅的な定式化や説明を意図してはいない。

もし合理的人種差別の禁止が(a)を禁じているのだとすると、人種を学業成績の代理指標として、さらに出身地域を人種の代理指標として用いることは禁じられるべきである。このような仕方で出身地域を人種の代理指標として用いようと意図することは、事実上、合理的人種差別に対する禁止を、そうと見抜かれないようなやり方で実行することで回避しようと試みることである。しかしこれを不当なものにしているのは、回避しようという意図ではない。何が合理的人種差別を不当にするかについてのこの理解においては、出身地域を人種の代理指標として用いることは、それが意図されているか否かにかかわらず、不当である。

他方、もし合理的人種差別の禁止が(b)を禁止しているのだとすると、人種を学業成績の代理指標として、さらに出身地域を人種の代理指標として用いることは、不当ではない。学生の学業成績を向上

させるための一つの方法として地元出身の受験者を優先する方針は、人種的マイノリティの軽視を表現してはないし、人種カテゴリーを具現化してもいない。というのも、人種は明示的には使われておらず、地元出身者の優先は人種的な特徴付けによって理解されていないからである。合理的人種差別を何が不当にするのかに関するこの理解では、学生の成績を向上させることは、たとえそれがマイノリティ受験者の数を減らすことでうまくはたらくのだとしても、地元出身の受験者を優先することの十分な理由になる。

おそらく、さらに二、三の例を挙げることで、この論点はよりはっきりするだろう。レッドライニングの慣行を考えてみよう。この慣行においては、住宅ローン融資会社が、特定地域の住宅購入者に融資することを拒否している。この慣行は融資のパフォーマンスを全体として向上させるとしよう。そして、そのように向上するのは、この地域は人種と強く相関しており、さらに人種が融資のパフォーマンスに相関しているからだとしよう。私はこうしたことが真であると主張したいわけではない。むしろ、これを例として用い、これらの想定が真であると仮定する。行為者の意図が関連性をもつとするアプローチを斥けることで、私は、この金融機関が、この地域の人々を排除する方針を採用するときに有色の購入者を排除する意図があるかどうかについて問う必要はないと主張する。むしろ重要な問いは以下である。すなわち、融資のパフォーマンスを向上させることは、特定の地域に家を買う人々への融資を拒否する十分な理由になるのだろうか。この慣行が融資のパフォーマンスを改善することに成功するのは、非白人の住宅購入者に融資する件数を制限することによってである場合に、十分な理由になるのだろうか。このように問うアプローチを用いる場合、レッドライニングの道徳的許容可能性は行為者の意図には依存しない。

ここで私が提唱する客観的アプローチは、問題があると考えられるような代理指標と標的の関係を行為者が特に意図してはいないような類の事例を、うまく理解させるものでもある。懐胎能力のある人の排除について考えてみよう。雇用者が、懐胎能力のある人を特定の仕事から排除したとする。その理由は、懐胎能力があるという特徴が、職場での怪我のしやすさと強く相関しているからである。懐胎能力のある人が、平均的な労働者に比べて、危険な職場環境によって怪我をしやすいのだとすれば、あるいは、怪我をした場合にはより重傷になりやすい（たとえば、流産したり胎児の発育に支障が出たりする）のだとすれば、懐胎能力がある人という代理指標は、職場で怪我する見込みが高いという標的と相関するというのはもっともである。もし私たちが単に、職場での怪我の数と深刻さを減らすことは懐胎能力のある人の雇用を拒否することの十分な正当化になるかどうか、だけを問うとすれば、この慣行について重要な何かを見逃していることになる。懐胎能力がある人々という分類を、それが女性というカテゴリーと重なることを認識せずに理解することはできないので、実際には、その何かを見逃すことは困難である。だが、もし私たちが何らかの仕方で単にこの分類――すなわち懐胎能力がある人々――だけの問題とみなしてしまうとすれば、私たちはこの慣行の許容可能性に関連性のある重要な何かを見逃すことになるだろう。私たちがこの慣行の道徳的許容可能性を考察する際に問うべきなのは以下のことである。すなわち、職場での怪我の数と深刻さを減らすことは、懐胎能力のある人という代理指標が女性を排除することでうまくはたらくのだとしても、この人々の雇用を拒否することの十分な正当化になるのだろうか。この問いに対する解答がどのようなものであれ、懐胎能力があるのは女性だけだという事実は、間違いなく中心的な要素である。そしてさらに言えば、この事実が中心にあることは、雇用者が女性を標的にしようとして懐胎した人を排除する方針を定めたのか（そうではなかった可能性がかなり高い）どうかにはかかわらない。

ここで以上の議論を要約しておこう。行為者がある特徴をそれ以外のもっと疑わしい特徴――人種や性別――の代理指標として法律や方針のなかで意図的に使っているという事実は、その法律や方針の道徳的許容可能性には関連性がない。この方針が成功する、あるいは効率的であるのは、その特徴が代理指標を介してその標的に到達するからだということは、たしかに重要な問題である。しかし他方で、この事実が関連性をもつことは、それが意図されていたのかどうかには関わりがない。法律、方針、決定を吟味する際に私たちに必要なのは、行為者が正しい意図をもっていたかどうかではなく、当の行為が、その行為が実行される仕方を踏まえて正当化されるかどうかである。

目標

法律、政策、決定が悪質な差別を構成するかどうかの評価に関連性があると思われる意図の二つ目の意味は、その法律や政策を採用する最終的な目標である。この節では、法律や政策が悪しき理由のために採用されているという事実は、その法律や政策を許容不可能にするのに十分であるかどうかを吟味する。目標はしばしば動機と互換可能な用語として用いられる。目標という言葉によって私は、当の行為者が目指している結末を指している。他方、動機は行為者を実際に動かす理由に関係している。しかし私はこの区別をここではあまり強調したいとは思わない。ここで私が支持する見解は、行為者の意図は人々を区別する行為の道徳的な許容可能性に関連性がない、というものである。私は行為者の動機――当人を実際に行為に促す欲求状態――も同様に関連性がないと考えるが、この主張はここで提示される論拠から導き出されるだろう。以下で引用する事例からの一節では、目標と動機という二つの用語はしばしば互換可能な仕方で用いられている。また、中心的だと考えられているのは、行為者が目指しているものなのか、それとも行為者が欲求しているものなのかという点に十分な注意が払われてもいない。私は、目標も動機も法律や政策が悪質な仕方で差別しているのかどうかの評価に道徳的な関連性をもつべきではないと主張したい。そのため、以下の一節ではこれらを互換的なものとして扱うことに留意されたい。

ある法律が憲法で保障された平等保護を侵害するかどうかという問いに悪しき目標が関連性をもつという見解は、一九七三年の米国農務省対モレノ事件におけるブレナン裁判官の以下の主張の根底にあるものだと思われる。「「法の下での平等な保護」という憲法の考え方が何らかの意味をもつとするならば、それは、最低限以下のことを意味しなければならない。政治的に不人気な集団を害したいという議会のあからさまな欲求は、政府の正統な利益を構成することはない、ということである[47]」。この最低限度の平等保護は、ローマー対エバンズ（*Romer v. Evans*）事件でも繰り返し述べられている[48]。そこで法廷は、コロラド州憲法修正第二条（これは、コロラド州の地方政府が性的指向に基づく差別を禁ずる法律を施行することを禁止し、州レベルでもこのような保護が施行されることを困難にした）を平等保護条項の侵害とみなすことを支持する理由の一つについて、次のように説明している。「今私たちの目の前にあるような類の法律は、強いられた不利益がこの法律の影響を受ける一群の人々に対する敵意から生まれているという推論を否応なしに生じさせる[49]」。

敵意が、悪質な差別を不当にするものの中核にあるという見解を、同じような仕方で支持する学者もいる。たとえば、リチャード・アーネソンは「本質的に道徳的に不当な差別は、ある行為者が、ある人を何らかのタイプの人として同定し、そのタイプの人々に対する正当な理由のない敵意や偏見ゆえに、その人をそれ以外の場合とは異なる仕方で扱う場合に生じる」と論じている。[50]だが、悪しき目標や動機――害したいというあからさまな欲求――は、ある分類が悪質な仕方で差別しているのかどうかという問いに関連性があるのだろうか。それとも、引用したような事例は重層的に決定されているので、関連性があるように思えるだけなのか。もしかすると、それ以外にも不正を作り出す特徴が存在していて、これらの事例の論点を混乱させているのかもしれない。

差別的目標あるいは動機が関連性をもつという主張をテストするには、悪しき動機に不正を作り出す他の特質が伴っていないような事例を吟味する必要がある。そうしなければ、実際に動機が不正を作り出すはたらきをしているのかどうかを知ることができないだろう。次のような事例を考えてみよう。大都市のオーケストラが新たにミュージシャンを雇おうとしている。音楽監督は、アジア人とアジア系アメリカ人をオーケストラからできるだけ多く排除することを目指している。この監督にとっては残念なことに、オーケストラは、このようなバイアスやそれ以外のバイアスを介在させないために、目隠しの幕を使って音楽家のオーディションを行っている。この監督は目的を達成するために、技術よりも情熱を優先することで音楽家を選別することにする。この監督は、このアプローチによってアジア系の音楽家をできるだけ多く排除できると（誤って）信じているのである。結果的に、この音楽監督は自らの行為を不正確な一般化に基づけていることが判明する。アジア系の音楽家は、他の音楽家たちと比較して情熱を欠いているわけでも、技術的により優れているわけでもない。結果的に、選別されたオーケストラは、より高度な技術をもつ音楽家よりも情熱的な音楽家が多いものになるが、この監督が別の雇用方針を採用した場合にそうなるのと（そうなると想定するとしよう）同じ数の人種構成になる。では、ある人々を害したいという監督のあからさまな欲求ゆえに、この雇用手続きは無効とされるべきだろうか。

私の直観——それが共有されたものであることを望むが——では、無効にされるべきではない。たしかにこの欲求は音楽監督の人格のどこか不愉快な何かを暴露してはいるが、その欲求あるいは動機がともかくにも実現されなかったのであれば、何がその行為を不当なものにしているのかを理解することは難しい。もっとも、音楽監督の欲求または動機は何らかの仕方で実現してはいる。技術よりも情熱を評価することによって選ばれた音楽家たちは、別の選別規準を用いて場合に選ばれたはずの音楽家たちとは違っている。だが、アジア人を排除するという意図は、アジア人であることに基づいて人々を区別する方針というかたちで実現されてはいない。また、その意図は、他の方針を用いた場合には選別されていたはずのアジア人を減らしてオーケストラを作ることで実現されたわけでもない。

　この監督の行為に何ら不当なところはないと述べることは、あるいは少し強過ぎるかもしれない。オーケストラの監督の行為にはどこか不当なところがあるが、しかしそれは悪質な差別がもつ不当さではない。第一章と第四章で論じたように、人々が意思決定を行う際に用いる規準への制約はしばしば、平等に対する道徳的要求に由来するのではなく、当該組織内部の目標に由来する。ここで、オーケストラの監督が自らの職務内容に由来する行動基準に——明示的か非明示的かはともかく——従うべきであることは疑いない。たとえば、オーケストラの監督の職は、最良のオーケストラを作ることである。もしこの監督がオーケストラの人種構成に影響を与えようとするのであれば、その行為は監督の役割を逸脱するとか、自由裁量を濫用しているとか、そういった類のことをしている。言い換えれば、オーケストラ監督というこの人の役割の責務が、悪質な仕方で差別しようとする試みを禁じている可能性がある。かくして、この行為そのものは悪質な差別ではないが、オーケストラ監督は、悪質な差別を行おうと試みているがゆえに[51]、その職が定義する責務に——この監督の雇用契約が明示的に、あるいは非明示的に、悪質な差別をしようと試みることを禁止しているという想定はなるほどもっともなので――違反してしまっている。

悪しき目標や動機は、法律、政策、決定を悪質にするには不十分だとしても、依然として関連性はあるのかもしれない。ある分類の使用を悪質にするのに悪しき意図は関与しないのだろうか。この問題を検証するような類の事例は、悪しき意図と悪しき結果が存在するが、しかし、その結果はそれ単独ではこの分類を悪質にしないような事例である。たとえば、ある雇用者が一週間に七〇時間働くつもりのある従業員だけを雇うと決めるとする。さらに、この選別規準は職場をほぼ全員男性が占めるという結果をもたらすと想定しても、不合理ではあるまい。女性、とりわけ子どものいる女性には、この雇用者が要求するほど長時間働くつもりは端的にない。この雇用方針は女性あるいは母親を悪質な仕方で差別してはいない、と信じる人がいるとしよう。仮にこの雇用者がその雇用から女性を排除しようと熟慮してこの方針を採用していたとすれば、この人の判断は変わるのだろうか。一見、この方針が不当であるかどうかにとってこの意図は重要であるように思える。この意図は、許容可能な事例や曖昧な事例を、悪質な差別の一例へと変えるように思われる。では、このことは、行為者の意図は実際に関連性があるということを意味するのだろうか[52]。

この例は意図に関する哲学の文献で、とりわけ二重結果の原理に焦点を当てる文献で論じられてきたものと類比的である。たとえば、アレック・ワレンは制限付き無差別爆撃の例を論じている。無差別爆撃者の目標は民間人を爆撃することだが、利己的な理由で用心深くなり、彼は正統な軍事的標的を爆撃するにとどめようと決心した。ただし、それらの標的の一部は民間人を爆撃するきっかけを彼に与える。この制限付き無差別爆撃者は、正統な軍事的標的を爆撃しているが、その際、正統な行為に関する独立の規準が許容する時にはいつでも民間人を爆撃する意図をもって行動している。この場合、この人は許容不可能な仕方で行為したと言えるのだろうか。ワレンはそうとは言えないと論じており、私もそれに同意する。制限付き無差別爆撃者が正統な標的を爆撃しているだけであり、またそうすることにコミットしている限り、民間人を無差別爆撃するというこの人の目的がその行為の道徳的な許容可能性を損なうことはない。ワレンは次のように説明している。

> ある意図が、独立の規準によって許容可能とされる行為だけを遂行するように行為者を方向付けているのであれば、私たちが言うことができる最悪のこととは、悪しき理由のためにそれらの行為を遂行したことが批判されるに値するということだと直観的に思われる。行為者に、何らかの意味で、ある良き理由のためにそれを行うべき十分な理由を本人がもっている事柄を行うように要請するのは、少なくとも一般的にそう要請するのは、過剰な要求である(53)。

しかし、無差別爆撃の例と長時間労働の例は、次のような点で異なると思われるかもしれない。つまり、軍事的標的のみを爆撃することの正統性は、それ以外のどういう標的がありうるかによって部分的に変化する。つまり、軍事的標的の爆撃が民間人の死を引き起こしやすく、かつ、それ以外の標的を爆撃すればずっと少ない民間人の死者数で同じ軍事的利益が得られるとすれば、軍事的標的の爆撃は正統な標的としての資格を失うだろう。結果として、制限付き無差別爆撃者が受け入れる境界は極めて実質的なものになる。人々を区別するという文脈では、こうした比較に関わる要素は常に存在しているわけではない。そして、こうした比較に関わる要素が存在しない場合には、行為者の意図がもっと関連性をもつように思われるかもしれない。

だが第一に、人々の間に区別を付けることの許容可能性が、無差別爆撃の場合と同様の比較の要素を含むこともあることに、私たちは留意すべきである。先に論じた長時間労働の例において、女性と母親への否定的な影響があるにもかかわらず、この方針を正統なものにする何かがあるとすれば、それは妥当なビジネスのニーズに役立つという事実であろう。もしこの方針が女性と母親を貶価しないならば、それは少なくとも部分的には、当該のビジネスが長時間働くことの可能な従業員を必要としているという事実ゆえである。もしそうでないとすれば、すなわち、このビジネスがより効率的に人員を配置して、女性にそれほど劇的に影響を与えないような、もっと要求の少ない労働負担の方針で目標を達成できるとすれば、長時間労働の方針は貶価することに（したがって許容不可能なものに）なるかもしれない。言い換えれば、人々の間に区別を付けることが道徳的に（そして法的に）[54] 許容可能かどうかについての分析は、場合によっては比較分析に依存するのである。

とはいえ、常にそうだというわけではない。手段と目的がうまく嚙み合っておらず、この組み合わせの悪さが、その影響を受ける人々の利益を無視することを表現している、ということもある。しかし常にそうだというわけではない。そうでないのであれば、どの選択規準を採用するかについて意思決定者には自由裁量があるという事実が、意図を関連性のあるものにするのだろうか。依然として私はそうだとは思わない。行為者には自由裁量があるとすれば、その行為者には——賢くうまくふるまうか、愚かに意地悪くふるまうかについて——自由裁量がある。アーネソンは、差別の文脈外ではあるが、このように自由裁量がある行為の例を考察している。アイスクリームを心底欲しがっている弟に、自分のアイスクリームを意地悪で分けるのを拒否した場合、アイスクリームを分けなかったことについて私たちは何を言うべきだろうか、と彼は問う。アーネソンの考えでは、彼の弟にアイスクリームに対する権利はなく、したがってアーネソン自身に分けてあげる義務はない。しかしながら、アーネソンは、意地悪のために分けてあげるのを拒否した点で彼は不当な仕方で行為していると考える[55]。私はこれには同意しない。アーネソンは意地悪で分けるのを拒否したことで不当に行為しているのではなく、そうすることで彼は自分が意地の悪い人であることを暴露しているのである。

この論点を差別の文脈に置き換えるなら、次のようになるだろう。雇用者が、志願者のなかから選択するときに、独立して道徳的に許容可能な（結果、代替案、社会的意味などを考慮してみても貶価してはいない）方針を採用してはいるが、しかし悪しき（たとえば女性やマイノリティを排除するといった）理由でそうしている場合でも、この悪しき意図によってこの方針が許容不可能になるわけではない。しかし、この行為が許容可能であるという事実は、この行為者に道徳的に悪しき何かがあるという考えを妨げはしない。正統な方針を採用する雇用者が、その方針がある集団に否定的影響を与えるがゆえに、悪い人として示されることはたしかである。

貶価することと意図すること

ここでの議論は、悪質な差別とは貶価する差異化であるという本書の中心的テーゼとどういう関係にあるのか、と読者は疑問に思うかもしれない。本章で私が論じてきたのは、人々を差異化する人の意図は、この差異化が特定の特徴に基づく区別であるかどうかという点に関連性がないということ、および、人々を差異化する人の意図はこの行為の道徳的評価に関連性がないということである。したがって、深刻な仕方で貶価する可能性のある（人種や性別のような）特徴に基づいて人が差異化しているのかどうかは、当人の意図によっては決定されない。人は、そうしようと意図することなしに、人種や性別（それ以外の特徴も）に基づいて差異化することができる。同様に、その人が意図しているにもかかわらず、こうした差異化に失敗することもありうる。より論争的な点として、無害な理由のためにある特徴に基づいて人々を差異化することは、その行為が道徳的に許容可能であることを保証しない。最後に、おそらく最も論争的になると思われるが、悪しき意図は──ある集団への悪意や、ある集団を貶価しようとする意図さえも含めて──その行為自体が道徳的に不当であることを保証しない。行為それ自体──それが生じる意図を参照せずに記述された行為──が許容可能なのであれば、貶価したり害を与えようとしたりする意図が、その行為の否定的または肯定的な道徳的価値を変えることはない。

結論

問題となっている法律、方針、決定から影響を受ける人々に次のような問いが提起されていると想像してみよう。ある特徴をもっているか、あるいはもっていないかに基づいて、人々を区別するのはどんな場合に不当であるのか。この観点に焦点を当てることは、区別を付ける行為者に関して道徳的判断を下すのではなく、人々がどのように扱われているのかを問題にすることに意味があることを示す。人々がどのように扱われているのかを知るためには、これらの方針や法律を採用する行為者やこれらを施行する行為者の意図（あるいは動機）ではなく、この法律や方針それ自体の特徴に焦点を当てなければならない。ホームズがこれに同意することはほぼ間違いない。「責任の初期形態」と名付けられた『コモン・ロー』第一講には、その議論の最初のほうに犬についての警句が登場するが、その講義の終盤にホームズは次のように言わずにはいられない。

次のことがなおも証明されなくてはならない。道徳の用語法は依然として維持されており、法も依然として常に、何らかの意味で、法的責任を道徳的基準によって測っている。それにもかかわらず、法は、まさにその本性的な必然性によって、これらの道徳的基準を、そこから問題の当事者の実際の罪が完全に除去された外的または客観的な基準へと絶えず変化させている、という点である[56]。

彼の文章の最後の部分はホームズにとって、「道徳」が「当事者の実際の罪」についての判断を指していることを明らかにしている。言い換えれば、ホームズもまた、行為者の道徳的性格についての判断と、その行為の道徳的許容可能性についての判断を、私たちはしばしば誤って混同していると考えている。差別の悪質さを評価する際、問題なのは思想ではない。

この見解には重要な実践的長所もある。悪質な差別は、人種差別主義者、性差別主義者、その他の差別主義者の咎められるべき行為から生じる必要はない。法律や方針は故意ではなく悪質な仕方で差別することがある。この点を認識することで、私たちは不公正な扱いを受けている人々を救済するという重要な仕事を、責められるべき悪しき行為者を見つけ出して非難することから解き放つことができる。私たちの文化において様々な特徴に付着している、深く根付いた社会的意味を変えるのは困難な仕事である。私たちが、誰かが悪い仕方で行為しているために咎められるべきだと結論付けてこの方向で手段を講じることしかしないのであれば、私たちはハードルをあまりに高く設定しすぎていることになる。

結論

本書は、何らかの特徴に基づいて人々の間に区別を付けることはどんなときに道徳的に不当なのか、という問いに取り組むものである。その第一の出発点は、人々は同等の道徳的価値をもつという前提である。第二の出発点は、道徳的というよりも事実的なものだ。つまり、人々の間に区別を付け、結果としてその人々を異なる仕方で扱うことは時として必要であるし、しかもたいていは望ましいということである。人々を差異化するこうした慣行には、人々の同等の道徳的価値を尊重することへのコミットメントに抵触する危険が少なくともある。本書で展開された理論は、この道徳的懸念に一つの応答をすることを目指している。差異化する扱いが必要であり、しかも人々は同等の価値をもつのであれば、差異化はいかにして、どんな場合に道徳的に許容可能なのだろうか。

本書で与えられた解答は、人々の間に区別を付けることは、それが影響を受ける人々の誰も貶価していない場合には、道徳的に許容される、というものだ。人々を異なる仕方で扱う際、その人々を貶価していないのであれば、私たちはそのように人々を扱ってもよい。どのような種類の（どういう特徴に基づいた、どういう文脈における）差異化が貶価するのか、という問いには多くの解答がある。それらの解答は論争の的であり続けるだろう。本書ではいくつかの例を用いたが、それらの例を論じている時、私は、特定の慣行が貶価するか否かについての私自身の解釈に関して、自分が正しいと主張してはいない。むしろ、私は、この問いが問われるべき正しい問いであると主張し、この立場を擁護しているだけである。

私が差別の難問と呼んだもの――差異化はどんなときに人格の道徳的平等に抵触するのかという問い――に対するこうしたアプローチは、経験的観察から着想を得ている。何らかの特徴に基づいて区別を付けることや異なる処遇を与えることは、いくつかの特徴や処遇がもつ社会的意義のために、人々に影響を与える。それらの諸特徴は、別の文化においては、私たちの文化にはない意味を帯びているかもしれない。この点は非常に重要である。というのも、平等者として互いを扱うように私たちは道徳的に要求されているとして、その場合に、この命令が要求することになる事柄は、文化を含めて、文脈に依存することになるからである。このことは、私が支持する見解を相対主義的なものにするわけではない。むしろ、まったく逆である。私が提示している主張は、区別を付けることが道徳的に不当であるのは、それが貶価する場合だ、というものである。これは、どこにでも適用可能な道徳的真理を説く主張である。しかし、何らかの特徴に基づいて区別を付けることが、ある文脈や文化では貶価することになるが、別の文脈や文化ではそうならないのであれば、私の理論は、貶価する社会的慣行の慣習的な本性に対して敏感なものになる。どの慣行が貶価するのかという問いは、それらの慣行が行われている社会的条件に依存している。

この経験的観察は道徳的主張に関係してもいる。本書は、人々の間に区別を付けることは、同等の道徳的価値をもつ者として互いを扱うという道徳的責務とどんな場合には折り合いがつくのか、という道徳的問題に根本的には関わっている。かくして、本書は、平等の本性についてのより一般的な論拠に関わっているし、人々の同等な道徳的価値へのコミットメントが公正な政治・経済的制度編成に関して何を要求するのかについての見解に関わっている。本書は平等と正義に関するこうしたより一般的な問題に取り組むものではない。けれども、悪質な差別について本書が支持する見解は、正義は何を要求するのかという問いに答える特定のやり方と親和性がある。

人格の同等な道徳的価値へのコミットメントは、人々には等しく何か——自由、資源、厚生、ケイパビリティ、あるいはそれ以外の何か[1]——への権原があるという見解へと人をコミットさせる。いわゆる平等主義者は、これらの後者、すなわち、資源、厚生、ケイパビリティ、あるいはこの類の何かに焦点を当ててきた。この見解は、とりわけ批判者に応答しながら展開していくうちに、厚生、資源、あるいはケイパビリティは個人の努力であるとか、自由に選ばれたリスクの結果であるのか、そうではなくむしろ、これらは運であるとか、個人が統御可能な範囲外の何かの結果であるのかを区別する必要性に焦点を絞るようになった。この区別を付ける必要があるのは、勤勉な人たちからむしり取って、怠けていたり軽率であったりする者に利益を与えることを避けるためである。また、厚生、資源、あるいは何であれ平等主義的見解が提案するものを均等化すれば不公正な結果が生じるのではないか、と懸念する批判者に応答するためである。たとえば、勤勉な人が、健康保険を支払うために、レストランや服にお金を使うことを控えているとしよう。その場合、この人にとっては、外出やパーティにもっとお金を使うために健康保険の支払いをしないことを選んだ人を財政的に支援することは、不公正であるように思われる。したがって、平等主義者は、平等なXの欠如が選択ではなく運の結果である場合にのみ、均等化する、ということになる。[2]

こうしたいわゆる運の平等主義者は、この区別を付けるために、たとえば、貧困状態にある人々のなかでも、才能の欠如や機会の欠如（不運）によって貧困に陥っている人々と、努力（選択）の欠如のために貧困に陥っている人々を決定しなければならない。運の平等主義を採る政治理論への最近の批判者たちは、これらの見解のこうした特徴を憂慮すべきものとみなしている。たとえば、ジョナサン・ウルフは、ある人を才能が欠如しているものとして特定し、その特定に基づいて資源へのアクセスの条件を設けることは、貶価していると論じている。[3] 類似の仕方で、エリザベス・アンダーソンは、平等主義的なこうした理論は、自分よりも恵まれない人々への憐れみや上から目線の態度——他人を同等な道徳的価値をもつ人格として扱うという道徳的要求にそぐわない態度——で行為するように、道徳的行為者に要求していると論じている。[4] その代わりに、この二人の批判者はともに、貧困状態が運によるのか選択によるのかにかかわらず、最低福祉給付保障のようなものが全ての人に付与されるべきだと論じている。加えて言えば、とりわけアンダーソンの場合、最小の閾値を超えていれば、人々の間に所得、富、あるいは厚生に違いがあっても問題はない。

平等主義的な道徳理論における運と選択の区別に対するこうした批判を私が論じる際のポイントは、それらを支持することではない。むしろ、ポイントは、平等主義に対する最近の批判者たちと私自身の見解の間の、アプローチや物の見方に関するいくつかの類似性に注目することにある。これらの見解と私自身の見解はどちらも、人々の間の違いそれ自体は、人格間の同等な道徳的価値へのコミットメントに関して問題を含むものではないことを強調している。むしろ、問題は、これらの違いがもつことになりうる社会的意義にある。アンダーソンは、他の人よりも才能や能力が乏しい人もいるかもしれないが、だからといって、その人たちの人生は他の人たちよりも充実したものではないのだから補償を必要としているとか、補償への権原があるなどと決めつけるべきではない、と論じている。[5] 重要なのは人々の間の差異ではない。むしろ、道徳的問題が起こるのは、これらの差異が支配や従属を生じさせる場合である。こうしたアプローチと私自身のアプローチの類似性の要点は、重要なのは、差異の政治的あるいは社会的な次元だということにある。悪質な差別についての私の考え方に従えば、人々の間に区別を付けることは、そうすることが影響を受ける人々の誰かを貶価する場合には道徳的に不当である。それ以外の場合、人々の間に区別を付けることは、（それが効率的である場合には）うまく仕事をしているか、（それが実績に基づいている場合には）組織の目標に従っているか、（それが不合理な場合には）下手な仕事をしているか単に愚かなことをしているのである。

第二に、これらの見解と私自身の見解は、運の悪さを平等規範の根本的な関心事だとはみなしていない。運の平等主義への批判者の一人であるサミュエル・シェフラーは、平等という理念の目標は「不運を補償すること」だという見解を拒否して、むしろ、平等理念とは「互いに対等であるような諸関係を統制する道徳的理念」であると提案している。[6] 本書で私が擁護している悪質な差別についての考え方も、同様に、不合理な規準によって判断されることや馬鹿げた区別が自分自身に適用されることの運の悪さを、まさに運の悪さとして取り上げているが、しかしそれ以上のものではない。選別規準が組織の目標と関係のないものであるがゆえに誰かが職を得られないとか入学できないなどとすれば、それは運が悪い。しかし、それ以上のことではない。こうした運の悪さは、平等者として互いを扱うという要求に抵触する類の事柄ではない。選別規準が、単に不合理であったり愚かであったりはするが、貶価するものではないのであれば、そうした規準の不利益を受ける側にいることは少々運が悪いというだけのことであり、それ以上のことではない。

平等者として互いを扱うという要求に運の悪さが道徳的な関連性をもつという考えを、このように拒否することは、市場が評価するような特徴をもたないという運の悪さにもそれ自体では道徳的な関連性はないというアンダーソンの主張に近い。搾取されて、その結果、二級市民にさせられているのでない限り、こうした運の悪さは、平等主義の中心的な関心であるべきではない、とアンダーソンは論じている。

重要なのは、人々の間に区別を付ける際に、下位に置くような仕方で私たちが扱っている人がいるのかどうか、である。差別が貶価する場合に不当であるのは、その場合、互いを平等者として扱うという道徳規範に抵触するからである。「平等の要点は何か」というアンダーソンの問いを私なりに言い換えて述べるなら、差別を禁止することの要点は、人々を区別することを禁じることにはない。差異化は重要であり、場合によっては必要でさえある。差別を禁止すれば、私たちが常に効率的に賢く行為することが保証されるというわけでもない。馬鹿げていて不注意な判断は、それだけでは、平等の観点からは特段の関心事にならない。むしろ、平等の要点は、平等者として互いを扱うことであり、したがって、差別の不当さは平等者として人々を扱い損ねていることにある。私たちがそのようにしているのは、ある人々を他の人々よりも道徳的に価値が低いものとしてランク付ける仕方で、人々を差異化する場合である。これが、分類したり差異化したりすることについての私たちの懸念をかき立てる事柄である。このような従属を禁じることが、差別禁止の要点であり、したがって、貶価する行為に悪質な差別の不当さはあるのだ。

謝辞

本書は結果である。本書の執筆中に奨学金の支援を受けた。そのことに感謝申し上げる。まず、二〇〇四年度から二〇〇五年度にかけてフェローとして活動したハーバード大学では、エドモン・J・サフラ財団倫理センターから奨学金を得た。次に、二〇〇五年度から二〇〇六年度にフェローとして研究したスミソニアン協会では、研究者のためのウッドロウ・ウィルソン国際センターから奨学金を得た。この二つの研究機関にはいただいた支援のために計り知れない程の恩がある。さらに、私の本務校であるメリーランド大学ロースクールにも、この二年間職場を離れることを認めてくださり、私の仕事を常に支援し奨励してくれていることに、感謝申し上げたい。

今に至るまでこのプロジェクトでは多くの人が私を助けてくれた。フレデリック・シャウアーは、私の考えを一つの本にするべきだと提案してくれた最初の人物である。さらに彼はいくつかの章の草稿を読み、信じられないくらい有益な批評を加えてくれた。デイヴィッド・ルバンも本書の一部を読んでくれた。彼は、学部時代以来、私の知的助言者の一人であり続けている。他にも本書の一部を読んで、計り知れない程有益な批判と寸評を加えてくれた人たちがいる。アーサー・アップルバウム、セイラ・バブ、サミュエル・バゲンストス、ミッチェル・バーマン、リチャード・ボルト、デイヴィッド・イーノック、リチャード・ファロン、ジム・フレミング、ヘザー・ジャーキン、ドゥグ・マクリーン、ジム・ラーセンバーガー、コニー・ロザッティ、マイク・セイドマン、シーナ・シフリン、ヤーナ・シンガー、ロバート・ワッチブロイト、デイヴィッド・ワッサーマン、アラン・ウェルトハイマー、スーザン・ウォルフ、グレッグ・ヤング、それから、エドモン・J・サフラ財団倫理センターとウッドロウ・ウィルソン国際センターの研究仲間たち。

このプロジェクトでは素晴らしく有能な研究補助を得た。メリーランド大学法律図書館のスーザン・マッカーティと、ペンシルベニア大学法律図書館のロン・デイは、出版用の原稿を準備している間、非常に助けになってくれた。さらに、ミーガン・モラン・ゲイツ、ジェイソン・パティル、リチャード・エルキンドも非常に助けになる研究補助をしてくれた。

最後に、私は、この原稿の各章をワークショップや学術会議で発表してきた。そのなかには、分析法哲学カンファレンスがあり、カリフォルニア大学ロサンゼルス校、オレゴン大学、アメリカン大学、ダートマスカレッジ、ならびに私の本務校であるメリーランド大学法学部や哲学・公共政策研究所での法理論ワークショップがあった。これらのセッションのそれぞれでなされた議論は大きな助けになった。

友人や同僚は私の本の一部には同意しなかった。私は彼女たちの疑問に答えるように努めてきた。そうするなかでの誤りや不十分さはいずれも私に起因するものである。

訳者あとがき

本書は、Deborah Hellman, *When Is Discrimination Wrong?*, Harvard University Press, 2008 の全訳である。

著者のデボラ・ヘルマンは、米国のヴァージニア大学法学部で教える法学者・哲学者であり、主要な研究テーマは差別と平等である。選挙資金法の合憲性や臨床医学研究の領域での専門職の義務といった分野の専門的研究に従事する一方、差別とは何か、差別はどういうときに悪質であるのか、といった概念的・規範的な問いを扱う哲学的分析に精力的に取り組んでいる。後者の研究に属する主要業績としては、本書のほかに、ソフィア・モレーとの共編著 *The Philosophical Foundations of Discrimination Law* (Oxford University Press, 2013) があり、また、*Encyclopedia of Applied Ethics* (Elsevier, 2d ed. 2012) や *The Routledge Handbook of Ethics of Discrimination* (Routledge, 2017) などの重要な辞典や論文集で差別概念の意味についての項目を担当している。昨今の差別の哲学・倫理学を牽引する研究者のヘルマンであるが、その仕事が日本語に翻訳されるのは本書が初めてになる。

本書はタイトル通り、「差別が悪質になる」のはどのような条件においてなのか、という問いを扱っている。しかし、この問い（タイトル）自体に引っ掛かりを覚えた人もいるかもしれない。というのも、日常語としての「差別」には日本語でも英語でも、それ自体として「悪い」という価値判断が伴うことが多いからである。

しかしヘルマンが（また現在の差別論の多くが）、「差別」の中でも特に「悪質な差別」について、その悪質さの根拠を問うのには理由がある。まず、「差別」という言葉には道徳的な価値判断が伴わない場合がある（「この機能で他社製品と差別化を図る」と言う場合など）。また、少数者を優遇するアファーマティブ・アクションなど、一般的には「差別」と呼ばれることでも単純に悪いと言えないような行為や政策もある。それに対して、人種隔離政策のように、明らかに悪質だと思えるような差別の事例もある。こうした事情ゆえに、「差別」を最初から価値判断を含む言葉として考えてしまうと、特に悪質な差別を、一見それに類似した行為や政策から切り分けて考察することが難しくなってしまうのである。

このタイトルにも関わって、訳語について若干の説明をしておきたい。

まず、本書のタイトルにある when を文字通り「いつ」と訳した点について。本書全体を通してこの語は、時間的な瞬間ではなく、どのような条件のもとで差別は悪質になるのかを問題にしている。そして、この問いに対して、ある行為や政策が区別される人々の一部を貶価する場合だと答えるのが、本書の基本的立場である。ただし、ヘルマンは、ある区別をすることが貶価する行為であることを意味するかどうかは、歴史的文脈に依存することを強調する。この条件の成立自体への歴史の関与を示唆するために、本書のタイトルでは when を「いつ」とした次第であるが、本文中では文脈に応じて「どんな場合に」や「どんなとき」を訳語として併用している。

また、タイトルの wrong を「悪質な」と訳した点について。本文中では、wrong と wrongful が近い意味で使われており、それぞれ「不当な」（名詞の場合には「不正」も用いた）と「悪質な」と訳し分けた。ただし、ある区別や分類はどんなときに道徳的に許容不可能であるのか、という本書の最大の問題設定に言及される際、本文中では wrongful の語が使われるケースが多かった。この事情を反映して、本書全体のタイトルでは wrong を例外的に「悪質な」と訳した。他方、本書のタイトルと原語では同じ第一部全体のタイトルでは、本文のその他の箇所と同様に wrong に「不当な」を当てている。
　なお、本書には、discrimination（差別）の他にも、価値中立的な意味での区別を指す表現が登場する。本文中の「区別」は distinction の、「差異化」は differentiation の訳である。
　本書の鍵となる概念である demean は「貶価」とした。「貶価」は日本語ではあまり馴染みのない言葉だが、他者の道徳的な価値を貶めるという含意を表現することができるという理由と、類義語として用いられている denigrate（軽視）、degrade（劣位化）、debase（地位の引き下げ）などと区別するためにこの言葉を選択した。

哲学的差別論と本書の立場

　本書の原著は二〇〇八年に刊行されているが、とくに二〇〇〇年代中盤以降、英語圏では「差別」概念の哲学的分析論が活発に展開されてきた。もちろん、人種差別や性差別に関する議論自体はかねてから多くの蓄積があるし、具体的な差別事件や裁判をめぐる法学の議論も古くから展開されてきた。ただし、様々な差別事例を貫いて差別概念そのものを分析し、差別とは何であり、差別はなぜ不当なのかを問うような議論はそれほど多くはなかった（ヘルマンはそれらの文献に本書のなかで目配り良く言及している。フィス「集団と平等保護条項」（七六年）、サンステイン「反カースト原理」（九四年）、アレクサンダー&コール「代理指標による差別」（九七年）、ルーリー『人種的不平等の解剖』（二〇〇二年）など）。

　二〇〇〇年代中盤以降になると、差別概念そのものをめぐる哲学的な議論が多く発表され、活発な論争状況が形成されるようになって、「哲学的差別論」と呼びうる研究領域が確立されてきた。本書はそのなかでも一つの嚆矢と言える。では、現在の差別概念をめぐる議論のなかで、本書の議論はどのような位置にあるのだろうか。

「悪質な差別」をめぐる議論は主に、その悪質さを分析するにあたって、何に着目するか、そして何に悪質さの根拠を求めるかによっていくつかの立場に分かれる。

まず、何に着目するかという点では、差別という行為の結果に着目する立場と、差別を行う行為者の意図や信念に着目する立場があり、この両者が対立する。この基本的構図に対して、本書が取るのは、結果でも意図や信念でもなく、差別という行為の「意味」に着目する第三の立場である。また、悪質さの根拠をどこに求めるかについては、差別の結果としてもたらされる不利益や害の大きさに求める立場と、意図や信念の不当さ(悪意や偏見)に求める立場があり、その両者が対立する。それに対して、本書の立場は、行為の意味が、平等な配慮と尊敬をもって人々を扱えという道徳規範を侵犯する点に悪質さの根拠を求めるものである。

本書の議論は、差別の悪質さを分析する際に何に着目するかという観点からは「意味説」と呼ばれ、また、何に悪質さの根拠を求めるかという観点からは「尊敬(リスペクト)説」と呼ばれることがある。規範倫理学の用語を使うならば、結果(害の大きさ)に依拠する帰結主義的な議論に対して、本書は義務論的な立場を取っているとも言える。ただし、非帰結主義的な立場であるとはいえ、ある区別や分類が平等規範を侵犯しているかどうかは、行為者の意図や信念からは独立して客観的に決定されることが再三強調されている。

本書の特徴と意義

ヘルマンによれば、差別が悪質になるのは、特定の文脈で、ある種の仕方で人々の間に区別を付ける行為が、一方の人々を、他の人々よりも価値が劣った者として貶める行為としての意味をもつ場合である。本書は差別概念の哲学的分析論の嚆矢だと言えるが、哲学的分析とはどういうものかについて――本書を手に取るのは哲学・倫理学の研究者だけでなく、差別に関心をもつさまざまな人たちだろうから――少々説明が必要かもしれない。

まず、本書は「悪質な差別」について人々がどう考えているかをアンケートや統計調査によって明らかにする本ではない。また、特にアメリカ合衆国憲法に関する論争や裁判事例が多く登場するが、憲法や判例や法解釈は差別の悪質さに関する本書の主張を脇から支える傍証ではあっても、根拠にされているわけではない。本書でヘルマンが一貫して問題にしているのは、私たちは「差別」という言葉を用いて本当のところ何をしているのか、その行為の何を問題にして道徳的に評価しているのか、そしてその評価の根拠は何か、といった問いである。こうした問いの設定の仕方は、哲学に特有のものである。

行為の意味に着目するヘルマンの議論の基盤になっているのは「言語行為論」と呼ばれる哲学の一分野である。言語行為論の基本的発想によれば、私たちは言葉を使って何かを記述したり描写したりしている。しかしそれだけではなく、「契約」を交わしたり「約束」をしたり、「謝罪」をしたり、あるいは「脅迫」をしたり、様々な仕方で相互行為している。こうした「行為」としての言葉のはたらきを分析するのが言語行為論である。言語行為論の問いは、言語を用いた様々な種類の行為がどのようにして成立しているのか、という点に向けられる。

言葉を使って何らかの行為（たとえば「約束」や「謝罪」）を行うためには、然るべき文脈など、いくつかの条件が整っている必要がある。この条件には、行為者自身の意図が本心からのものであるかどうかといった行為者自身に関わる条件も含まれるが、本書でヘルマンが重視するのはむしろ、その行為（発言）が特定の歴史と社会状況を背景としてどのような慣習的な意味をもつか、である。本書からの例ではないが、たとえば、白い装束を着て十字架を燃やす、という行為がある。この行為の意味を知っている人は日本では少ないかもしれない。しかしアメリカでは、白人至上主義の団体（K.K.K. クー・クラックス・クラン）が有色人種の人々に対する暴行を予示する儀式として行ってきたという文脈があるため、特にアフリカ系アメリカ人の前でそれを行った場合には「脅迫」という意味をもつことになる。

言語行為論の着想を活かして具体的な行為、とくに悪質とされる行為を分析する議論としてはポルノグラフィやヘイトスピーチをめぐる議論の蓄積があるが、本書の理論的な立場もこれらの議論の流れの中に位置付けられる。分析哲学における言語論や行為論、さらには偏見などに関する認知科学の知見をも活用しつつ、論証的かつ実証的に議論を進める本書のスタイルは、分析的政治哲学の一形態とも見なすこともできる。

また、とりわけ「結論」で示唆されていることだが、本書は平等をめぐる政治哲学の近年の議論文脈で言えば、資源の分配の平等を重視する分配的平等主義に対して、各成員の社会的な関係性を重視する「関係的平等論」または「社会的平等論」と呼ばれる立場に接近している。ただし、この点は本書では示唆されるにとどまっており、議論の実質的な関連性については興味深い課題となっている。

さらにもう一つの特徴は、本書では、判例や実定法を根拠とする議論を展開しているのではないものの、参照されている判例や法律の事例から分かるように、合衆国憲法をめぐる法的な論争との密接な関係性が意識され、それらの論争に含まれる道徳的主張の哲学的解明を与えている点である。この意味で、本書は法哲学の領域にも関わっている。

以上、ごく概略的に本書の背景となる議論の特徴を見てきたが、本書の議論自体を理解するのに、これらの領域についての知識は必要ない。たしかに、本書は、言語行為論を差別論に応用できるのかどうかという哲学的関心から読むこともできるし、意味説と義務論的な道徳理論はどう関連しているのかという倫理学的な関心から読むこともできる。また、米国の有名な判例とその解釈に関心のある読者にとっても興味深い内容になっている。しかし本書は、とくに予備知識がなくても、「差別」という言葉に関心がある人々ならば十分に議論を追えるように書かれている。差別という言葉の意味を全く知らない人はいないだろうし、ほとんどの人が「悪質な差別」について何らかの見解をもっているだろう。「悪質な差別」についての自明視された理解を吟味することが、本書全体の課題である。

本書では、第一章と結論を除くすべての章の冒頭に、その章で扱う理論的な問いの対象となる具体的な事例が示されている。この具体例には、現実の例でも仮想の事例でも、それぞれ「これは悪質な差別だ」とはっきりと断言できるかどうかが争われるような事例が多く含まれている。読者は、これらの事例について自分自身で考えながら、ヘルマンはどのようにこれを分析するのか、という観点から本書を読むことができる。

謝辞

本書の翻訳にあたっては本当に多くの方々にお世話になりました。お名前を挙げるときりがないのですが、ここでは特に多大なご協力を頂いたお二人にとくに感謝したいと思います。まず、児島博紀さん（富山大学）には訳文全体と訳語について、とくにロールズを中心とする正義論研究の観点から多くのコメントを頂き、ご教示を頂きました。また、山本千晶さん（神奈川大学）には、とくに米国の裁判と法学の議論に関して、法哲学・法社会学の観点から判決の意味や議論の背景も含めて多くのご教示を頂きました。ありがとうございました。もちろんそれでも誤訳があるとすれば、それはすべて訳者の責任です。

原著が出版されてから一〇年が経つことになりましたが、ヘイトスピーチをはじめ、日本でも差別をめぐる言論がメディアでもアカデミズムでも目立つようになるなか、本書は現在の哲学的差別論にとって依然として必読文献であり、その議論の重要性は全く減じていません。本書の重要性を理解してくださり、出版へと導いてくださった法政大学出版局の前田晃一さんに格別の感謝を申し上げます。

二〇一八年五月五日

池田喬・堀田義太郎

著者

デボラ・ヘルマン（Deborah Hellman）

1963年生まれ。ハーバード大学ロー・スクールで博士号を取得後、メリーランド大学法学部教授を経て、現在、ヴァージニア大学法学部教授。子どもと家族の支援を行う社会事業団体ReadyKids（ヴァージニア州シャーロッツビル市）の副会長も務める。差別とは何か、差別はどういうときに悪質であるのか、などの問いを扱う差別の一般理論の代表的論者として知られるほか、選挙資金法の合憲性や人種プロファイリングの問題などについて多数の論文を発表している。本書以外の代表的業績に、Sophia Moreauとの編著 *Philosophical Foundations of Discrimination Law*, Oxford University Press, 2013がある。

訳者

池田喬（いけだ・たかし）

1977年生まれ。東京大学大学院人文社会系研究科博士課程修了。博士（文学）。現在、明治大学文学部准教授。単著に、『存在と行為——ハイデガー『存在と時間』の解釈と展開』（創文社、2011年）。論文に、「ただの言葉がなぜ傷つけるのか——ハラスメント発言の言語行為論的探究」（『哲学』第69号、2018年）、「アファーマティブ・アクションの哲学——〈男女共同参画〉の規範的論拠をめぐって」（『理想』第695号、2015年）など。

堀田義太郎（ほった・よしたろう）

1974年生まれ。大阪大学大学院医学系研究科博士課程修了。博士（医学）。現在、東京理科大学理工学部准教授。著書に、『差異と平等——障害とケア／有償と無償』（青土社、2012年、立岩真也氏との共著）。論文に、「何が差別を悪くするのか——不利益説の批判的検討」（『倫理学年報』第65集、2016年）、「差別の規範理論——差別の悪の根拠をめぐる検討」（『社会と倫理』第29号、2014年）など。

サピエンティア　**54**
差別はいつ悪質になるのか

2018年7月30日　初版第1刷発行
2020年8月30日　　　　第2刷発行

著　者　デボラ・ヘルマン
訳　者　池田喬／堀田義太郎
発行所　一般財団法人　法政大学出版局
〒102-0071 東京都千代田区富士見2-17-1
電話 03(5214)5540／振替 00160-6-95814
組版　HUP／印刷　ディグテクノプリント／製本　積信堂
装幀　奥定泰之

ISBN 978-4-588-60354-9　Printed in Japan

索引

【事項】

【人名】

ア行
アーネソン、リチャード
(Arneson, Richard)……252, (33)n52
アレクサンダー、ラリー
(Alexander, Larry)……220–231, 244
アンスコム、G・E・M
(Anscombe, G.E.M.)……214
アンダーソン、エリザベス
(Anderson, Elizabeth)……264
ウィリアムズ、ジョアン
(Williams, Joan)……168
ウェステン、ピーター
(Westen, Peter)……70
ウルフ、ジョナサン
(Wolff, Jonathan)……264
ウルフ、トビアス・バリントン
(Wolff, Tobias Barrington)……(21)n21
ウルフ、ロバート・ポール
(Wolff, Robert Paul)……(21)n2
エリ、ジョン・ハート
(Ely, John Hart)…20, 31, 33, 83, (8)n12

カ行
カーン、ジョナサン
(Kahn, Jonathan)……89, 101
カースト、ケネス
(Karst, Kenneth)……84
クリーガー、リンダ・ハミルトン
(Kreiger, Linda Hamilton)……216
ゴフマン、アーヴィング
(Goffman, Erving)……38
コール、ケヴィン
(Cole, Kevin)……225, 244
コールマン、ジュールス
(Coleman, Jules)……108, 115, 117

サ行
シェフラー、サミュエル
(Schaffler, Samuel)……265
シャウアー、フレデリック
(Schauer, Frederick)……187, 195
スキャンロン、ティム
(Scanlon, Tim)……238, 240, 245
スバードリック、スティーブン
(Sverdlik, Steven)……240

タ行
ダニエルズ、ノーマン
(Daniels, Norman)……159–160, 163
ドゥウォーキン、ロナルド
(Dworkin, Ronald)…122, (6)n2, (9)n18

ナ行
ナフィーシー、アーザル
(Nafisi, Azar)……151–152
『テヘランでロリータを読む』
……23, 138
ネーゲル、トマス
(Nagel, Thomas)……126

ハ行
バス、セイラ
(Buss, Sarah)……(18)n26
ハンプトン、ジーン
(Hampton, Jean)……43, 44, 75, 85
フィス、オーウェン

(Fiss, Owen)……20, (6)n1〔第 1 章〕
ブラック、チャールズ
(Black, Charles)……81–82
フランク、ロバート
(Frank, Robert)……73, (13)n29
フランクファート、ハリー
(Frankfurt, Harry)……70–71
フリード、バーバラ
(Fried, Barbara)……165, (21)n14
フーリンワイダー、ロバート
(Fullinwider, Robert)……145
ホームズ、オリバー・ウェンデル
(Holmes, Oliver Wendell)……215–216, 259–260, (26)n6
ペティット、フィリップ
(Pettit, Philip)……114, 119
ポステマ、ジェラルド
(Postema, Gerald)……106–107
ポスト、ロバート
(Post, Robert)……68, (12)n17

マ行

マクラッデン、クリストファー
(McCrudden, Christopher)……142–143, 145, (20)n5
マッキノン、キャサリン
(MacKinnon, Catharine)……83–84, 182, (15)n53
マルガリート、アヴィシャイ
(Margalit, Avishai)……73, 85

ヤ行

ユラッコ、キンバリー
(Yuracko, Kimberly)……69

ラ行

ライクマン、アムノン
(Reichman, Amnon)……55, (7)n4
ライター、ブライアン
(Leiter, Brian)……108, 113–115, 117
ラザーニャ、ルイス
(Lasagna, Louis)……148
ラズ、ジョセフ
(Raz, Joseph)……125
リヒテンバーグ、ジュディス
(Lichtenberg, Judith)……145
ルーリー、グレン
(Loury, Glenn)……24, 38, 60, 99
レーム、デニス
(Réaume, Denise G.)……78
ロザッティ、コニー
(Rosati, Connie)……111
ロールズ、ジョン
(Rawls, John)……164
ローレンス、チャールズ
(Lawrence, Charles)……82–83, (14)n51

ワ行

ワレン、アレック
(Walen, Alec)……255–256

注

序論

1.　実際、肌の色は、ある人にとってどの服を着るのが理に適っているかということに関連性があるかもしれない。白い肌の人は黒い肌の人よりも、衣服でより注意深く皮膚をカバーするか、日光を避けるべきである。この事実に注意することで、レリヴァンスに依拠することにまつわる問題の一部はただちに示されている。
2.　「平等な配慮と尊重（equal concern and respect）」というフレーズはロナルド・ドゥウォーキンに由来する。ドゥウォーキン『権利論』を参照。Ronald Dworkin, *Taking Rights Seriously* (Cambridge, Mass.: Harvard University Presss, 1977), 273〔ロナルド・ドゥウォーキン『権利論〔増補版〕』（木下毅・小林公・野坂泰司訳、木鐸社、2002年）〕. このフレーズが表現している理念―各人は人格であるというだけで配慮と尊敬に値する――は広く共有されている。ただし、ジョセフ・ラズを顕著な例として、各人には平等な配慮と尊敬への権原があると述べることは、各人は配慮と尊敬への権原があるという主張に何も重要な意味を付け加えない、と論じる者もいる。以下を参照。Joseph Raz, *The Morality of Freedom* (New York: Oxford University Press, 1986), 228. この点に関して、私はラズには同意しない。私たちにはそれぞれ尊敬される権原がある、と述べるだけでは不十分である。人格であるということによってある人が尊敬に値するとして、誰かを尊敬するということは何を意味するのだろうか。これを説明する最良の方法は、各人には他の人々と同等な価値をもつ者として処われる権原がある、と言うことである。言い換えれば、人格であることが要求する、尊敬を払って人を扱うという考えに肉付けされるのは、他の人との比較という側面なのである。
3.　クリーバーン市対クリーバーン・リビング・センター事件（City of Cleburne v. Cleburne Living Center, 473 U. S. 432, 468–469 (1985)）（マーシャル裁判官は一部補足・一部反対意見）。

第 1 章

1.　Owen Fiss, "Groups and the Equal Protection Clause," *Philosophy and Public Affairs* 5 (1976): 107–177. Cass R. Sunstein, "The Anticaste Principle," *Michigan Law Review* 92 (1994): 2410–2455, 2411（ここで「反カースト原理」は、「社会的ならびに法的な慣行が、明らかに可視的でありかつ道徳的な関連性のない差異を組織的な社会的不利益に変換することを、そのための十分に説得力のある理由が社会に存在しない限り、禁止する」ものとして定義されている）。サンスティンは、南北戦争後の修正条項は、当初は連邦議会を「修正第 14 条の施行のための主要な機関」に

するという意図をもって成立したが、20世紀にはこの原理は「反カースト原理から反差異化原理へと変換された」と述べている。そうなったのは、二級市民を根絶しようという広い立法上の試みによってではなく、修正条項が裁判所でケースバイケースの効力を発揮するためであった。*Id.* at 2439-2440.

John Hart Ely, *Democracy and Distrust: A Theory of Judicial Review* (Cambridge, Mass.: Harvard University Press, 1980)〔ジョン・H・イリィ『民主主義と司法審査』(佐藤幸治・松井茂記訳、成文堂、1990年)〕.

2. この仮想例はゼイディー・スミスの著作 *On Beauty* から取られている。以下参照。Zadie Smith, *On Beauty: A Novel* (New York: Penguin Press, 2005).

3. Azar Nafisi, *Reading Lolita in Tehran: A Memoir in Books* (New York: Random House, 2003)〔アザール・ナフィーシー『テヘランでロリータを読む』(市川恵里訳、白水社、2006年)〕.

4. アムノン・ライクマンは、専門職に関して同様の議論を展開している。それによれば、コモン・ローでは、専門職のメンバーは、集団に基盤を置くような特色に基づいて、サービスを求めている個人を差別しないことを要求されていた。というのも、専門職であることが万人にサービスを提供することを要求するからである。以下参照。Amnon Reichman, "Professional Status and the Freedom to Contract: Toward a Common Law Duty of Non-Discrimination," *Canadian Journal of Law and jurisprudence* 14 (2001): 79–132.

5. もちろん、保険申込者を遺伝子の特徴に基づいて区別することと、その人々を健康状態に基づいてより一般的に区別することには重要な違いがあり、保険における遺伝子差別は悪質な差別である、と論ずる人もいるかもしれない。私は、この立場を支持するために持ち出されうる論拠を吟味している。以下参照。Deborah Hellman, "What Makes Genetic Discrimination Exceptional?" *American Journal of Law and Medicine* 29 (2003): 77–116. 加えて、この立場は健康保険における遺伝子差別を禁じる立法——多くの州ですでに採択されており、現在連邦議会でも議論されている(「2007年遺伝情報差別禁止法」下院法案第493号および上院法案第358号を見よ)——を推進するだろう。興味深いことに、この法案は(事実認定2において)、遺伝的「欠陥」をもつ人々に対する不妊手術の歴史を、この立法が必要な理由の一つとして引用している。

6. 名字がアルファベットの最初のほうの文字で始まる法学教授は、それ以外の教授に比べて、他のロースクールに招聘されやすいことを指摘した論文のなかで、著者は「招聘におけるアルファベットに関するバイアスは——アルファベット平均の悪いほうに分類される名前をもつ人にとってさえ——懸念を引き起こすというよりも、むしろ好奇心をそそるものだと思われる」と述べている。Deborah Jones Merritt, "Calling Professor AAA: How to Visit at the School of Your Choice," *Journal of Legal Education* 49 (1992): 557–563, 561–563. この不均衡に対して想定される説明は、副学部長が授業枠を埋めようとする際に、アルファベット順で示された候補者リストを単純に順番に見て決めているからだ、というものである。

7. 実際に裁判所が不合理さに基づく分類だけを無効にしているのかどうかは、争う余地があると思われる。
8. 実際、アイビーリーグに属する大学の入学許可方針は、1920 年代に学力だけ（高校の成績と標準試験の得点）をテストする規準を使うことから、他のより漠然とした能力を評価することを意図する規準に変わった。こうした規準は、ユダヤ人学生の比率が受け入れがたいと思われるほどに高まったという事実に対する反応として採用され、ユダヤ人学生の受け入れ数を制限するために用いられた。以下参照。Malcolm Gladwell, "Getting In: The Social Logic of Ivy League Admissions," *The New Yorker*, Oct. 10, 2005, 80–86.
9. この立場の支持者にはオーウェン・フィスとグレン・ルーリーが含まれる。以下参照。Fiss, "Equal Protection Clause," 107–177; Glenn C. Loury, *The Anatomy of Racial Inequality* (Cambridge, Mass.: Harvard University Press, 2002).
10. オーウェン・フィスは社会集団という概念を、「集団的不利益原理」を説明する際に用いている。以下参照。Fiss, "Equal Protection Clause,"125–126. フィスの平等保護の理解は、反カースト・アプローチの一例である。
11. たとえば、平等保護条項に関するフィスの考え方によれば、この条項は個人ではなく集団を保護するものである。「黒人たちは特別に不利な集団と呼びうるものであり、私の見方では、平等保護条項はこうした集団を保護するためのものである」。Fiss, "Equal Protection Clause," 132.
12. なぜ歴史が重要であり、いかに歴史が重要になるのかに関するこのような理解は、平等保護条項という賦活的な原理を最も良く理解する仕方に関するジョン・ハート・エリの影響力ある説明に、明らかに着想を得ている。エリが憂慮していたのは、孤立したマイノリティの集団は、適切な仕方で政治的プロセスに影響を与えることができないだろうし、その結果、彼らの利害関心を公平に扱わないような法律が作られるだろう、ということである。Ely, *Democracy and Distrust,* 135–179. 同様の見解に関する近年の議論として以下を見よ。Kasper Lippert-Rasmussen, "Private Discrimination: A Prioritarian Desert-Accomodating Account," *San Diego Law Review* 43 (2006): 817–856, 836（そこでは以下の点に特に注意が向けられている。「社会的顕著集団の成員であるということに基づいて不利益をもたらす差異処遇に含まれる害には、個々の行為を横断して広がり、また個々の行為を超えて累積する見込みが高い」。そして、「同じことは、社会的に顕著ではない集団の成員であることに基づいて、あるいは個人的属性に基づいて不利益をもたらす差異処遇には当てはまらない」）。
13. マティス・リッセとリチャード・ゼックハウザーは人種プロファイリングを擁護する際にこの種の論拠を用いている。Risse and Zeckhauser, "Racial Profiling," *Philosophy and Public Affairs* 32 (2004): 131–170 at 157–59.
14. Loury, *Racial Inequality*, 113, 117.
15. 発話は、言語哲学者が、語られるか書かれるかした語の集合に言及するために、一般的に使用する用語である。そのため、この発話という用語は、語られたり書

かれたりした語をどんな特定の仕方で特徴付けようとも、その特徴付けによってこれらの語の説明に偏見をもたせることはない

16. Francois Recanati, *Literal Meaning* (Cambridge; New York: Cambridge University Press, 2004), 5–6.〔フランソワ・レカナティ『ことばの意味とは何か――字義主義からコンテクスト主義へ』(今井邦彦訳、新曜社、2006年)〕

17. Paul Brest, *Processes of Constitutional Decisionmaking* (Boston: Little, Brown, 1975), 489. Ely, *Democracy and Distrust*, 148.

18. ロナルド・ドゥウォーキンは、論文「バッキ・ケース――クオータ制は不公平か」において、1978年のカリフォルニア州立大学理事会対バッキ事件(Regnant of the University of California v. Bakke, 438 U. S. 265)の連邦最高裁の判決擁護論を提示している。*A Matter of Principle* (Cambridge, Harvard University Press, 1985), 293–303〔ロナルド・ドゥオーキン『原理の問題』(森村進・鳥澤円訳、岩波書店、2012年)ただし日本語訳ではこの章は翻訳されていない〕. ドゥウォーキンの見解では、アレン・バッキの入学を拒否することは、部分的には彼の人種が理由であるが、アフリカ系アメリカ人の入学をその人種を理由にして拒否することとは重要な点で異なる。なぜなら、バッキ事例では、「人種は公的な侮辱という特別な性質によっては区別されていない」からである(*Id.* at 301)。この見解は、1960年代のブラウン対教育委員会事件(*Brown v. Board of Education*)での、チャールズ・ブラックによる擁護論に基づいている。ブラックは隔離を評価できるのは、その社会的意味を考えることによってのみだということを強調している。すなわち、それを評価しようとするならば、その意味は部分的に文脈によって規定される。Charles L. Black, Jr., "The Lawfulness of the Segregation Decisions," *Yale Law Journal* 69 (1960): 421–430. 興味深いことに、レイ・ラングトンは、ポルノグラフィが従属を構成する仕方について、関連する説明を提示している。"Speech Acts and Unspeakable Acts," *Philosophy and Public Affairs* 22 (1993): 293–330. J・L・オースティンによる発語行為、発語媒介行為、発語内行為の区別に基づいて、ラングトンは、ポルノグラフィが女性を従属させるというフェミニストの主張は、ポルノグラフィは発語内行為であるという主張としてそれを解釈するならば哲学的に一貫している、と論じている。

19. 347 U. S. 483, 494 (1954).

20. Erving Goffman, *The Presentation of Self in Everyday Life* (Garden City, N.Y.: Doubleday, 1959)〔E・ゴッフマン『行為と演技――日常生活における自己呈示』(石黒毅訳、誠信書房、1974年)〕. Loury, *Racial Inequality*, 67.

21. 差別はどんなときに不当であるのか、そして差別がどんなときに平等保護条項を侵害するのかについての多くの説明は、分類の――その影響を受ける人々にスティグマを感じさる見込みが高いという――効果を強調する。マシュー・アドラーは、表現に訴える法の真正な説明が存在するのかという問いに対する懐疑論を表明した論文のなかで、この点を強調している。Matthew D. Adler, "Expressive Theories of Law: A Skeptical Overview," *University of Pennsylvania Law Review* 148 (2000): 1363–1502, 1428–1438. しかし、エリザベス・アンダーソンとリチャード・ピル

デスがアドラーへの応答論文で指摘するように、言語は発語媒介的な力だけでなく発語内的な力ももつ。Elizabeth S. Anderson and Richard H. Pildes, "Expressive Theories of Law: A General Restatement," *University of Pennsylvania Law Review* 148 (2000): 1503–1575, 1571.

22. Nelson Mandela, *Long Walk to Freedom: The Autobiography of Nelson Mandera* (Boston: Little, Brown, 1994), 334–335, 338–339〔ネルソン・マンデラ『自由への長い道——ネルソン・マンデラ自伝（上・下）』（東江一紀訳、日本放送出版協会、1996年）〕.
23. もちろん、悪意ある（sinister）という表現には、「悪を示唆する、あるいは悪の兆候を示す」という意味と、左側または左という意味がともにある。*The American Heritage Dictionary,* 2nd College Edition (Boston: Houghton Mifflin, 1985), 1143.
24. Jean Hampton, "Forgiveness, resentment and Hatred," in Jeffrie G. Murphy and Jean Hampton, eds., *Forgiveness and Mercy* (New York: Cambridge University Press 1988), 35–87, 52.
25. *Id.* at 44–45.
26. 以下参照。Peter Westen, "The Empty Idea of Equality," *Harvard Law Review* 95 (1982): 537–596.

第2章

1. Jespersen v. Harrah's Operating Co., Inc., 444 F.3d 1104 (9th Cir. 2004) (en banc).
2. 447 F. Supp. 1346 (D. Del. 1978), aff'd, 591 F.2d 1334 (3rd Cir. 1979). ロバート・ポストはこの事件について以下の論文で論じている。Robert Post, "Prejudicial Appearances: The Logic of American Antidiscrimination Law," *California Law Review* 88 (2000): 1–40. この事件に私の注意を喚起したのはこの論文である。
3. 私の行為が貶価するかどうかは、私の行為の影響を受ける人がそれを貶価と認識するかどうかには依存しない。行為が貶価する行為であるのは、その最善の解釈がその行為を貶価しているとする場合であり、したがって、その行為の影響を受ける人が実際にそれを貶価として認識しているかどうかはともかく、そのように認識するべき場合である。
4. ホームレスのように見える人に唾を吐きかけたが、実はその人はホームレスの振りをしているだけだったとしよう。その人は実際にはホームレスの生活について実感を得ようとしていた大学生だったとする。では、私はこの人を貶価したのだろうか。イエスでありかつノーである。私はホームレスのように見える人に唾を吐きかけることで、ホームレスの人々を貶価したことになるが、実際に私の目の前にいるその人間を貶価してはいない。その人は実際にはホームレスではないからである。私の行為は、唾を吐きかけた実際の人を貶価することには失敗していても、ホームレスの人々を貶価しているので悪質である。
5. マナーの道徳的な重要性は尊敬を示す手段としての機能に由来する、という興味深い議論について、以下を参照。Sarah Buss "Appearing respectful: The Moral Significance of Manners," *Ethics* 109 (1999): 795–826.

6. Amnon Reichman, “Professional Status and the Freedom to Contract: Toward a Common Law Duty of Non-Discrimination,” *Canadian Journal of Law and Jurisprudence* 14 (2001): 79–132.
7. たとえば、オースティンの有名な説明を見よ。J. L. Austin, *How to Do Things with Words*, 2nd ed., J. O. Urmson and Marina Sbisà (Cambridge, Mass.: Harvard University Press, 1975)〔J・L・オースティン『言語と行為』(坂本百大訳、大修館書店、1978 年)〕.
8. 約束という発語内行為に関する更なる議論については以下を参照。John R. Searle, *Speech Acts: An Essay in the Philosophy of Language* (London: Cambridge University Press, 1970) 54–71〔ジョン・サール『言語行為——言語哲学への試論』(坂本百大・土屋俊訳、勁草書房、1986 年)〕. サールは話者の意図が関連性をもつと主張している。とりわけ、ある発話を約束にするためには、「発話Tは自分にAを行う責務を負わせる」(*Id.* at 60) という意図が関連性をもつ。この点についてここで特定の見解を述べることはしないが、サールのように述べることはおそらく正しい。同じ章でサールは、いくつかの発語内行為にとっては、誠実性は問題にはならないと指摘している。「たとえば、人は不誠実に挨拶をしたり洗礼名を付けたりすることはできないが、不誠実に陳述したり約束したりはできる」(*Id.* at 65)。第 4 章で論ずるように、貶価は不誠実に貶価することができ、したがって意図せずにできるという点で、陳述や約束により近い。
9. ここで私が述べているのは契約ではなく約束についてである。単に約束をするのではなく契約をするためには、一般に——たとえば、熟慮など——より多くの事柄が必要になる。
10. Glenn C Loury, *The Anatomy of Racial Inequality* (Cambridge, Mass.: Harvard University Press, 2002), 58.
11. ブラウン裁判官はプレッシー対ファーガソン事件 (Plessy v. Ferguson, 163 U.S. 537, 551 (1896)) で多数意見を書き、次のように判示した。ルイジアナ州法が、州間鉄道会社に白人と「有色」の利用者を離れた席に座らせるよう要求していることは、どちらの人種集団に対しても「劣った者というバッジ」(これは彼の言葉である) を貼り付けることにはならない、と。ハーラン裁判官は、反対意見を書き、この慣行の文化的な意義に関するブラウンの解釈を強く非難した。というのも、この法の「本当の意味」は「有色人種の市民は劣っており地位が低いので、公共の客車で白人の市民と同じ席に座ることは認められない」(*Id.* at 560) ということだからである (ハーランによる反対意見)。
12. とはいえ、髪の長さに関する方針に問題がないというわけではない。こうした方針は、男性が長髪にするのを禁止する。この方針は男性性についての考え方を強化し、「真の」男とはどのような外見をしておりどのように行為するものなのか、に関する考え方に適合しない男性を貶価するかもしれない。
13. この方針は貶価しがちであると言うのは、私はこの慣行の意味に関する最善の解釈について私の見解を提示することができるだけだからである。本書で私が擁護するのは、人々を区別する方針に関して問われるべき正しい問いを同定するこ

とであって、これらの方針についての私個人の見解または解釈が必ず正しいということではない。

14. 区別を伴う慣行の社会的意味に関する意見の相違に取り組む次章で、性別でトイレを分けることがトランスジェンダーの人やジェンダー自認が曖昧な人々を貶価するかどうかを考察する。

15. Post, "Prejudicial Appearances," 34（裁判所が一般的に共同体の標準を反映したドレス・コードを維持し続けていることを指摘し――とはいえ、性別で隔離されたプライバシーの配慮のように、そのすべてが慣習的な実践とは言えないが――、なぜある種の慣習的実践が保持されるべきで、他の慣習は拒否されるべきなのか、という「根本的な問い」に裁判所が決して向き合っていないことに注意が払われている）.

16. *Id.* at 36–37.

17. ポスト自身の解答も満足できるものではない。彼は、裁判所がこの主張を拒否したのは適切だろうと指摘しているが、なぜそう言えるのかを説明してはいない。実際、彼の説明は規範的であるというよりも記述的である。「この［性別ではなくて人種に基づいたフェセル事件に似た事例に対する仮想上の裁判所の応答の］理由は、反差別法がジェンダーに比べて人種に関してはるかに広範な変革を行おうとしていることにある」。*Id.* at 37.

18. Kimberly A. Yurako, "Sameness, Subordination, and Perfectionism: Toward a More Complete Theory of Employment Discrimination Law," *San Diego Law Review* 43 (2006): 857–897.

19. *Id.* at 869.

20. Peter Wasten, "The empty Idea of Equality," *Harvard Law Review* 95 (1982): 537–596.

21. 以下参照。Harry G. Frankfurt, "Equality and respect," in Harry G. Frankfurt, *Necessity, Volition and Love* (New York: Cambridge University Press 1999), 146–154.

22. *Id.* at 149.

23. *Id.* at 150.

24. *Id.* at 149. そこでは次のように説明されている。「ある事柄に対するすべての人々の権原は実際には同じだということはもっともであるが、［しかし］そのことは平等が重要だからではなく」、むしろ「すべての人々が、当該の権原がそこに由来するような特色――たとえば共通の人間性、苦しむ能力、目的の王国の市民であること等、他に何であれ――に関して、たまたま同じであるか、必然的に同じであるからである」。ジョセフ・ラズもこの見解を共有している。Raz, *The Morality of Freedom.*

25. 私にこの見解への示唆を与えたのは、アリゾナ大学哲学准教授コニー・ロザッティである。

26. Avishai Margalit, *The Decent Society,* trans. Naomi Goldblum (Cambridge, Mass.: Harvard University Press, 1996), 125.〔アヴィシャイ・マルガリート『品位ある社会――〈正義の理論〉から〈尊重の物語〉へ』（森達也・鈴木将頼・金田 耕一訳、風行社、2017 年〕.

27. セイラ・バスは、マナーが道徳的に重要なのは、マナーが他者の平等な尊厳を直接的に認めさせるように機能するからだと論じている。Buss, "Appearing Respectful," 795.
28. Robert H. Frank, *Luxury Fever: Why Money Fails to Satisfy in an Era of Excess* (New York: Free Press, 1999). フランクは、消費が過熱するパターンが、周囲の人に負けまいと見栄を張る欲望によって駆動されていることを実証している。
29. フランクは、相手よりも大きなヨットを所有しようとしたアリストテレス・オナシスとスタブロス・ニアルコスの物語について書いている。最終的に、この二人は普通なら選ばなかったくらいの相当に大きなヨットを所有することになったが、そのヨットが停泊できるような港がほとんどないので実際に使用することは難しかった。Frank, *Luxury Fever*, 5–6, 9.
30. 契約法は、たとえば贈り物をするという約束を強いることはない。
31. Jean Hampton, "The Moral Education Theory of Punishment," *Philosophy and Public Affairs,* 13 (1984): 208–238.
32. マイケル・ムーアが説明するように、「応報主義とは、私たちが加害者を処罰すべき理由は、加害者は処罰に値するからであり、その理由に限る、という見解である」Michael Moore, *Placing Blame: A General Theory of the Criminal Law* (New York: Oxford University Press, 1997), 153.
33. *Id.* at 165.
34. George Fletcher, "Disenfranchisement as Punishment: Reflections on the Racial Uses of Infamia," *UCLA Law Review* 46 (1999): 1895–1907.
35. 心理学者や子育ての権威のなかには、子どもを罰することについて、それが貶価することであり、それゆえ子どもの道徳教育に役立たないという理由で反対する人々もいる。たとえば以下を参照。Alfie Kohn, *Unconditional Parenting: Moving from rewards and Punishment to Love and Reason* (NewYork: Atria Books, 2005); Haim Ginott, *Teacher and Child* (New York: MacMillan, 1972). ジーン・ハンプトンは反対の見解を採っている。子どもを罰することは子どもにとって良いことであるのと同様に、犯罪者を罰することは犯罪者にとって良いこととして正当化されると論じている。Hampton, "Moral Education."
36. *Canadian Charter of Rights and Freedoms*, Part I of the Constitution Act, 1982, being Schedule B to the Canada Act 1982, ch. 11 (UK).
37. カナダ最高裁判所による平等法理の展開に関する卓越した分析として以下を参照。Denise G. Réaume "Discrimination and Dignity," *Louisiana Law Review* 63 (2003): 645–695.
38. [1995] 2 S. C. R. 513.
39. *Id.* at 36.
40. [1999] 1 S. C. R. 497.
41. *Id.* at 51.
42. Réaume, "Discrimination and Dignity," 673.

43. Gosselin v. Québec (Attorney-General), [2002] 4 S. C. R. 429.
44. この分析は、アメリカの平等保護の原理に関する基本的権利派に論拠を提供するかもしれない。
45. これは、注 37 に挙げた論文で、レームが提示した分析と同じものではない。彼女は、基本的水準の資源を提供しないことはそれ自体で福祉受給者の尊厳を侵害する、と論じている。
46. Charles L. Black, Jr., "The Lawfulness of the Segregation Decisions," *Yale Law Journal* 69 (1960): 421–430.
47. *Id.* at 427.
48. *Id.*
49. ロナルド・ドゥウォーキンは同じような見解をカリフォルニア州立大学理事会対バッキ事件（The Regents of University of California v. Bakke, 438 U. S. 265 (1978)）での判決を擁護する論文で採用している。Dworkin, "Bakke's Case: Are Quatas Unfair?" in Dworkin, *A Matter of Principle* (Cambridge, Mass.: Harbard University Press, 1985), 293–303〔ドゥオーキン『原理の問題』（森村進・鳥澤円訳、岩波書店、2012 年）ただし日本語訳ではこの章は翻訳されていない〕.
50. Charles R. Lawrence, "The Id, the Ego, and Equal Protection: Reckoning with Unconscious Racism," *Stanford Law Review* 39 (1987): 317–388.
51. ローレンスは彼が提唱する文化的意味のテストについて次のように説明している。「この論文は、人種に基づく行動の法的な認識のきっかけとなる新たなテストを提唱する。このテストは、無意識の人種差別と人種的意味を伴う文化的象徴の存在との間にはつながりがあると仮定する。このことは、差別的行為だとされるものの「文化的意味」が、私たちが直接には観察できない集合的無意識の利用可能な最良の類似物であり、集合的無意識の証拠だということを示唆する。したがってこのテストは、政府の行為を評価し、その行為が、その文化が人種的な意味を貼り付けるような象徴的なメッセージを伝えているかどうかを決定することになるだろう。その文化が政府の行為を人種的な観点から差別的だとみなしていると認定されれば、それはまた政府関係者の信念や動機に関する認定にもなるだろう」(*Id.* at 324)（強調引用者）。
52. ここには他の違いもまた存在する。ローレンスが焦点を当てているのは、文化的意味が人種的な色合いを帯びているかどうかである。私が焦点を当てているのは、文化的意味が貶価するかどうかである。私の議論の焦点は、ローレンスの議論よりも狭くかつ広い。狭いというのは、私の見解では、人種的な色合いを帯びた意味のすべてが問題含みなわけではなく、貶価するような意味だけが問題含みだからである。広いというのは、私の見解では、貶価するような区別はすべて道徳的に問題含みであり、人種に基づいて貶価する区別だけには限られないからである。さらに、ローレンスにとって、ある行為の文化的意味は、「大多数の人々が、その政府の行為を人種の観点から見ている」（*Id.* at 356）かどうかを観察することによって、経験的に決定される。他方、私の見解では、法や政策の文化的意味

は解釈によって決定される。

53. Catharine A. MacKinnon, *Feminism Unmodified: Discourses on Life and Law* (Cambridge, Mass.: Harvard University Press, 1972), 42〔キャサリン・A・マッキノン『フェミニズムと表現の自由』(奥田明子・加藤春恵子・鈴木みどり・山崎美佳子訳、明石書店、1993年)〕. 彼女が説明するには、「仮に、ジェンダーが単なる差異の問題であるとするなら、性の不平等は単に性差別の問題となり、間違った区別、個人の不正確な分類の問題になってしまう。これが差異派の考えるジェンダーであり、したがって差異派が敏感になるところのものだ。しかし、ジェンダーが最初から不平等なもので、この不平等を維持するために社会的に重要な関連性をもつ差異化として構築されているとするならば、性の不平等は体系的な支配の問題となり、男性支配の問題となる。しかもこのことは決して抽象的な事柄ではなく、過ち以外の何ものでもない」。

54. 悪質な差別に関する私の見解は、レイ・ラングトンのポルノグラフィに関する仕事(Rae Langton, "Speech Acts and Unspeakable Acts," *Philosophy and Public Affairs* 22 [1993]: 293–330)とアンドリュー・アルトマンのヘイトスピーチに関する仕事(Andrew Altman, "Liberalism and Campus Hate Speech: A Philosophical Examination," *Ethics* 103 [1993]: 302–317)から着想を得ている。ラングトンとアルトマンはいずれも、リベラルな政治共同体においてポルノグラフィやヘイトスピーチを禁止することが合法的に許されるのはなぜかを探求するために、言語行為を分析している。ラングトンとアルトマンは、ポルノグラフィとヘイトスピーチはどちらもそれぞれ単なる表現ではなく、法的規制を許容する言語行為だと考えている。脅迫やハラスメント——これらはいずれもスピーチでありかつ禁止を許容する言語行為である——と同様に、ラングトンはポルノグラフィを従属化とみなしており、またアルトマンもある種のヘイトスピーチは他者を道徳的に従属するものとして扱う行為とみなしている。ラングトンもアルトマンも、ポルノグラフィやヘイトスピーチが引き起こす害を、これら自体の不当さ——従属化——から慎重に区別している。ラングトンとアルトマンにとって、ポルノグラフィやヘイトスピーチを不当にしているのは、それらが従属化するという事実にある。

55. Kenneth L. Karst, *Belonging to America: Equal Citizenship and the Constitution* (New Haven, Conn.: Yale University Press, 1989), 3.

56. *Id.* at 4.

57. Margalit, *Decent Society*, 1.

58. *Id.*

59. *Id.* at 85.

60. Id. at *88*.

第3章

1. この例は、生物学的性と一致したトイレを使うことを拒んだという理由で解雇することに反対して、トランスジェンダーまたはトランスセクシュアルの個人

から提起される異議申し立てのよく知られたパターンを描写している。これまで、裁判所は、悪質な差別だという従業員の主張を、公民権法第七編または平等保護条項を根拠にして、支持してこなかった。たとえば以下を参照せよ。Etsitty v. Utah Transit Authority, 2005 WL 1505610 (D. Utah 2005 WL 1505610); Johnson v. Fresh Mark, Inc., 337 F. Supp. 2d 996 (N.D. Ohio 2003), aff'd by 98 Feb. App'x 461 (6th Cir. May 18, 2004); Sturchio v. Ridge, 2005 WL 1502899 (E.D. Wash.).

2. Stephanie Saul, "Maker of Heart Drug Intended for Blacks Bases Price on Patients' Wealth," *New York Times*, July 8, 2005, C3. BiDil の例については、ドロシー・ロバーツから示唆を受けた。

3. Rob Stein, "FDA Approves Controversial Heart Medication for Blacks," *Washington Post*, June 23, 2005, A15（ブロックによる引用）.

4. Carolyn Johnson, "Should Medicine Be Colorblind? Debate Erupts over Drug that Works for Blacks," *Boston Globe*, Aug. 24, 2004, C1（カーンによる引用）.

5. *Id.*

6. もし命令に従ったとしたら、それは発話の効果である。しかし、私たちはそれが命令だったかどうかを知るために、その命令が従われたかどうかを知る必要はない。

7. FDA は、最初に、BiDil が人種との関連なしに提出された時には、その新薬承認申請（NDA）を却下した。なぜなら、この新医薬品承認申請の基礎になるデータが、その治療がそれ以外の標準的な治療よりも望ましいという結論を裏付けるに十分なほど、焦点の絞られたものではなかったからである。その新医薬品承認申請が依拠する研究は 1980 年代から行われていたが、FDA の認可を念頭に置いて計画されていたわけではなかったので、FDA の認可が要求するような種類のデータを提供することに向けられていたわけではなかった。その研究のなかのアフリカ系アメリカ人の患者だけに注目して古いデータを再分析したところ、BiDil にはかなり重大な利益があることが示されたのである。この医薬品の特許が（アフリカ系アメリカ人の患者の心不全を治療する方法として）発行されたのも、新しい研究（BiDil がアフリカ系アメリカ人の患者に統計的に有意な利益を示している研究）が実施されたのも、この再分析に基づいてのことであり、最終的に FDA が認可の基礎にしたのもこれであった。認可に至る過程に対する批判は、BiDil は人種に関係なくすべての心不全患者に、とりわけそれ以外の治療に耐性のない患者の利益にもなるかもしれないということや、古い研究が黒人の患者により強い利益を示しているのは偶然にすぎないということを根拠になされてきた。FDA の認可を念頭に置いて計画された新しい研究は、アフリカ系アメリカ人だけを対象に試験しており、この医薬品の薬効に人種的な違いが実際にあるかどうかという問いに取り組んではいない。BiDil の歴史の説明としては以下を参照。Jonathan Kahn, "How a Drug Becomes 'Ethnic': Law, Commerce, and the Production of Racial Categories in Medicine," *Yale Journal of Health Policy, Law and Ethics* 4 (2004): 1–46.

8. BiDilの場合、この側面でさえ、一見そう思われるよりも、はるかにわずかな重要性しかもたない。というのも、BiDilはヒドララジンとイソソルビドの二つのジェネリック医薬品から作られているからである。ジョナサン・カーンが説明するように、「BiDilは使いやすさが画期的だった……［なぜなら］医師は一つの処方箋を書くだけでよくなったし、患者も（1日4錠を4回服用する）16錠の錠剤の代わりに、合計6錠の錠剤を飲む（1日に2錠を3回服用する）だけでよいからだ」。Kahn, "How a Drug Becomes 'Ethnic,'" 30.

9. 医薬品会社は、医薬品の適応外使用を宣伝することを禁じられている。医薬品の適応外使用を管理する規制についての一般的な説明として、以下を参照。Ralph F. Hall and Elizabeth S. Sobotka, "Inconsistent Government Policies: Why FDA Off-Label Regulation Cannot Survive First Amendment Review Under *Greater New Orleans,*" *Food and Drug Law Journal* 62 (2007): 1–48, 3–10.

10. ある研究は、観察される人種的差異の環境要因を除外しようと試みたが、この研究が言及したのは二つの要素——教育レベルと経済的困窮——に限られていた。Kahn, "How a Drug Becomes 'Ethnic,'" 18–19.

11. これもまた、悪い帰結を導くという理由で道徳的に問題含みでありうる。

12. Glenn C. Loury, *The Anatomy of Racial Inequality* (Cambridge, Mass.: Harvard University Press, 2002), 70.

13. Kahn, "How a Drug Becomes 'Ethnic,'" 43.

14. たとえば、以下を参照。American Medical Association, "Subject Selection for Clinical Trials," *Code of Medical Ethics*. Op. No. E-2.071, issued June 1998; Council for International Organizations of Medical Science, "Equitable Distribution of Burdens and Benefits in the Selection of Groups of Subjects in Research," *International Ethical Guidelines for Biomedical Research Involving Human Subjects*, Guideline No. 12 (2002). この論文は以下で閲覧可能。http://www.cioms.ch/frame_guidelines_nov_2002.htm. さらに以下を参照。Barbara A. Noah, "The Participation of Underrepresented Minorities in Clinical Research," *American Journal of Law and Medicine* 29 (2003): 221–245.

15. 法と道徳において客観性は何を要求するのかについての諸見解のサーヴェイとして、以下を参照。Brian Leiter, ed., *Objectivity in Law and Morals* (New York: Cambridge University Press, 2001).

16. Gerald J. Postema, "Objectivity Fit for Law," in Leiter, *Objectivity in Law and Morals*, 99–143, 111.

17. *Id.* at 112.

18. Jules L. Coleman and Brian Leiter, "Determinacy, Objectivity, and Authority," *University of Pennsylvania Law Review* 142 (1993): 549–637. 以下に再録されている。Andrei Marmor, ed., *Law and Interpretation: Essays in Legal Philosophy* (New York: Oxford University Press, 1995).

19. Coleman and Leiter, "Determinacy, Objectivity, and Authority," 608（この論文は、最小限の客観性を次のように説明している。「共同体の多数派にとって正しいと思

われるものが、何が正しいのかを決定する」。したがって、「諸個人はすべての物事の尺度ではないが、諸個人の共同的あるいは集団的な慣行はその尺度である」).

20. *Id.* at 608–609.
21. Brian Leiter, "Objectivity, Morality, and Adjudication," in Leiter, *Objectivity in Law and Morals*, 66–98.
22. Plessy v. Ferguson, 163 U.S. 537, 551 (1896).
23. *Id.* at 562（ハーラン裁判官による反対意見）.
24. Bradwell v. Illinois, 83 U.S. 130 (1873)（女性が弁護士になることを規制している）.
25. International Union v. Johnson Controls, Inc., 499 U.S. 187 (1991)（子どもを出産する年齢の女性が鉛汚染に関わる地位に就くことを規制する、雇用者側の「胎児保護ポリシー」を却下している）.
26. セイラ・バスはマナーについて同様の考え方をしている。彼女の見解によれば、マナーの核心は、他者の道徳的価値を直接承認することである。したがって、あるマナーのコードがこの承認に失敗するならば、それは悪しきマナーのコードとして批判されうる。「マナーという観点から、私たちは、何らかのマナーのコードを、すべての人には内在的に価値があることを認識し損ねているという理由で、批判することができる」。Sarah Buss, "Appearing Respectful: The Moral Significance of Manners," *Ethics*, 109 (1999): 795–826, 809.
27. Connie S. Rosati, "Some Puzzles about the Objectivity of Law," *Law and Philosophy* 23 (2004): 273–323, 307–308（脚注は省略した）.
28. Coleman and Leiter, "Determinacy, Objectivity, and Authority," 607（強い形而上学的客観主義者によれば、何が世界についての事実であるかは、人類がそれを（理想的な認識条件下でさえ）その世界でどう受け取るかには決して依存しない）.
29. コニー・ロザッティは、法の客観性に関するコールマンとライターの強い考え方の不十分さについて、同様の主張をしている。「（お馴染みの例を使えば）チェスのような、規則に統制された他のシステムや活動と同じように、法は私たちが作るものである。法的事実は、法とは何かについての私たちの信念、判断、態度や反応から完全に独立しているといった発想は、法の慣習的起源と恐ろしく食い違っているように思われる」。Rosati, "Objectivity of Law," 303.
30. Coleman and Leiter, "Determinacy, Objectivity, and Authority," 620.
31. Philip Petit, "Embracing Objectivity in Ethics," in Leiter, *Objectivity in Law and Morals*, 234–286, 244.
32. Coleman and Leiter, "Determinacy, Objectivity, and Authority," 630.
33. 彼女は、裁判官は「関連性のあるすべての情報」について「完全に知らされる」べきだという規準にも異議を唱えている。Coleman and Leiter, "Determinacy, Objectivity, and Authority," 630. ロザッティは、どの情報に重要な関連性があるのかを決定するための方法を十分に記述した者は一人もいないと考えており、また、理想的な裁判官は関連性のあるすべての情報をもっているのだろうという発想に一貫性はないと考えている。Rosati, "Objectivity of Law," 318–319.

34. Coleman and Leiter, "Determinacy, Objectivity, and Authority," 630.

35. 私はこの「解決」を、客観性についての考え方への「長い道のり」とジョセフ・ラズが呼ぶものに通じる何か、といった程度のものとみなしている。以下を参照。Joseph Raz, "Notes on Value and Objectivity," in Leiter, *Objectivity in Law and Morals*, 194–233.

36. Ronald Dworkin, "Bakke's Case: Are Quotas Unfair?" in Ronald Dworkin, *A Matter of Principle* (Cambridge, Mass.: Harvard University Press, 1985), 293–303, 301〔ドゥオーキン『原理の問題』(森村進・鳥澤円訳、岩波書店、2012 年) ただし日本語訳ではこの章は翻訳されていない〕.

37. 高等教育におけるアファーマティブ・アクションに対する異議申し立てにおけるクラス代表者は、概ね、社会経済的に低い階級の白人たちである。たとえば、以下を参照。Grutter v. Bollinger, 539 U.S. 306 (2003) および Gratz v. Bollinger, 539 U.S. 244 (2003). こうした選択は、白人を全体として代表する白人原告よりも、下層階級の白人の主張の方がより訴えるというはっきりしない直観から着想を得ていることが多い。しかし、アファーマティブ・アクション政策は、人々を社会経済的地位に基づいて(少なくとも否定的な意味で)区別してはいないのだから、これは擁護することがさらに困難な主張になるだろう。

38. この反論はハーバード大学出版の匿名査読者によって提起されたものである。

39. このフレーズは、同じ表題をもつロバート・ヒューズの著作に由来する。Robert Hughes, *The Culture of Complaint: The Fraying of America* (New York: Oxford University Press, 1983).

40. Raz, "Notes," 226.

41. Thomas Nagel, *The View from Nowhere* (New York: Oxford University Press, 1986)〔トマス・ネーゲル『どこでもないところからの眺め』(中村昇・鈴木保早・山田雅大・岡山敬二・齋藤宜之・新海太郎訳、春秋社、2009 年)〕.

42. Postema, "Objectivity Fit for Law," 111–112.

43. 意思決定者に、実際の規準に近似しているだけのテストに従うよう言い聞かせるべきだという考え方は、一般的である。たとえば、合理的な意思決定者が、運転許可の最低年齢を 17 歳に設定することに決めるという場合、それは、はっきりと線引きする規則を用いるほうが、自動車の登録手続きにあたってスタッフに責任や技能などの規準を直接適用させるよりも、安全な運転に十分な責任感と技能をもった若い運転手の集団をうまく特定できる、という根拠に基づいてのことだろう。

第 4 章

1. Azar Nafisi, *Reading Lolita in Tehran: A Memoir in Books* (New York: Random House, 2003)〔アーザル・ナフィーシー『テヘランでロリータを読む』(市川恵里訳、白水社、2006 年)〕.

2. 社会的責任のためのビジネス (Business for Social Responsibility)。以下で閲覧可能。

http://www.bsr.org/Meta/About/index.cfm.

3. たとえば、ワシントン D.C. にある選抜型の私立学校の多くは（その他のどこでも同じように）、（WPPSI-III として知られる）ウェクスラー式児童用知能検査の第 3 版を用いている。

4. ジョン・ロールズはこの主張をしている。John Rawls, *A Theory of Justice,* rev. ed. (Cambridge, Mass.: Harvard University Press, 1999), 104〔ジョン・ロールズ『正義論 改訂版』（川本隆史・福間聡・神島裕子訳、紀伊國屋書店、2010 年）〕. ただし、以下を参照せよ。George Sher, "Effort, Ability and Personal Desert," *Philosophy and Public Affairs* 8 (1979): 361–376（人々は自らの達成物に値するわけではないという主張は、人々は生まれつきの能力に値するわけでないという前提から帰結するものではないことが、論じられている）.

5. 以下を参照。Christopher McCrudden, "Merit Principles," *Oxford Journal of Legal Studies* 18 (1998): 543–579, 545–546（次のように論じられている。「公共政策に関して、たいていは互いに異なった、ときには両立不可能な方向を向く、そういう競合した多様な考え方がある点で、「実績」の概念と「実績原理」は論争的な概念である」。それゆえ、「現在、実績論を用いている人々、とりわけ、それらを肯定的に用いている人々は、そのような議論は価値あるものというよりも争いの源になるものだと結論して、実績を議論の基礎として用いることは止める」べきである）.

6. *Id.* at 554.

7. Robert K. Fullinwider and Judith Lichtenberg, *Leveling the Playing Field: Justice, Politics, and College Admissions* (Lanham, Md.: Rowman and Littlefield, 2004), 27.

8. McCrudden, "Merit Principles," 557–558（彼は、「「一般的価値があるとみなされており、かつ、特定の職務を遂行するのに役立つと無理なく見込まれる性質の所有」」として、実績の第二のモデルを定義している。この定義は以下の文献に依拠したものである（引用もされている））。Richard H. Fallon, Jr., "To Each According to His Ability, From None According to His Race: The Concept of Merit in the Law of Antid iscrimination," *Boston University Law Review* 60 (1980): 815–877, 826.

9. マクラッデンは、実績を構成しうる特徴と、当該の職の記述――彼が「普通の「常識的」な実績」と名付ける実績の第二のモデルにとって第二の鍵となる側面――との間には緩やかな適合だけが必要であると認識している。McCrudden, "Merit Principles," 557.

10. 古典版のヒポクラテスの誓いでは、次のように規定される。「私は、自らの能力と判断に従って、患者の利益になる養生法を用い、患者を害と不正義から守ります」。以下参照。"Hippocratic Oath: Classical Version," *Nova Online.* 以下で閲覧可能。http://www.pbs.org/wgbh/nova/doctors/oath_classical.html. タフツ大学医学部長を務めたルイス・ラザーニャによって 1964 年に書かれた現代版では、次のように規定される。「私は、患者の利益のために、必要となるあらゆる手段を用い、過剰治療と治療無用論という一対の罠を回避します」。Louis Lasagna, "Hippocratic Oath: Modern Version." 以下で閲覧可能。http://www.pbs.org/wgbh/nova/doctors/oath_modern.

html.

11. *Id.*

12. これはマクラッデンの見方でもある。クリストファー・マクラッデンの文献一般を参照せよ。

13. ロバート・ノージックは、労働者の技能や才能はその人のものなのだから、その人には、その技能と才能を用いることに対して支払われる金銭への権原があると論じている。Robert Nozick, *Anarchy, State, and Utopia* (New York: Basic Books, 1974)〔ロバート・ノージック『アナーキー・国家・ユートピア――国家の正当性とその限界』(嶋津格訳、木鐸社、1995年)〕.

14. たとえば以下参照。Barbara Fried, "Wilt Chamberlain Revisited: Norzick's 'Justice in Transfer' and the Problem of Market-Based Distribution," *Philosophy and Public Affairs* 24 (1995): 226–245. フリードは、「移転の正義」の原理は、ウィルト・チェンバレンに、ファンたちが進んで支払おうとする金銭を保持する権原があることを正当化するようには機能しないことを説明している。彼女が論じるところによれば、ノージックの議論は、チェンバレンは自らの才能を所有しているという主張に基づいている。しかし、ノージックは、なぜチェンバレンが彼の才能の希少価値をも所有しているのかを説明する議論を提示していない。この議論がない以上、チェンバレンが現にその希少価値を所有しているのかは明白でない。仮にチェンバレンが自らの才能の希少価値を所有していないとすれば、社会には彼の価値に対する先取特権がある。社会は、チェンバレンが支払いを受けるときに、その価値を徴収することができる。

15. 「社会的」投資「収益率」という概念は、投資からの結果として生じうる、財政的利益ではないような利益――環境汚染の軽減、労働者の労働条件の改善など――を指すものである。

16. ノーマン・ダニエルズは、このような議論の含意と限界を探求している。以下参照。Norman Daniels, "Merit and Meritocracy," *Philosophy and Public Affairs* 7 (1978): 206–223.

17. ダニエルズが説明しているように、効率性は、それ以外の考慮事項によって無効にされない限り、それ自体で良いものである。*Id.* at 209 (PJAPが「望ましいと思われるのは、正義やそれ以外に考慮すべき事柄、あるいは権利が、最大限に生産的な人員配置以外の配置を要求していることを示す論拠が存在しない限り、社会的な人員の調整で生産性を追求することには十分な理由があるからだ」と、彼は論じている).

18. *Id.* at 209.

19. *Id.* at 210.

20. *Id.*

21. ロバート・ポール・ウルフとトビアス・バリントン・ウルフも同様に、教育と医療の文脈で私たちが直観的に抱いている実績についての考え方に、次の仮説を用いて異議を唱えている。彼らは読者にある別の社会を想像するように求める。

その社会では、救急救命室での医療が、ニーズに基づいてではなく、措置を待っている人たちのなかで一番簡単に良好な健康状態にすることができるのは誰かという点に基づいて、配分されている。これと同じ社会では、エリート研究大学の限られた空きに学生を配分するための基礎として、ニーズが使われている。この想像上の社会の関係者は、大学の文脈になると、どこの学校に行ったとしても結局立身出世して独力で学んでいく見込みが高い人よりも、優れた教育を最も必要としている学生を受け入れることは道理にかなっていると主張する。以下参照。Robert Paul Wolff and Tobias Barrington Wolff, "The Pimple on Adonis's Nose: A Dialogue on the Concept of Merit in the Affirmative Action Debate," *Hastings Law Journal* 56 (2005): 379–440.

22. ここで「実績」を引用符に入れるのは、こうした議論における「実績」は、全体としての生産性を高めるような特徴のことを指している——それ自体、論争的な実績についての考え方——からである。

23. こうした否定的な成り行きから全体として生産性の低下が結果し、それゆえに、IQ の高い子どもを選別することから生産性が向上しても、その向上分は、試験すること自体が引き起こす全体としての生産性の低下によって相殺される、ということがありうる。そうであるとすれば、マクロ生産性の原理が試験を禁じることになる。しかしながら、事実がこのように変化するかもしれないという事情は、このように変化するに違いないということを意味するわけではない。自尊心の低さは、子どもたちに予想以上の成績を収めるように動機づけ、社会にうまく適応した幸福な人たちを退けて、生産性を向上させるかもしれない。とはいえ、本文での目下のポイントは、子どもたちのために教育に関する選択を行うときに、子どもたちにとって何が良いのかについて、そして、単に社会の生産的な成員になるというのではなく、子どもたちが幸福で感情的に安定した大人に成長することを何が促進するのかについて、考慮すべきなのは確かだということである。

24. Rawls, *Theory of Justice,* 310–315.

25. *Id.*

26. たとえば以下参照。Sher, "Personal Desert," 361–376.

27. Fried, "Wilt Chamberlain Revisited," 228. 彼女の議論は、人には自らの才能を活用することで受け取った報酬への権原があるという主張に応答することを意図しているが、この議論は功績の主張にも適用されうるだろう。注目すべきことに、——人には自らの才能を活用することで獲得した利益への権原があるという主張を擁護する——ロバート・ノージックでさえ、才能に恵まれた人はそれゆえにこれらの報酬に値する、とは考えていない。以下参照。Norzick, *Anarchy, State and Utopia*, 159.

28. Joan Williams, *Unbending Gender: Why Family and Work Conflict and What to Do about It* (New York: Oxford University Press, 2000).

29. 類似の路線の議論を、ロバーツ対米国青年商工会議所事件（Roberts v. United States Jaycees, 468 U.S. 609 (1983)）における連邦最高裁判所の判決を擁護するため

に用いることは可能だろう。この判決で、法廷は、米国青年商工会議所——男性の市民団体——が正会員としての受け入れを女性に拒むことはできないと判示した。

第5章

1. このデータは、『アメリカン・プロスペクト』誌に掲載されたリンダ・ハーシュマンの挑発的な（女性は子どもと家にいることを目的に職場を去るべきでないと主張する）論評のなかで引証された。Linda Hirshman, "Homeward bound," *American Prospect,* Dec. 2005, 20. 以下で閲覧可能（サインインが必要）。http://www.prospect.org/cs/articles?article=-homeward_bound.
2. *Id.*
3. Lawline v. American Bar Ass'n, 956 F.2d 1378, 1385 (7th Cir. 1992)（「素人が弁護士になるのを禁止することは、法律実務を担う者に真摯さと適性を求める公共のニーズに基づいている。……法律専門家に課される要件と規制に従う者だけが法律実務を担うならば、必要不可欠な責任と適性を公共の人々にもっと厚く保証することができる」）; Sussman v. Grado, 746 N. Y. S. 2d 548, 552 (N. Y. Dist. Ct. 2002)（「ロースクールを出たわけでもなく、司法試験に受かったわけでもなく、ニューヨーク州公認でもない「独立のパラリーガル」よりも、弁護士とその専門職員が指導するほうがずっと望ましいと思われる」）。
4. 適合をきつくすれば特定の分類の問題含みの性質は改善されるのか。この問題にはこの章のなかで後に立ち戻る。
5. 比較的厳しい方法の合理性の基準が使われる事例のなかには、合理性の基準自体は容易に通過できるものであっても、単なる合理性以上を要求するものとして——しばしば、威力のある合理性の基準と名付けられ——性格付けられてきたものもある。ただし、いくつかの種類の分類は除外されている。原則的に、除外されるのは、分類に用いられる特徴が対象者に該当すると思われる人々と実証的に見て相関していないような事例である。
6. たとえば、グエン対移民・帰化局事件（Nguyen v. INS, 533 U.S. 53, 77 (2001)）において裁判所は次のように説明した。「高められた基準による審査と合理性基準による審査の重要な違いは、もちろん、利用される手段と果たされる目的の間に求められる適合である。高められた基準による審査の場合、差別を含む手段が目下重要な政府の利益に「実質的に関連」していなければならない。合理性基準による審査の場合には、手段は、想定可能で正統な政府の目的に「合理的に関連」する必要があるだけである」（強調引用者、引用箇所省略）。
7. 以下参照。Joseph Tussman and Jacobus tenBroek, "The Equal Protection of the Laws," *California Law Review* 37 (1949): 341–381. タスマンとテンブルークの分析は、長い間、平等保護についての支配的な考え方の典型例であり続けてきた。この論文は、引用回数が上位20位の法学紀要論文のなかに数えられる。以下参照。Fred R. Shapiro, "The Most-Cited Law Review Articles Revisited," *Chicago-Kent Law Review* 71

(1996): 751–779, 767. ただし、次も参照のこと。James E. Krier and Stewart J. Schwab, "The Cathedral at Twenty-Five: Citations and Impressions," *Yale Law Journal* 106 (1997): 2121–2147, 2139. この論文ではシャピロの方法が批判され、別の方法が提案されるが、後者の方法を用いた場合、タスマンとテンブルークは103位まで下がる。本書で私が差別の難問と呼ぶ問題をタスマンとテンブルークが分析したとき、その答えは「合理的分類」の概念に求められた。Tussman and tenBroek, "Equal Protection," 344. 合理的分類とは、代理指標となる特徴が対象の特徴に実証的に見て相関しているような分類であり、つまり、分類が合理的だということである。

8. 以下参照。Deborah Hellman, "What Makes Genetic Discrimination Exceptional?" *American Journal of Law and Medicine* 29 (2003): 77–116; Henry T. Greely, "Genotype Discrimination: The Complex Case for Some Legislative Protection," *University of Pennsylvania Law Review* 149 (2001): 1483–1505.

9. 以下参照。Frederick Schauer, *Profiles, Probabilities and Stereotypes* (Cambridge, Mass.: Harvard University Press, 2003). この本は一般化によって生じる道徳的問題を論じている。シャウアーの説明によれば、一般化は、以下が成り立っている場合には紛い物でない（したがって、区別を付けるのに用いうる程度に統計的に見て健全であり合理的である）。つまり、「ブルドッグは腰が悪い」という一般化は、「ある犬がブルドッグである場合に腰の問題を抱えている確率が、犬の品種についての情報が与えられていない場合に、ある犬が腰の問題を抱えている確率よりも大きい限り」、紛い物ではない。*Id.* at 11.

10. たとえば以下参照。City of Cleburne v. Cleburne Living Center, 473 U.S. 432, 440 (1985)（ホワイト裁判官による法廷意見）（このことの理由を次のように説明している。人種、外国人であること、国籍といった特徴は、「州の正統な利益を達成することにはほとんど関連性をもたないので、これらの特徴の考慮に基づく法律は偏見や反感——重荷を背負わされたクラスの人々はそれ以外の人たちよりも価値がないとか尊重に値しないといった見方——を反映するものとみなされる」し、それゆえに厳格審査を受けなくてはならない）.

11. U.S. Dep't of Health and Human Services, "Long Time Poverty," *Indicators of Welfare Dependence: Annual Report to Congress 2003* (2003), iii–14, Tbl. Econ6. 以下で閲覧可能。http://aspe.hhs.gov/HSP/indicators03/ch3.htm#econ6（黒人の子どもたちは長期間貧困状態で暮らす見込みが非常に高かったことが示されている。たとえば、1967年には、10年間貧困状態で暮らす見込みは黒人以外の子どもたちの30倍だった）.

12. Jonathan Kozol, *The Shame of the Nation* (New York; Crown Publishers, 2005)（アメリカ合衆国における都心部の過密地域の学校での激しい人種隔離が記述されている）.

13. U.S. Dep't of Health and Human Services, Indicators of Welfare Dependence: Annual Report to Congress 2006 (2006), iii–32, Fig. WORK7. 以下で閲覧可能。http://aspe.hhs.gov/hsp/indicators06/report.pdf（黒人の大人が障害を抱えることになる見込みは一般人口の成員よりも30％高いことが示されている）.

14. Paige M. Harrison and Allen J. Beck, "Prisoners in 2005," *Bureau of Justice Statistics Bulletin*, Nov. 2006, 1. 以下で閲覧可能。http://www.ojp.usdoj.gov/bjs/pub/pdf/p05.pdf（「25歳から29歳までの黒人男性の約8.1%が州立または連邦刑務所にいたことがあるが、これに比べて、同じ年齢群のヒスパニック系男性では2.6%、白人男性では1.1%である」）. 人種と刑事司法についての包括的説明として、以下参照。Randall Kennedy, *Race, Crime and the Law* (New York: Pantheon Books, 1997).
15. 以下参照。Joan Williams, *Unbending Gender: Why Family and Work Conflict and What to Do about It* (New York: Oxford University Press, 2000). ウィリアムズは、職場は、職場以外で責務、とりわけ子どもの世話や高齢者の介護の責務をほとんど負っていない従業員を中心に構造化されており、それゆえ、これらの重要なケアの役目を果たしている――たいていは女性の――従業員は職場で体系的に不利益を被っていると論じている。
16. 411 U.S. 677 (1973)
17. *Id.* at 681–682, and at 689–690.
18. *Id.* at 689 n. 23.
19. Catharine A. Mackinnon, *Sexual Harassment of Working Women: A Case of Sex Discrimination* (New Haven: Yale University Press, 1979), 107–116（リード対リード事件（Reed v. Reed, 404 U.S. 71 [1971]）が論じられている）.
20. *Id.* at 108.
21. Samuel R. Bagenstos, "'Rational Discrimination,' Accommodation, and the Politics of (Disability) Civil Rights," *Virginia Law Review* 89 (2003): 825–923.
22. *Id.* at 849.
23. こうした観察に基づき、バゲンストスは、差別の禁止と配慮の要求は規範的には等価である――両者ともに雇用者による配慮を要求しており、お金を節約したいという雇用者の願望はより正当で公平なコミュニティという社会的目標の下位に位置付けられることを要求している――と論じている。
24. *Id.* at 878.
25. *Id.* at 833–834
26. 以下参照。Mark Kelman, "Market Discrimination and Groups," *Stanford Law Review* 53 (2001): 833–896（[配慮の要求と比べて] 差別禁止法は、ほとんど場合、被雇用者を選ぶ際に雇用者が合理的にふるまうことを要求しているにすぎないと論じられている）.
27. 以下参照。Schauer, Profiles, 55–78（紛い物でない一般化は、しばしば過大に包摂的でありまた過小に包摂的であったりするし、またこのことは避けられないと論じられている）.
28. 多くのカレッジと大学が――たとえば、ダートマス・カレッジ――卒業前に水泳試験に合格することを学生に要求している。以下参照。Douglas Belkin, "Time to Sink or Graduate, " *Boston Globe*, May 8, 2006, A1.
29. Schauer, Profiles, 66.

30. もちろん、志願者がディベート式審査の費用を負担するのであれば、大学の側から見てこの方法は効率的かもしれない。しかしながら、大学が、そうした正確さを高めるための費用は割に合わないと判断する可能性は依然としてある。大学職員が、どのような試験が必要かを決定するにあたって、将来の学生候補者にかかる費用を計算に入れることはないとする理由はない。

31. エディンバラ大学でこのようなことが実際に起こったと私は信じている。

32. 性別間不平等の根絶に向けた「同一派」と「差異派」のアプローチの間に生じたフェミニズムの文献における論争をうまく描き出しているものとして、以下を参照。Martha Albertson Fineman, “Feminist Legal Theory,” *American University Journal of Gender, Social Policy and the Law* 13 (2005): 13–23, 15–19.

33. The Family and Medical Leave Act (FMLA), 29 U.S.C. §§2601–2654 (2000). 育児介護休業法は、大・中規模の雇用者のもとで働く労働者が、子どもの誕生や養子縁組の締結後、あるいは病気の直系家族を介護するために、12 週を上限として無給休暇を取ることが認められるように要求している。この法は全員を同じように扱う政策の一例である。しかしながら、無給休暇への権原がないというかつての規範が男性よりも女性を不利にしてきたと考えられるのと同じ様に、この権原は、男性よりもはるかに多く女性によって行使される見込みが高い。どちらの場合も特定の処遇のために特定の労働者を選び出しているわけではないが（どちらも同じ処遇という体制を選んでいる）、それにもかかわらず、その規範の選択は、劇的に差異を示す結果を生んでいる。

34. 明白に、これらの学生たちは自分自身で水泳クラスを選ぶこともできたはずである。しかし、泳ぐのが怖いとか、泳げない者としての自分のアイデンティティを渋々受け入れているとか、水泳を学ぶことの重要さを認識し損ねているなどして、自分では水泳クラスの履修登録をしようとしない学生は依然としているだろう。

35. Schauer, Profiles, 200.

36. *Id.* at 199–223（第 8 章 “Two Cheers for Procrustes”）. これは、平等は空虚な理念だというピーター・ウェステンの挑発的な主張に対する批判者たちの論拠でもある。たとえば以下を参照。Kenneth W. Simons, “The Logic of Egalitarian Norms,” Boston University Law Review 80 (2000): 693–771（A に X への権原があるならば、A と B の間の違いに関わらず、B にも X への権原があるという、平等規範について比較を用いる考え方を擁護している）. サイモンズの論文は、(「同じような事例は同じように」扱うことへのコミットメントによって表現される平等の理念は空虚だと論じる）ピーター・ウェステンの論文（“The Empty Idea of Equality,” *Harvard Law Review* 95 (1982): 537–596）に対する数ある応答の一つである。

37. このように過大評価したり過小評価したりする傾向は、確証バイアスとして知られている。以下参照。Raymond S. Nickerson, “Confirmation Bias: A Ubiquitous Phenomenon in Many Guises,” *Review of General Psychology* 2 (1998): 175–220. 以下も参照のこと。Mark Schaller, “Social Categorization and the Formation of Group Stereotypes:

Further Evidence for Biased Information Processing in the Perception of Group-Behavior Correlations," *European Journal of Social Psychology* 21 (1991): 25–35.

38. 533 U.S. 53 (2001).

39. 法律による嫡出化、父親による認知宣誓書、判決による父子関係の確立のいずれかが18歳になる前に行われたことを子どもは示さなくてはならないと、法が定めている。533 U.S. at 62.

40. *Id.* at 68, 73.

41. *Id.* at 89.

42. *Id.* at 90.

43. *Id.*（引用文中の引用符は省略）.

44. *Id.* at 94.

45. 家庭内での虐待の被害者に高い保険料率を課したり、保険契約を結ぶことを拒んだりすることの道徳的な許容可能性についての詳細な分析に関しては、以下の拙論を参照。"Is Actuarially Fair Insurance Pricing Actually Fair? A Case Study in Insuring Battered Women, " *Harvard Civil Rights-Civil Liberties Law Review* 32 (1997): 355–411.

46. William Burroughs, *Naked Lunch*. 以下で閲覧可能。http://www.brainyquote.com/quotes/authors/w/william_s_burroughs.html.〔ウィリアム・バロウズ『裸のランチ』（鮎川信夫訳、河出文庫、2003年）〕

第6章

1. Dukes v. Wal-Mart Stores, Inc., 222 F.R.D. 137 (N.D. Cal. 2004)（ここで、米国内のウォルマート全店舗の女性従業員は、社会学者のウィリアム・T・ビールビーによって提示された証拠に部分的に基づいて一つのクラスとして認められている。すなわち、意思決定が、その範囲を制限する明示的な規準やそれ以外の方法で制約されていない場合には、無意識のバイアスが多大な役割を果たすという証拠である）.

2. 413 U.S. 528, 534 (1973).

3. G.E.M. Anscombe, *Intention*, 2nd ed. (Ithaca, N.Y.: Cornell University Press, 1969), 1.〔G・E・M・アンスコム『インテンション——実践知の考察』（菅豊彦訳、産業図書、1984年）〕

4. 以下を参照せよ。Steven Sverdlik, "Motive and Rightness," *Ethics* 106 (1996): 327–349, 355（「動機は意欲に関わる部分、つまり因果的ストーリーの欲求に関わる側面に属する」と論じている）.

5. Anscombe, *Intention*, 18.

6. Oliver Wendell Holmes, Jr., *The Common Law* (Boston: Little, Brown, and Company, 1963), 7. フレデリック・シャウアーによれば、ホームズは犬を過大評価している。以下を参照。Frederick Schauer, "Intentions, Conventions and the First Amendment: The Case of Cross-Burning," *Supreme Court Review* (2003): 197–230, 197（「ホームズ裁判官は、「犬でさえ躓かれることと蹴られることを区別する」と主張することで、犬

の世界についての知識の乏しさを自ら示している」と主張している).

7. たとえば以下を参照。Richard H. Fallon, Jr., *Implementing the Constitution* (Cambridge, Mass.: Harvard University Press, 2001), 93（ホームズの警句の「要点」は、「私たちは多くの場合、ある行為が何に動機づけられたかを理解せずには、この行為の特徴を述べることさえできない」という事実にあると説明している). しかし、次の議論も参照せよ。Schauer, "Intentions," 197（ここではホームズの主張は、より穏当に、「誰かが意図していることと実際に生じていることの間の区別は、一般に、法の重要な特徴である」という事実を指摘したものと理解されている).

8. リンダ・ハミルトン・クリーガーは、法学領域の読者向けに、膨大な文献の一部の要約を提示し、反差別法にとってそれが有する重要性を説明している。Linda Hamilton Kreiger, "The Content of Our Categories: A Cognitive Bias Approach to Discrimination and Equal Employment Opportunity," *Stanford Law Review* 47 (1995): 1161–1248.

9. *Id.* at 1239–1240.

10. Gregory Mitchell and Philip E. Tetlock, "Antidiscrimination Law and the Perils of Mind-reading," *Ohio State Law Journal* 67 (2006): 1023–1121. ミッチェルとテットロックは、無意識のバイアスをあらわにしたと称する研究は、その著者たちが想定しているほどに有意義なものではなく、特に法学者がこうした研究者たちに寄せる信頼に正当な根拠はないと論じている。とりわけ、ミッチェルらは、実験条件下で人々が白人を肯定的な特徴に、黒人を否定的な特徴に実に容易かつ即座に結びつけてしまうという事実は、これらの人々には黒人に対するバイアスがあるとか否定的な態度をもっているとかいった事実を示しているわけではないと論じている。むしろ、これらの実験結果は、試験という条件下での不安や、集団としての黒人と白人との間にある統計的に妥当な差異に関する知識といった、それ以外の多くの説明要因によって、少なくとも部分的には説明される。さらに、ミッチェルとテットロックは、研究室の環境とは重要な点で異なる現実の状況において、人々が黒人と白人とを異なる仕方で扱う見込みが高いかどうかについて、研究者たちがこれらの研究に基づいて結論を出すことは正当化されないと論じる。ミッチェルとテットロックの批判は逆に反論を生み出した。たとえば以下を参照。Samuel R. Bagenstos, "Implicit Bias, 'Science,' and Antidiscrimination Law," Washington U. School of Law Working Paper No. 07-04-01, 以下で入手できる。http://papers.sssrn.com/sol13/papers.cfm?abstract_id=970526. ここでバゲンストスは、ミッチェルとテットロックが欠陥だとして特定しているものの多くは（両者が示唆するような）科学的な水準での誤りではなく、むしろ、悪質な差別が何から構成されているかについての規範的な見解の不一致を反映していると、正しくも指摘している。たとえば、ミッチェルとテットロックは、実験によって観察される違いの原因の一つはバイアスではなく、他の人種の人々をよく知らないことであろうと述べている。バゲンストスはこれに反対するわけではない。その代わりに彼は、その原因が何であろうと、このような扱いの違いは懸念を引き起こすものだと論じている。

11. *Webster's Third New International Dictionary* (Springfield, Mass.: G. and C. Merriam Company, 1981), 1240.

12. Larry Alexander, "Rules, Rights, Options, and Time," *Legal Theory* 6 (2000): 391–404.

13. アレクサンダーは（「ルール」論文の）この議論において、憲法上の権利とは「ルールに反する権利」だというマシュー・アドラーの考え方を採用している。以下を参照。Matthew D. Adler, "Rights Against Rules: The Moral Structure of American Constitutional Law," *Michigan Law Review* 97 (1998): 1–173.

14. ルールに反する権利としての憲法上の権利というアドラーの考え方が正しいかどうかについて、私は何の見解を採用しようともしていない。アレクサンダーにもそのような意図はない。しかしながら、憲法上許容可能なルールの多くが人々を排除しているというアレクサンダーの論点は――憲法上の権利というものについてどのように考えようとも――たしかに正しい。このような事実――差別の難問（*discrimination conundrum*）とでも呼びうる事実――が最初に明確に示されたのは、ジョセフ・タスマンとヤコブス・テンブルークの古典的論文においてである。Joseph Tussman and Jacobus tenBroek, "The Equal Protection of the Laws," *California Law Review* 37 (1949): 341–381. つまり、数多くの重要かつ日常的な課題をこなすために、法律や政策は人々の間に区別を付けざるを得ない（つまり、差別せざるを得ない。なお、ここで差別という用語は通常の非難の含意なしに使われている）。

15. Alexander, "Rules," 400.

16. *Id.*

17. *Id.*（「変更には憲法で認められた選択性と許容性があるとすれば、裁判所は立法上の動機を重視しなければならない」と論じている）. *Id.* at 400–401 も参照（ここでは、「重要なことは、それら［法律］が、憲法の観点から禁止されることのない選択可能な理由で施行されたかどうかである」と主張している）.

18. *Id.* at 400.

19. たとえば、ミッチェル・バーマンによって提唱された、憲法に関わる「効力発生命題（operative propositions）」と「決定ルール」との間の区別を参照。Mitchell N. Berman, "Constitutional Decision Rules," *Virginia Law Review* 90 (2004): 1–168（憲法の意味を説明する「効力発生命題」を、裁判所がその意味を採用することを認める「決定ルール」から区別している）.

20. 明確にするために、アレクサンダーの真のルールという用語と私が用いてきた言い回しとの関係について説明しておきたい。つまり、特徴Xに基づいて分類するとか悪質な仕方で差別するといった言い回しである。アレクサンダーが真のルールとは何かを問題にする際、彼はXについて問題にしている。言い換えれば、彼は、差別の記述的な意味、すなわち特徴Xに基づいて分類することに関心がある。しかし、彼は、当の分類が行われる基盤となるXとは何かという問いを提起している。真のルールを特定することは、そのルールが分類する際の基礎となるXを発見することである。

21. 差別的効果という用語は、憲法が保障する平等保護の侵害が生じたかどうか

についての一つのありうるテストに関わっている。連邦最高裁判所は、（人種的マイノリティのような）憲法によって保護されている集団への差別的効果は当該の政策が憲法を侵害していることを確証するのに十分である、という主張を退けてきた。以下参照。Washington v. Davis, 426 U.S. 229 (1976)（ここでは、コロンビア特別区首都警察の採否決定に筆記試験を用いることへの異議が斥けられている。その根拠は、この試験がアフリカ系アメリカ人の求職者に対する差別的効果をもつという事実は、この試験が仕事の遂行能力を予測する優れた指標であることを立証する責任を警察に課すには十分ではない、というものだった）.

22. 連邦最高裁判所による差別的効果の事例は、効果だけでは意図を確証するのに十分ではありえないということを——もっとも、なぜ不十分なのかの理由は、少なくとも理論的には不明瞭ではあるが——示唆している。私の見解では、差別的効果だけで法の客観的意味を確証することはできるが、しかし法廷にもち出されるある種の——ワシントン州対デイヴィスのような——事例では、別方向での重要な客観的証拠がそれ以外にも存在する。たとえば、当の試験で評価される技能のために警察官を試験することに十分な理由があるという事実は、法の客観的意味にとって重要な関連性をもつ。ここで私は、こうした理由がこの試験を採用するように警察を実際に動機づけているかどうかを問うように提案しているわけではないことに注意されたい。

23. Larry Alexander and Kevin Cole, “Discrimination by Proxy,” *Constitutional Commentary* 14 (1997): 453–463.

24. これはアレクサンダーとコールが学校Cとして描写しているものである。以下を参照。Alexander and Cole, “Discrimination,” 454.

25. アレクサンダーは差別的効果の事例に焦点を当てているが、その事例の多くは、問題含みでありかつ啓発的でもあると思われる類の概念的難問が生じる現場だと彼が考えるものである。

26. Alexander, “Rules,” 401, note 33.

27. これは、科学分野での常勤教授職の女性比率が、他の要求水準の高い職と同様に低いことを説明するために、ハーバード大学学長のローレンス・サマーズが提示した第一の理由である。彼の見解は、全米経済研究所（NBER）による科学技術労働力の多様性に関する会議での講演で示され、大きな論争を引き起こした。論争は、彼が提示した（男性と女性との間の能力の先天的な差異という）第二の理由に起因するものだった。以下を参照。Lawrence H. Summers, Remarks at NBER Conference on Diversifying the Science and Engineering Workforce, Jan. 14, 2005. 以下で入手可能。www.president.harvard.edu/speeches/2005/nber.html.

28. たとえば以下を参照。Warren Quinn, *Morality and Action* (New York: Cambridge University Press, 1993), 177.

29. Judith Jarvis Thomson, “Physician-Assisted Suicide: Two Moral Arguments,” *Ethics* 109 (1999): 497–518, 510.

30. 521 U.S. 793, 802–809 (1997).

31. *Id.* at 802（「同じ結果になると思われる二つの行為を区別するために、法は長い間、行為者の意図や目標を用いてきた」と主張している）.

32. *Id.* and *Id.* at 802–803（Personnel Administrator v. Feeney, 442 U. S. 256, 279 (1979) より引用）（公務員の採用に関して「絶対的に生涯にわたって」退役軍人を優遇するように定めたマサチューセッツ州法を支持している）. 退役軍人の人々は圧倒的に男性であるがために、この州法は不法な性差別をしているとして訴えられた。多数派意見を書いたスチュワート裁判官は次のように判示した。「しかしながら、「差別的目標」は、意欲としての意図、あるいは帰結の認識としての意図以上のものを含んでいる。差別的目標が含意するのは、意思決定者、この場合は州議会が、一連の特定の行動を少なくとも部分的には、単に、それが同定可能な集団に及ぼす不利な結果「にもかかわらず」選択し、あるいは再確認したというのではなく、その結果「ゆえに」そうしたということである」。*Id.*

33. 521 U.S. at 807, note 11.

34. この反論は、ジェームズ・レイチェルズやジョナサン・ベネットによって、そしてジュディス・ジャーヴィス・トムソンによって最も力強く提起されてきたものである。以下を参照。James Rachels, "More Impertinent Distinctions and a Defense of Active Euthanasia," reprinted in *Killing and Letting Die*, 2nd ed., eds. B. Steinbock and A. Norcross (New York: Fordham University Press, 1994), 139–154 (original copyright 1978); Jonathan Bennett, "Morality and Consequences," *The Tanner Lecture on Human Values II* (Salt Lake City: University of Utah Press, 1981), 46–116; Judith Jarvis Thomson, "Self-Defense," *Philosophy and Public Affairs* 20 (1991): 283–310. この見解に対する思慮に富んだ議論として以下を参照。Alec Walen, "Intention and Permissibility: Learning from the Failure of the DDE." 未出版草稿が著者の手許にある。

35. T. M. Scanlon, "Intention and Permissibility," *Aristotelian Society Supplementary Volume* 74 (2000): 311（強調引用者）.

36. *Id.*

37. ここで、スキャンロンの事例にさらに近接した類似例を引き合いに出して、雇用の決定を不当にするのは特定の求職者が雇用されるべきだからだ、と論じたくなるかもしれない。だがそれは誤りである。職場や学校の空きという文脈では、特定の候補者がその立場への権原があるということはないからである。雇用者または学校は、自らが望む候補者を誰であろうと選別することができる。むしろ、法的にも道徳的にも、雇用者や学校は、その決定を、特定の文脈において、あるいは特定の仕方において、特定の特徴に基づけることを禁止されているだけである。

38. Sverdlik. "Motives," 341–349.

39. 代理指標、標的、動機の用語法について私は、差別的な法律の二つの形態――代理指標を通して機能する形態と、そうではない形態――を詳説した論文でより詳細に説明している。以下を参照。Deborah Hellman, "Two Types of Discrimination: The Familiar and the Forgotten," *California Law Review* 86 (1998): 315–361.

40. 目標または目的は、別の目的に向けられた手段として目指されることもありうる。次を参照。Mitchell N. Berman, "Coercion without Baselines: Unconstitutional Conditions in Three Dimensions," *Georgetown Law Journal* 90 (2001): 1–112, 24（この関係を「入れ子状の目標」とみなして、悪しき目標が問題だという見解を次のように支持している。「悪しきものと推定される目標が入れ子状の目標の連鎖内部のどこにあろうと、この目標は、国家の行為に息を吹き込み、その結果と同様に、憲法が侵害されうるよく知られた事柄を構成する」).
41. 標的に私たちが焦点を当てる時、その探究は本章の最初で論じた考察に非常に近いもののように思われる。ここで私たちは、行為者が疑わしい——人種や性別のような——分類を標的にするために無害な特徴を用いることは問題であるかどうかを分析している。すなわち、私たちは、この特徴を使用することは行為者がそうしようと目指していることだと推定し、その意図が法的な意義をもつべきかどうかを問うているのである。この探究は、行為者が疑わしいクラスを標的にするために無害な特徴を用いている事例を検出するために、意図を調べなければならないかどうかを探究することと同じではない。
42. Alexander and Cole, "Discrimination," 453（反差別原理を次のように定義している。「たとえ人種的分類が他の特徴に対する最もコスト効率の良い代理指標だとしても、政府はこの分類を用いることはできない。この分類を最もコスト効率の良い代理指標として用いることが、やむにやまれぬ利益の促進に必要でない限り」).
43. *Id.* at 455.
44. ジュディス・トムソンは、DDE 事例の多くにおいて私たちは、行為者に関する判断と行為に関する判断を混同してしまっていると考えている。この区別はここで重要であるだろう。私たちは、法的禁止を（法の目をかいくぐることで）避けようと試みる人物は、その人が採用する行為が道徳的に許容可能であるかどうかにかかわらず、悪人であると判断するかもしれない。トムソンは、「ある人にとってちょうどある物事を行うことが道徳的に許容可能かどうかという問いは、それを行う人がそれを行うことによって悪人であると判明するのかどうかという問いとは同じではないという事実——これを私は明白な事実だと考える——を十分真剣に受け取ることの失敗」と表現している。Thomson, "Physician-Assisted Suicide," 517. ティム・スキャンロンは同様の見解を支持している。以下参照。Scanlon, "Intention," 301–317, 306（そこでスキャンロンは、「この混同には、ある行為を不当にする特徴と、それを行うことで行為者が自ら示している欠陥の記述を明確に区別し損なうことが含まれるという点で、トムソンに」同意している).
45. たとえば以下を参照。Owen M. Fiss, "Groups and the Equal Protection Clause," *Philosophy and Public Affairs* 5 (1976): 107–177; Cass R. Sunstein, "The Anti-Caste Principle," *Michigan Law Review* 92 (1994): 2410–2455.
46. トマス裁判官は、グラッター判決におけるその一部同調・一部反対意見のなかでこの路線の議論をしている。

憲法が人種に基づく分類を嫌悪するのは……政府が市民を人種別登録に載せたり、人種を負担や利益の提供に関連付けたりするたびに、それが私たちすべてを貶価しているからである。「人類の計り知れない苦痛という犠牲を払って、平等保護原理は、そうした分類が結局は個人と私たちの社会に対して壊滅的な影響を及ぼすという、私たち国民の理解を反映している」。

539 U.S. at 353-354（Adarand Constructors, Inc. v. Pena, 515 U.S. 200, 240 からの引用）（トマス裁判官は一部反対し、判決に同調している）.

47. 413 U.S. 528, 534 (1973)（「関係がある人たち」の世帯に支援を制限する連邦政府のフードスタンプ・プログラムの規定を無効にしている。その理由は、法が定めている制限は、このプログラムの目的［貧困世帯の栄養水準を向上させ、農業を支援すること］には関係がなく、また、法が制定されるまでの歴史のなかに、ヒッピーおよびヒッピーの共同体にフードスタンプへの申請をさせないためにこの分類が差しはさまれたことを示唆する証拠が存在したからである）.

48. 517 U.S.620 (1996).

49. *Id.* at 634.

50. Richard J. Arneson, “What Is Wrongful Discrimination?” *San Diego Law Review* 43 (2006): 775–808, 779.

51. この例は、悪質な仕方で差別しようという企図について私たちは何を言うべきか、という問題を提起する。現時点では、私は定見をもたない。しかし、民法は刑法よりもこうした企図を重視することがはるかに少ないという事実が、次のような、しっかりした根拠のある直観をあらわにしていると、私は考えている。すなわち、企図は、それが道徳的な非難に値するとしても、何をしようと企図しているのかへの言及を除外してもなお許容不可能だというのでない限り、許容不可能な行為にはならない、という直観である。

52. アーネソンは同様の見解を採用している。行為の道徳的な許容可能性にとって意図が問題であるという見解に対する――ジュディス・トムソンのそれのような――反論に応答するなかで、アーネソンは、行為は意図への言及なしに（彼の用語では、薄く）記述される場合には許容可能だが、意図への言及を伴って記述される場合には許容不可能だという場合があることを指摘している。自分のアイスクリームを悪意のためか意地悪のためか弟に分けてやらないという事例を考察するに際して、アーネソンは次のように述べている。「この行為は薄い記述の下では道徳的に許容可能であるかもしれないが、悪意に満ちた意地悪からそれを行うことは悪いことである。そして、薄い記述の下での行為と、悪意ある意地悪からそれを行うことが組になった場合、その組み合わせは許容不可能である」。*Id.* at 782. アーネソンの考えでは、この点は、誰を選別するかについて行為者に自由裁量がある事例において悪質な差別を不当にしているのは何かを説明する。彼が考えるに、そうした事例は（たとえば雇用の場面において）誰も当該の職への権利をもってはいないがゆえに、問題を突きつけている。そして、そのような事例には私の説明とは異なる彼のような説明が必要だと考えるのである。しかし、（ほ

とんどの場合に）人種を理由にある職に就くことを拒否された候補者は、その職への権利をもつ候補者など存在しないという事実があるにもかかわらず、権利を侵害されていたのである。ある特徴に基づいて就職を拒否されるということが、その人を貶価する――本書第 I 部で説明したように、人種に基づく雇用はほとんどの場合に貶価している――ならば、この志願者にはそのような仕方で拒否されないことへの権利があるからである。

53. Alec Walen, "The Doctrine of Illicit Intentions," *Philosophy and Public Affairs* 34 (2006): 39–67, 60. ワレン自身は、無制限の無差別爆撃が正統な標的を爆撃した（が、仮に正統でない標的を爆撃する機会が生じたとならば、それを爆撃していたであろう）という場合でも、この行為は許容不可能であると考えている。というのも、ワレンは、正統でない意図を形成することや、それに基づいて行為することは許容不可能だと考えるからである。

54. 1991 年の公民権法は、現状よりも差別的でなく雇用者の正統なニーズをも満たすような代替案は可能かという問題を重視している。以下を参照。42 U.S.C. §2000e-2(k) (2000). マイケル・セルミは最近の論文で、意図に関する拡張的な考え方であればこうした事例も扱うことができると論じている。Michael Selmi, "Was the Disparate Impact Theory a Mistake?" *UCLA Law Review* 53 (2006): 701–82 at 762. なるほどこうした事例を扱えるのかもしれないが、私の見解ではそのような拡張的な考え方はそもそも道を誤っている。

55. Arneson, "Wrongful Discrimination," 782.

56. Holmes, *Common Law*, 33.

結論

1. これは、人々にはある等しい分量への権原があると述べることと同じではない。

2. なおもここで自然的運と選択的運の間に区別が付けられる。自然的運は単純明白な運である。裕福な家庭に生まれたり、多くの才能があったり、容姿が良かったりすることの運の良さや、健康状態が悪かったり、貧困や機能不全に陥っている家族に生まれたり、才能が乏しかったり、才能が市場によって評価されなかったりすることなどの運の悪さである。対照的に、選択的運は、人がうまく行くこともあればうまく行かないこともあるような選択の運である。たとえば、ある人が保険に入らないことを選んだとして、その後も病気にならないのであれば、選択的運が良い。病気になるとすれば、選択的運が悪い。平等主義者が均等化したいと思っているのは、自然的運であって選択的運ではない。というのも、選択的運は自由に選択された賭けであり、人はこの賭けを引き受けるからである。

3. Jonathan Wolff, "Fairness, Respect, and the Egalitarian Ethos," *Philosophy and Public Affairs* 27 (1998): 97–122. ただし以下も参照のこと。Timothy Hinton, "Must Egalitarians Choose between Fairness and Respect?" *Philosophy and Public Affairs* 30 (2001): 72–87（この論文は、必ずしも貶価するとは限らないと論じている）.

4. Elizabeth S. Anderson, "What Is the Point of Equality?" *Ethics* 109 (1999), 287–337.

5. *Id.* 305–307（このような平等主義者の見解は、「内的に不利益を被っている人たちを侮辱し、私的な侮蔑を公的に承認された真理の地位にまで高めている」と論じている）.

6. Samuel Scheffler, “What Is Egalitarianism?” *Philosophy and Public Affairs* 31 (2003): 5–39, 21.